韓文龍◎著

# 資本積累、信用擴張與
# 資本主義經濟危機

崧燁文化

# 前　言

　　如何繼承和發展馬克思主義經濟學，並結合中國的實際形成具有中國特色的經濟學體系是一個值得認真思考的問題。本書在繼承馬克思主義經濟學基本原理、借鑑當代西方馬克思主義經濟學和現代經濟學研究成果的基礎上，從資本累積、信用擴張和經濟危機等角度對當代資本主義經濟發展的特徵、趨勢等做了考察；利用資本循環模型構建了一個包括資本累積和貨幣信用擴張在內的綜合性經濟危機理論；以 1929—1933 年大蕭條和 2008 年的金融危機為考察對象，利用綜合性經濟危機理論分析了兩次大危機的綜合性成因；「以史為鑒」，從資本累積的可持續性和公平性、貨幣政策的穩定性和債務規模的適度性以及金融創新和金融風險的平衡性三個方面提出了相關的政策建議。具體的研究章節安排如下：

　　第 1 章為導論，主要提出了研究累積、信用和危機問題的現實背景、理論意義和現實意義；確定了研究目的、研究範圍和研究方法；提出了研究的核心概念、主要內容、行文章節安排和邏輯結構；給出了研究可能的創新，以及研究存在的不足。

　　第 2 章為文獻綜述，分別對資本累積、貨幣信用和經濟危機三個主題進行了相關論述。對於每一個主題，筆者又綜述了馬克思、早期經典馬克思主義作家和當代西方馬克思經濟學者的相關論述，並做了簡要的評價。這些綜述詳細地梳理了從馬克思時代到當代與這三大主題相關的理論研究成果，具有重要的理論參考價值。

　　第 3 章闡述和構建了資本、信用和危機問題研究的理論基礎和分析框架。筆者採用了離散時間序列的資本循環模型構建了一個可以將剝削率、利潤率、增長率、債務規模和資本循環時間等融為一體的研究框架。這個框架可以解釋資本的累積、信用擴張對穩態增長率和利潤率的影響，也能解釋累積結構，尤其是新自由主義的累積結構是如何累積風險並最終導致經濟危機的。在本章最

后一部分提出了綜合性經濟危機理論，並進行了簡單闡述。

第4章主要研究當代資本主義資本累積的特徵和趨勢。本章的研究主要以當代美國為例，重點闡述「資本主義再生產」「利潤率下降」「資本的集中與壟斷」「中間階層規模的擴張」「資本累積的金融化趨勢」，以及資本累積的「國內體系」和「世界體系」。「國內體系」主要考察了福特主義時代、后福特主義時代以及壟斷金融時代以美國為首的資本主義經濟體系的累積特徵和趨勢。「世界體系」則以「中心—外圍」理論為核心考察了以歐美為中心構建的不平等的世界性累積體系。

第5章主要以美國為例，研究了當代資本主義國家的貨幣和信用問題。在關於貨幣問題研究方面，主要介紹了貨幣的職能及形態的演化、貨幣的內生性、通貨膨脹和緊縮問題、貨幣制度與中央銀行的作用，以及國際貨幣體系。在研究信用問題時，重點研究了第二次世界大戰以後至今美國的貨幣信用、家庭債務、企業債務和政府的赤字及債務規模的變動情況。本章的研究主要是總結和歸納當代資本主義國家的貨幣體系和信用體系發展的特徵和趨勢。

第6章對綜合性經濟危機理論進行了模型構建和實證檢驗。在資本循環模型的基礎上提出了綜合性經濟危機理論，測度了「剩餘價值率」「可變資本與預付總資本的比例」「利潤率」「剩餘價值轉化為再投資的比例」「經濟增長率」「資本總循環時間」等變量，並構建了綜合性經濟危機理論的計量模型，對此進行了實證檢驗。這一研究方法是利用西方馬克思主義經濟學分析工具進行理論研究的一次重要嘗試。

第7章具體研究了1929—1933年「大蕭條」和2008年金融危機的綜合性成因，是對綜合性經濟危機理論的具體應用。在這一章的研究中，首先介紹了「大蕭條」的基本事實，並綜合了「凱恩斯學派」「貨幣主義學派」「奧地利學派」「馬克思主義學派」等對大蕭條成因的研究觀點，然後利用綜合性經濟危機理論從累積和信用兩個角度對大蕭條進行了剖析。其次，本章研究了2008年的金融危機，理論闡述的思路是和研究大蕭條成因的思路是一致的。最後，本章對比分析了這兩次危機的相似性和差異性。

第8章對資本主義危機的本質進行了總結概括，提出資本主義危機既是累積的體制性危機，也是貨幣和信用擴張導致的危機；資本主義危機既是資本主義基本制度導致的必然結果，也是市場經濟的缺陷和不足導致的結果。本章還提出了2008年金融危機后經濟理論何處去的問題。本章首先對新古典經濟學、凱恩斯主義經濟學、演化經濟學、行為經濟學和馬克思主義經濟學等進行了理論比較，然後提出危機后新自由主義和新古典經濟學將失去「主導地位」，並

逐漸形成經濟學多元化發展的趨勢。最后，本章從「累積的可持續性和公平性」「貨幣政策的穩定性和債務規模的適度性」「金融創新和金融風險的平衡性」三個方面總結了資本主義危機對中國的啟示。

第9章則是結尾章，首先歸納了主要研究結論，其次對未來可能的研究方向進行了展望。

本書的創新之處可能表現在以下幾方面：

第一，利用離散時間資本循環模型構建了一個累積、信用和危機分析理論框架，提出了綜合性經濟危機理論，測度了「利潤率」「剩餘價值率」等關鍵變量，並進行了實證分析。綜合性經濟危機理論，既有理論基礎，又具有實證研究和案例研究的支持，可以成為馬克思主義經濟學經濟危機研究領域的一次新突破。

第二，概括和總結了以美國為代表的當代資本主義國家在資本累積、貨幣和信用以及經濟危機方面的新特徵和發展趨勢。本書具體研究了1929—1933年大蕭條前後以及2008年金融危機前後美國等國家經歷的資本累積和信用擴張及危機的具體表現；同時也考慮了資本累積、信用擴張和危機傳遞的空間性，即從一個國家、一個地區到全球範圍的空間上的延展。比如，資本累積的世界體系理論就是其中最為典型的例子。

第三，在研究方法上進行了新嘗試。本書充分借鑑了西方馬克思主義經濟學的理論工具和分析工具，既有理論的規範分析，又有與現實相對應的實證分析。除了將規範分析和實證分析相互結合以外，本書還採用了「歷史分析」「對比分析」等傳統的馬克思主義經濟學方法。多元的分析工具和方法有利於對研究對象進行深入的研究和闡述。

本書是在作者的博士論文的基礎上修改而成的。本書的寫作和出版凝結了導師劉燦教授的心血，同時也得到了美國馬薩諸塞州立大學阿默斯特分校經濟系大衛·科茨教授，以及西南財經大學經濟學院的老師們和同學們的真誠幫助和支持，在此對他們致以最崇高的敬意和感謝！

韓文龍

# 目　錄

1　導論 / 1
    1.1　研究的背景與意義 / 1
        1.1.1　研究的基本背景 / 1
        1.1.2　研究的意義 / 2
    1.2　研究的目的和方法 / 3
        1.2.1　主要目的 / 3
        1.2.2　主要方法 / 5
    1.3　研究的範圍和核心概念 / 6
        1.3.1　基本範圍 / 6
        1.3.2　核心概念 / 7
    1.4　研究的主要內容和邏輯結構 / 8
        1.4.1　主要內容及章節安排 / 8
        1.4.2　基本邏輯思路 / 11
    1.5　研究可能的創新點與存在的不足 / 12
        1.5.1　可能創新點與理論貢獻 / 12
        1.5.2　研究尚存的不足之處 / 13

2　相關文獻回顧及評析 / 14
    2.1　資本累積 / 14
        2.1.1　馬克思的累積理論 / 14
        2.1.2　早期的馬克思主義累積理論 / 16
        2.1.3　當代西方馬克思主義的累積理論 / 20
    2.2　貨幣和信用 / 29
        2.2.1　馬克思的貨幣和信用理論 / 30

         2.2.2　早期馬克思主義的貨幣信用理論／32
         2.2.3　當代西方馬克思主義的貨幣信用理論／35
    2.3　經濟危機／38
         2.3.1　馬克思的危機理論／38
         2.3.2　早期的馬克思主義危機理論／40
         2.3.3　當代西方馬克思主義的危機理論／46
    2.4　本章小結／52

3　理論基礎與分析框架／54
    3.1　資本的累積與循環／54
         3.1.1　從價值增值到資本累積／54
         3.1.2　資本循環的階段性和時間滯后性／55
         3.1.3　帶有時間滯后項的資本循環模型／57
    3.2　價值實現問題與信用擴張／60
         3.2.1　價值實現與需求不足／60
         3.2.2　家庭、企業和政府的信用擴張／63
         3.2.3　信用擴張與穩態增長率／65
    3.3　增長的不穩定性與危機／67
         3.3.1　非穩態時的增長率／67
         3.3.2　綜合性經濟危機／69
    3.4　理論分析框架的概述／73
    3.5　本章小結／73

4　資本主義的累積／75
    4.1　再生產和累積的規律與趨勢／75
         4.1.1　資本主義的再生產／75
         4.1.2　資本的集中與壟斷／78
         4.1.3　中間階層規模的擴大與累積／80
         4.1.4　利潤率下降趨勢／81
         4.1.5　資本累積的金融化趨勢／84
    4.2　累積的制度體系／88
         4.2.1　累積的國內制度體系／88
         4.2.2　累積的世界體系／92

4.3 本章小結 / 94

5 資本主義的貨幣和信用 / 96
　5.1 貨幣與貨幣制度 / 96
　　5.1.1 貨幣形態的演化與職能 / 96
　　5.1.2 流通中的貨幣與貨幣的內生性 / 98
　　5.1.3 通貨膨脹與緊縮 / 100
　　5.1.4 貨幣制度與中央銀行 / 103
　　5.1.5 國際貨幣體系 / 105
　5.2 貨幣信用 / 107
　　5.2.1 貨幣供給 / 107
　　5.2.2 利率 / 110
　　5.2.3 國際匯率 / 112
　5.3 借貸信用 / 113
　　5.3.1 家庭信用 / 113
　　5.3.2 企業信用 / 118
　　5.3.3 國家信用 / 123
　5.4 本章小結 / 128

6 綜合性經濟危機：模型分析與實證檢驗 / 129
　6.1 模型分析 / 129
　6.2 主要變量的測度 / 132
　　6.2.1 剩餘價值率 / 132
　　6.2.2 可變資本與預付總資本之比 / 134
　　6.2.3 利潤率 / 136
　　6.2.4 剩餘價值轉化為再投資的比率 / 139
　　6.2.5 經濟增長率 / 141
　　6.2.6 資本總循環時間 / 143
　6.3 實證檢驗 / 144
　　6.3.1 模型設定 / 144
　　6.3.2 數據及統計性描述 / 145
　　6.3.3 模型檢驗及結論 / 147
　6.4 本章小結 / 151

# 7 資本主義經濟體系的兩次大危機 / 152

## 7.1 大蕭條（1929—1933）/ 152
### 7.1.1 大蕭條的基本事實 / 152
### 7.1.2 對大蕭條成因的幾種解釋 / 155
### 7.1.3 大蕭條的綜合性成因之累積問題 / 159
### 7.1.4 大蕭條的綜合性成因之貨幣和信用問題 / 164
### 7.1.5 大蕭條的治理及啟示 / 165

## 7.2 全球性的金融危機（2008—）/ 167
### 7.2.1 金融危機的基本事實 / 167
### 7.2.2 對金融危機成因的幾種解釋 / 170
### 7.2.3 危機的綜合性原因之累積問題 / 174
### 7.2.4 危機的綜合性原因之貨幣和信用問題 / 177
### 7.2.5 危機的影響及啟示 / 178

## 7.3 兩次危機的比較分析 / 180
### 7.3.1 相似性 / 180
### 7.3.2 差異性 / 181

## 7.4 當代資本主義經濟危機的新特徵 / 183
## 7.5 本章小結 / 185

# 8 資本主義危機的實質及對中國的啟示 / 186

## 8.1 資本主義危機的實質 / 186
## 8.2 危機后的理論反思與迴歸 / 191
### 8.2.1 理論反思 / 191
### 8.2.2 理論迴歸何處？/ 193
## 8.3 資本主義危機對中國的啟示 / 194

# 9 結論與研究展望 / 202

## 9.1 本書的主要結論 / 202
## 9.2 本研究的不足和未來研究展望 / 204

# 參考文獻 / 205

# 附錄 / 214

# 1 導論

## 1.1 研究的背景與意義

### 1.1.1 研究的基本背景

2008 年,由美國次貸危機引發的全球性經濟危機使得主要資本主義國家陷入了經濟增長的停滯和衰退。此次金融危機被稱為「百年不遇」的大危機。危機的深度和廣度是繼 1929—1933 年「大蕭條」以後影響最大的。此危機中,美國等主要資本主義國家的一些大型金融企業宣布倒閉或申請破產,一些巨型的實體企業也陷入破產的邊緣;美國等國家的失業率大幅度增加,且居高不下;除了新興市場國家以及德國等個別發達國家外,主要資本主義國家的經濟增長出現了停滯,甚至是負增長;家庭債務和國家債務激增,受到危機影響,葡萄牙、西班牙和希臘等國家還陷入了主權債務危機;經濟危機和社會危機的雙重影響下,一些國家出現了政治動盪,社會矛盾激化,人們的生活困難重重。從 2008 年至今,危機發生已經七年多了,可是全世界還沒有走出危機的陰影。世界經濟的增長前景仍然充滿了不確定性。

此次經濟危機給全世界造成的負面影響是巨大的。那麼哪些因素導致了危機?國內外的學術界都進行了反思。新古典經濟學家,尤其是奉行「自由化、私有化和市場化」的新自由主義者認為過度的金融創新和金融投機行為等是導致危機的主要原因。這只是一些表層的原因。更多的經濟學家開始批判新自由主義的經濟意識形態,認為在此經濟意識形態下,監管放松、經濟過度金融化、越來越懸殊的貧富差距以及全球經濟和貿易模式的不平等是造成危機的主要原因。不過,在馬克思主義學者看來,此次危機是通過信貸擴張來解決消費不足問題而出現的經濟危機,也是資本主義的金融化累積模式導致的危機,更是資本主義私有制的基本矛盾又一次週期性的總爆發。

這次危機不是單一因素導致的危機，而是多因素導致的綜合性經濟危機。那麼從多元視角來分析危機就顯得特別重要。因為從多元視角才能深挖導致危機的主要原因，才能夠為危機治理找到可行的方案。在此背景下，以馬克思主義經濟學視角，從「資本累積」和「信用擴張」等方面來探討危機的綜合性成因就顯得非常必要。

### 1.1.2　研究的意義

（一）理論意義

經濟週期或經濟危機一直是經濟學各個學派研究的重點。馬克思主義學派、凱恩斯學派、貨幣主義學派以及奧地利學派等都對經濟週期或危機問題進行了研究和闡述。但是，筆者認為馬克思的危機理論是最為全面和深刻的。因為馬克思認為從貨幣履行其支付手段功能時就已經蘊藏了危機的可能性，信用的擴張、生產過剩、消費不足等原因都會導致危機的發生，而社會化大生產和私有制之間的矛盾則是導致危機產生的最根本原因。馬克思之後的一些經典作家進一步闡述了危機理論。如考茨基用「生產過剩理論」來解釋危機；杜岡和希法亭等用「比例失調理論」來闡述危機；盧森堡等用「消費不足理論」尋找危機的原因；「利潤率下降」也是危機發生的一個重要因素。當代的馬克思主義學派，如法國調節學派和美國的累積的社會結構理論（SSA）都從累積體制方面來找尋危機發生的原因。這些理論豐富了馬克思主義的危機理論。

隨著資本主義經濟體系越來越龐雜，傳統的單因素危機理論已經不能很好地解釋危機。所以，綜合性經濟危機理論成為研究危機的新趨勢。儘管有學者從利潤率和金融資本等相互結合的角度來解釋危機，但是這些解釋也是一種嘗試。綜合性經濟危機理論需要進一步發展，需要找到一個理論分析的基礎。以資本循環理論為基礎發展危機理論，通過解釋增長率、利潤率和剝削率等的變化來闡述危機，是一次理論上的嘗試。另外，在分析危機的過程中，對資本主義累積體系和信用系統進行具體而全面的剖析也是一次新的理論嘗試。

（二）現實意義

「他山之石可以攻玉」，研究資本主義經濟危機問題，不僅僅是為了從理論上闡述導致危機發生的原因、作用機制、影響等，更重要的是要尋求危機治理和預防的方略。傳統的社會主義計劃經濟會發生科爾奈所言的商品「短缺危機」；而在市場經濟中，又可能出現馬克思所說的商品「過剩危機」。金融危機和經濟危機是市場經濟發展的必然產物。無論在資本主義社會還是社會主義社會，只要利用了市場機制來發展經濟就有可能產生危機。只不過，資本主

義社會的經濟危機是與其基本的社會制度聯繫在一起的，是其基本矛盾運動的必然結果；而社會主義市場經濟中的危機則是市場本身的缺陷和矛盾在一定時期週期性的表現。在世界經濟一體化和經濟全球化的過程中，在開放的社會中，主要資本主義國家的經濟危機會從國際投資、國際貿易、國際金融市場等渠道傳遞到全世界，包括開放的社會主義國家。因此，研究經濟危機的現實意義，不僅僅是揭示資本主義社會經濟和社會運行中的矛盾形成體系和結果，更重要的是對中國發展市場經濟和規避大的金融危機和經濟危機具有重要的借鑑意義。

中國是開放的社會主義國家，1978年改革開放后市場經濟因素逐漸進入了中國，1992年明確提出發展「社會主義市場經濟」，到1994年及以後逐步確立、發展和完善社會主義市場經濟。至今，中國的市場經濟已經發展了30多年，GDP持續30多年高速增長，創造了「經濟奇跡」。但是，在市場經濟發展過程中，經濟的週期性波動，類似於1997年亞洲金融危機的衝擊，以及2008年的金融危機波及等，中國經濟還是經歷了很多「波折」。目前，中國的土地、勞動力和原材料等生產要素價格開始逐步上漲，傳統的經濟發展和累積模式正在出現新的變化；私人信貸、民間借貸、企業債務以及地方政府債務規模也在大規模擴張，儘管這些債務規模都還處於相對安全的區域，但是如果家庭、企業和政府債務規模過度累積，對未來的經濟增長會產生系統性的債務風險。另外，國內逐漸出現了金融行業收益率高、實體經濟收益率走低的勢頭，即類似於發達國家的經濟金融化的端倪正在顯現。未來中國經濟會不會走向過度的金融化？這些現實問題都需要研究。由於中國從強制性和外嵌性市場逐漸轉向內生發育型市場機制的過程中各種經驗尚不足，所以研究發達資本主義國家累積和信用擴張中存在的問題，以及借鑑和吸取金融危機和經濟危機中的經驗教訓，對於發展和完善社會主義市場經濟體系、防範金融危機和經濟危機具有重要的現實意義。

## 1.2 研究的目的和方法

### 1.2.1 主要目的

自20世紀70年代經濟滯漲問題出現後，凱恩斯主義和管制資本主義的經濟意識形態讓位於主張「私有化」「自由化」和「市場化」的「新自由主義」經濟意識形態。在新自由主義時期，美國等資本主義累積體系發生了變化，由

第二次世界大戰后以「大眾生產和大眾消費」為主的福特模式轉入了小規模生產和壓低工人工資的后福特主義模式；政府對金融企業的監管逐漸放松；企業面臨的市場競爭逐漸加劇；貧富差距越來越大；經濟的金融化越來越嚴重；家庭負債、企業負債以及國家債等逐漸增加。這一累積模式導致實體企業的利潤額和利潤率不斷降低，而金融企業的利潤額和利潤率不斷增加；工人和普通大眾越來越陷入「相對貧困化」，其自身的債務規模越來越大，尤其是低收入家庭的房地產抵押貸款規模越來越大，而相比之下，資本家尤其是金融資本家卻佔有越來越多的財富；金融企業為了獲得超額的利潤，通過不斷的金融創新將高風險的金融產品賣給全世界，累積了越來越高的金融風險。美國資本主義累積的結構性矛盾最后在「次貸危機」的衝擊下全面爆發了，並最終演變成世界性的大危機。這次危機的原因到底是什麼？儘管不同學派的學者給出了不同的解釋，但是筆者認為馬克思主義經濟理論對危機的解釋最具說服力，尤其是綜合性經濟危機理論對危機的解釋更值得深入研究。為此，筆者利用資本循環理論構建了一個綜合性經濟危機理論的研究框架來研究資本累積、信用擴張和金融危機問題。總體來說，本研究的主要目的如下：

（1）分析美國等資本主義國家資本累積的特徵和趨勢。在金融壟斷資本主義時代，美國等資本主義國家的資本累積發生了一些變化。這些變化主要表現在累積模式、實體部門和金融部門利潤率的變化以及資本主義社會「中間階層」規模的擴大等。那麼這些具體的變化是怎麼發生的，其對資本主義累積率的變化有什麼影響？這是筆者研究資本累積問題的一個主要目的。

（2）探尋美國等發達資本主義國家貨幣信用，以及家庭、企業和國家的借貸信用擴張的趨勢。貨幣和信用問題是馬克思分析資本主義社會的重要「抓手」。與馬克思所處的時代不同，當代的資本主義社會已經進入了全面貨幣化和信用膨脹的社會。資本主義國家國內和國際社會中，貨幣體系都經歷了變化，同時消費信用、企業債務和國家債務規模的擴張已經成為信用經濟時代的特徵。貨幣和信用擴張已經對資本主義的累積產生重要的影響。信用過度擴張導致的金融危機以及國家債務導致的危機就是最好的例證。那麼，當代資本主義國家尤其是美國的家庭、企業和國家的貨幣和信用擴張經歷了怎樣的變化？哪些因素導致了這些變化？這是筆者研究信用擴張問題的主要目的。

（3）利用綜合性經濟危機理論來研究資本主義經濟危機。當代資本主義的危機，不再是單因素導致的危機，而是多因素導致的危機。在這些眾多的因素中，資本累積模式和結果的變化以及貨幣和信用擴張的作用是需要考慮的關

鍵性因素。以離散時間序列的資本循環模型並綜合累積因素和信用因素來研究危機是本書的主要目的之一。

（4）利用綜合性經濟危機理論來分析資本主義世界1929年「大蕭條」和2008年金融危機的兩次大危機，從現實角度來檢驗綜合性經濟危機理論的有效性。「大蕭條」和2008年的世界性經濟危機，是資本主義歷史上最為著名的兩次大危機，這兩次危機都是從金融市場（股票和債券）開始，最後演變為經濟停滯或衰退。這兩次大的危機不是單個因素導致的，而是由資本累積、信用擴張等多因素導致的。利用綜合性經濟危機理論來研究大蕭條和2008年的金融危機也是本書的主要目的之一。

（5）研究當代資本主義經濟危機在經濟全球化進程中對發展中國家特別是中國經濟可能產生的影響。當今世界，以發達資本主義國家為中心，發展中國家為外圍的世界體系中，發達國家與發展中國家的經濟聯繫在不斷加強。通過國際貿易、直接投資等途徑，發達國家與發展中國家之間建立起了越來越多的聯繫。發達國家發生的經濟危機也會波及發展中國家。如2008年的金融危機，不僅通過影響發展中國家的進出口進而影響其經濟發展，而且通過國際金融市場影響了其本國的金融穩定性和經濟增長的穩定性。研究發達國家經濟危機對發展中國家尤其是中國的作用機制、影響和借鑑意義也是本研究的主要目的之一。

### 1.2.2　主要方法

隨著經濟學研究對象和範圍的日益複雜化，以及受到其他學科研究範式的影響，經濟學的研究方法也越來越多樣化。但是，具體研究要依據研究者的目的來選取可行的和合適的研究方法。本書的研究方法主要有以下幾種：

第一，歸納分析法，即從個別前提得出一般性結論的研究方法。筆者利用歸納分析方法，以美國為主要對象研究了資本累積、貨幣和信用，以及經濟危機方面的變化，進而歸納出當代資本主義經濟體系發展的一般性特徵和趨勢。

第二，歷史分析法，即使用「發展」和「變化」的立場和觀點來分析社會現象和客觀事物的方法。客觀事物和社會現象是發展和變化的，將它們發展的不同階段進行對比分析，才能弄清楚事物的發展規律和趨勢，才能找到問題的根源。經濟學的分析中引入歷史分析方法，將會使其分析更加厚重。為此，本書利用歷史分析方法進行了相關理論回顧，同時分析了1929—1933年「大蕭條」和2008年金融危機，重新剖析了兩次大危機的綜合性成因。

第三，對比分析法，即通過橫向和縱向的比較來揭示事物本質的方法。對同一問題從不同視角進行對比可以得出更加清晰的結論。利用對比分析方法比較馬克思主義經濟學、凱恩斯學派、貨幣學派和新自由主義者對 1929—1933 年「大蕭條」和 2008 年金融危機的解釋，可以更進一步地理解危機問題。同時，對比分析 1929—1933 年危機和 2008 年金融危機的相同與不同之處，可以更加清晰地認識資本主義危機的實質。

第四，規範分析和實證分析相結合的方法。規範分析是基於某一標準而建立的分析體系，而實證分析則是實證檢驗假設是否與現實相符的一種研究方法。本研究中，筆者既用到了規範分析方法來提出自己對資本累積、信用擴張和經濟危機的一些看法，也運用實證分析來檢驗梳理模型推演出的假設是否符合現實。將兩種方法有效地結合起來，可以更好地構建和驗證綜合性經濟危機理論。

## 1.3　研究的範圍和核心概念

### 1.3.1　基本範圍

基於本書的研究目的，本書的研究範圍主要包括三個方面：研究對象上以資本主義國家為研究對象，具體主要是指美國；研究的時間範圍則包括兩個大的時間段，一是研究 1929—1933 年的「大蕭條」，二是研究 2008 年金融危機前後的資本主義累積、信用擴張和典型的危機問題；研究的空間範圍則從美國擴展到全世界，尤其是累積的世界體系和信用的國際化發展中涉及資本在空間範圍的轉移或擴張。具體來說，本書的研究範圍為：

第一，研究的對象。資本主義發展經歷了幾百年的歷史。各個時代和階段，不同的國家都充當過資本主義的「排頭兵」，如西班牙、葡萄牙、荷蘭、英國、德國、法國和美國等。美國是當代資本主義國家中最發達的國家，具有典型性。本書的研究主要以美國為主考察資本主義在資本累積、信用擴張和經濟危機方面表現出的特點和趨勢。當然，在具體的分析中也會涉及歐洲一些國家，如在分析債務危機時，會涉及葡萄牙、希臘等國家。

第二，時間維度。資本主義的發展是個歷史過程，其發展已經經歷了幾百年的時間。本書的研究主要集中在當代資本主義的發展階段，重點考察兩個重要的時間段：一是考察 1929—1933 年「大蕭條」前後資本主義的累積、信用

和危機狀況；二是考察2008年金融危機前（第二次世界大戰后到2008年）資本主義累積模式、信用擴張和危機的變化特徵和趨勢。所以，圍繞1929—1933年「大蕭條」和2008年金融危機展開時間層面的研究將是本研究的研究特色。

第三，空間範圍。資本的累積和循環是有空間性的。資本主義發展的早期，其僅僅局限於一個城市，或一個國家之內。在逐利動力的推動下，資本開始走出國家或地區，開始在世界範圍內尋找獲利的機會。在全球化和信息化的時代，資本的累積更是全球性的，發達國家的產業資本家開始在全世界範圍內投資設廠獲取利潤，金融資本家在全世界範圍內的金融市場上操縱金融工具來獲得巨額利潤。信用的擴張也隨著國際金融和資本市場的形成逐漸國際化了。在全球化背景下，由發達資本主義國家主導的世界經濟體系對發展中國家（尤其是中國）的影響是需要考慮的。因此，本研究的空間範圍既包括一個國家的地域，又考慮世界範圍。

### 1.3.2 核心概念

資本累積——本書研究的資本是馬克思提出的資本概念①。正如馬克思所言：「社會的財富即執行職能的資本越大，它的增長的規模和能力越大，從而無產階級的絕對數量和他們的勞動生產力越大，產業后備軍也就越大……最后，工人階級中貧苦階層和產業后備軍越大，官方認為需要救濟的貧民也就越多。這就是資本主義累積的絕對的、一般的規律。」②可見馬克思的資本概念是以物質資本為基礎，又承載了資本家與工人階級社會關係（主要是剝削關係）的政治經濟學範疇。資本是資本家控制和剝削工人的手段。原始資本的累積主要通過掠奪農民、小生產者、被殖民者以及自身的財富累積而形成。在資本主義生產關係確立以後，資本家的資本累積主要來自於對工人創造的剩餘價值的剝削。隨著資本主義社會發展的複雜化，資本家的資本累積不僅可以通過剝削國內的工人創造的剩餘價值而獲得，而且通過跨國公司、國際貿易、國際金融市場等途徑來剝削其他國家，尤其是發展中國家工人創造的剩餘價值，甚至是

---

① 資本，在現代經濟學中有不同的解釋。新古典經濟學將資本定義為可用於生產的各類要素。最初的資本主要指物質資本，包括機器設備、廠房、原材料、狹義的資金等。隨著資本外延和內涵進一步擴展，人的健康、知識、技術和經驗，以及職業社會關係等被納入了資本的廣義概念中，前者被稱為人力資本，后者被稱為社會資本。

② 馬克思，恩格斯. 馬克思恩格斯全集：第23卷 [M]. 北京：人民出版社，1972：707.

通過軍事干預等直接掠奪其他國家的財富。從生產關係角度來說，資本主義世界的資本累積不僅幫助資本家累積了越來越多的物質財富，而且進一步鞏固了資產階級的統治地位，形成了工人階級的貧困化，累積了資本主義世界不可調和的階級矛盾和越來越多的其他社會矛盾。

信用——本書主要採用經濟學意義上的信用含義①。在經濟學中，信用是在商品買賣過程中產生的賒銷關係，以及在資本運動中產生的借貸關係，其本質是資本參與價值形成和價值增值的價值運動。在現代商品經濟中，信用的形式不斷發展，賒銷關係僅僅是簡單的信用形式。除此之外，貨幣，尤其是紙幣是依靠國家強制力做后盾的最主要的信用形式，股份制也是一種企業債權人與債務之間新的信用形式，股票、證券、支票等金融產品和工具也是一種信用形式。現代經濟是信用經濟，信用的主體可以是私人、企業以及國家。本書研究的信用，既包括貨幣信用，又包括借貸信用。

經濟危機——本書研究的「危機」是馬克思提出的「危機」。「危機」在馬克思看來是「資本更新和擴張的過程被打斷的情形」，它代表著「資本累積過程的中斷」，意味著「通過危機資本重又組織起來，進行新的累積」②。在馬克思看來，資本主義危機的可能性力量在擴大再生產的內部生產，又通過資本循環過程將產生危機的可能性轉化為現實性。危機具有不同的表現形式，本書將企業債務危機和國家債務危機以及金融危機僅僅作為經濟危機在局部領域的表現形式，將全面而深刻的危機稱為經濟危機。

## 1.4 研究的主要內容和邏輯結構

### 1.4.1 主要內容及章節安排

本書內容及章節安排如圖 1-1 所示。

---

① 信用在倫理、法律和經濟學領域具有不同的解釋。在倫理學中，信用是人在社會交往中應該遵循的一種品德和行為方式，是人在社會關係網路中建立起來的「誠實守信」的履約承諾和實踐。在法學中，信用就是當事人之間以契約精神為指導，自願建立和遵循的一種原則。

② 約翰·伊特韋爾，等. 新帕爾格雷夫經濟學大辭典：第一卷 [M]. 北京：經濟科學出版社，1996：783.

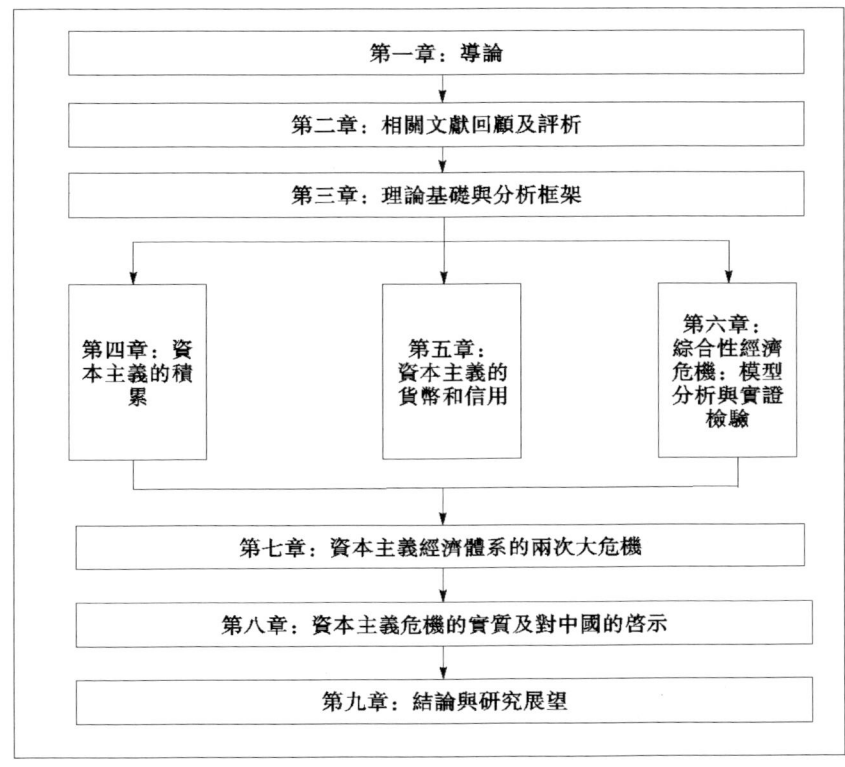

圖 1-1　論文篇章結構示意圖

本書主要從資本累積、信用擴張等角度來研究危機的綜合性成因。本書主要繼承了馬克思主義經濟學的基本原理，對當代資本主義的資本累積、信用擴張和經濟危機的特徵、趨勢、作用機制和影響因素等進行了較為全面的考察。在本書的研究中利用資本循環模型構建了一個包括累積、信用和危機（增長的不穩定性）的基本研究框架；以美國為例分析了當代資本主義國家資本累積和信用擴張的新特徵和新趨勢；對綜合性經濟危機理論進行了模型分析和實證檢驗；具體分析了 1929—1933 年「大蕭條」和 2008 年世界性的金融危機的綜合性成因。具體來說，本書的研究章節安排如下：

第 1 章為導論，主要提出了研究累積、信用和危機問題的現實背景、理論意義和現實意義；確定了本研究的目的、研究範圍和研究方法；提出了本研究的主要內容、行文章節安排以及邏輯結構；給出了本研究可能的創新以及研究存在的不足。

第 2 章為文獻綜述，分別對資本累積、貨幣和信用以及經濟危機三個主題

的相關研究進行了綜述。在綜述的過程中，對於每個大的主題，筆者又綜述了馬克思、早期經典馬克思主義作家和當代馬克思經濟學學者對這一主題的論述。這些綜述回顧了相關主題從馬克思到當代的理論論述，具有較大的參考價值。

第3章構建了資本、信用和危機問題研究的理論基礎和分析框架。筆者採用離散時間序列的資本循環模型構建了一個可以將剝削率、利潤率、增長率、債務規模和資本循環時間等融為一體的研究框架。這個框架可以解釋資本累積、信用擴張對穩態增長率和利潤率的影響，也能解釋累積結構，尤其是新自由主義的累積結構是如何累積風險並最終導致經濟危機的。

第4章主要研究當代資本主義資本累積的特徵和趨勢。本章的研究主要以當代美國為例，重點闡述「資本主義再生產」「利潤率下降」「資本的集中與壟斷」「中間階層規模的擴張」「資本累積的金融化趨勢」以及資本累積的「國內體系」和「世界體系」。

第5章主要以美國為例，研究了當代資本主義國家的貨幣和信用問題。在關於貨幣問題研究方面，主要介紹了貨幣的職能及形態的演化、貨幣的內生性、通貨膨脹和緊縮問題、貨幣制度與中央銀行的作用以及國際貨幣體系。在研究信用問題時，重點研究了第二次世界大戰以後至今美國的貨幣信用、家庭債務規模、企業負債規模和政府的赤字及借債規模。本章的研究，主要是總結和歸納當代資本主義國家的貨幣體系和信用體系發展的特徵和趨勢。

第6章則是對綜合性經濟危機理論進行模型構建和實證檢驗。在資本循環模型的基礎上提出了綜合性經濟危機理論，構建了計量模型，進行了實證檢驗。這一研究方法是國內理論利用西方馬克思主義經濟學分析工具進行理論研究的一次嘗試。

第7章具體研究了1929—1933年「大蕭條」和2008年金融危機。在這一章的研究中，首先綜述了馬克思主義學派、凱恩斯學派、貨幣主義學派和新自由主義對兩次危機的研究結論；其次分別對兩次危機發生的經過、影響、原因和治理等進行了具體的分析。在對兩次危機的研究中，主要利用了綜合性經濟危機理論對危機產生的原因進行了闡述。最后，對比分析了兩次危機的相似性和差異性。

第8章對資本主義危機的本質進行了概括，並總結了危機的經驗教訓，提出了一些中國從「強制性」和「外嵌性」市場逐漸轉向內生發育型市場機制的過程中應該注意和規避的問題，同時提出了危機防範的啟示。

第9章為結尾章，首先歸納了本書的主要研究結論，其次對未來可能的研

究方向進行了展望。

### 1.4.2 基本邏輯思路

本研究主要以「文獻綜述—理論分析—實證檢驗—案例剖析—政策建議」步步推進的基本邏輯路線來展開論述。具體如圖 1-2所示：

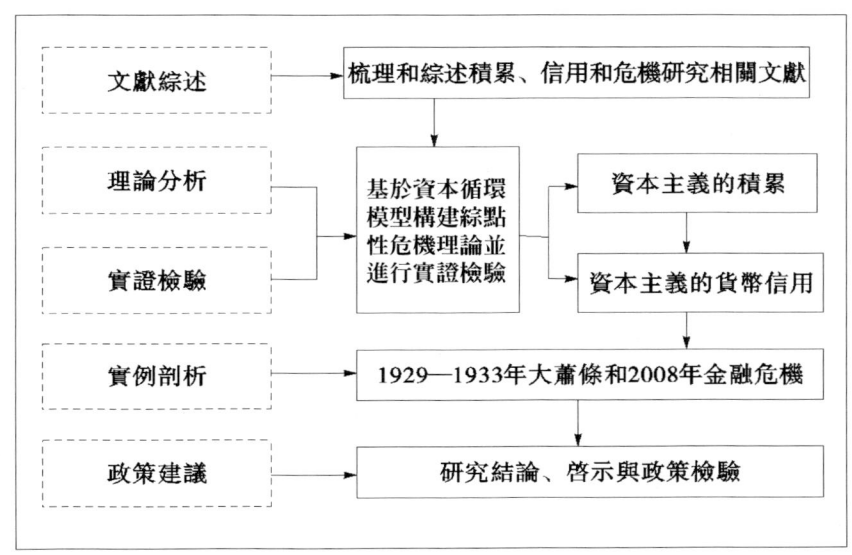

圖 1-2 本書研究的基本邏輯路線圖

第一，本書綜述了資本累積、信用和危機相關的研究。重點綜述了馬克思、早期的馬克思主義經典作家以及當代西方馬克思主義學者對這三大主題的相關研究。理論的回顧和綜述是展開一項研究首先應該做的工作。好的文獻綜述不僅可以梳理和歸納前人對此類問題的研究結論，而且可以開闊自己的理論視野，為構建自己的理論提供一些知識和思想的儲備。為此，筆者認真梳理了從馬克思到當代西方馬克思主義學者對這三大主題的相關研究，對他們進行了詳細的介紹，並做出了相關評論。

第二，提出了綜合性經濟危機理論，構建了本書的理論分析框架。資本累積、信用擴張、經濟危機是本書的理論落腳點。那麼三者之間具有怎樣的聯繫？不同的資本累積體制會形成不同的累積結果。這些結果主要表現為剝削率和利潤率的變化。剝削率和利潤率的變化又會影響工人的收入和消費以及企業的再投資，進而影響到經濟增長率的變化。經濟的負增長或增長率停滯就是經濟危機的主要表現。貨幣和利率的變動會對經濟增長率產生影響。同時家庭、

企業和國家信用規模的擴張也會對經濟增長的實現性和穩定性產生影響。貨幣危機、債務危機和金融系統性風險都可能會導致經濟的不穩定，進而產生全面的經濟危機。從某種程度上說，資本主義的危機既是利用不同累積體制進行資本累積的結果，也是信用過度擴張的結果。在現實中，資本主義危機不是單因素導致的，而是多重因素導致的。因此，構建一個多因素危機理論，即綜合性經濟危機理論是必要的。

筆者利用離散時間的資本循環模型構建了一個理論分析框架，將資本累積、信用擴張和危機等問題聯繫起來，具體來說是將經濟增長率、利潤率、剝削率、家庭、企業和政府的債務規模等聯繫在了一起。除了構建基本模型之外，還以美國為例，重點分析了當代資本主義國家資本累積和信用擴張的模式、特徵和趨勢等。此外，還利用美國的相關數據對綜合性經濟危機理論進行實證檢驗。在實證檢驗的過程中，重點考慮了剝削率、剩餘價值再投資的比例、資本循環的時間之和、債務規模等對經濟增長率和利潤率等的影響。利潤率是累積的動力，經濟增長率等的波動則是衡量危機的重要指標。

第三，在實證檢驗了綜合性經濟危機理論之後，又以1929—1933年大蕭條和2008年金融危機兩次資本主義世界大的危機為例，具體剖析了兩次大危機產生的綜合性成因。

第四，在以上研究的基礎上，得出了基本的研究結論，深刻地反思了資本主義危機的實質，並就中國發展市場經濟的過程中可能遇到的問題以及如何防範和治理危機等給出了相關的政策建議。最後還提出了本研究的不足，並指明了未來可能的研究方向。

## 1.5 研究可能的創新點與存在的不足

### 1.5.1 可能創新點與理論貢獻

本研究的可能創新之處主要在於借鑑西方馬克思主義經濟學的相關理論和分析工具，進一步擴展了馬克思主義經濟學關於累積、信用和危機理論的論述，利用資本循環模型構建了一個綜合性經濟危機理論，具體分析了大蕭條和2008年經濟危機的綜合性成因。具體來說，本研究的可能創新之處和主要理論貢獻如下：

第一，利用離散時間資本循環模型構建了一個累積、信用和危機分析理論框架，提出了綜合性經濟危機理論，測度了「利潤率」「剩餘價值率」等關鍵

變量，並進行了實證分析。綜合性經濟危機理論，既有了理論基礎，又具有實證研究和案例研究的支持，可以成為馬克思主義經濟學經濟危機研究領域的一次新突破。

第二，概括和總結了以美國為代表的當代資本主義國家在資本累積、貨幣和信用，以及經濟危機方面的新特徵和發展趨勢。本研究具體研究了1929—1933年大蕭條前後以及2008年金融危機前後美國等國家經歷的資本累積和信用擴張以及危機的具體表現；同時也考慮了資本累積、信用擴張和危機傳遞的空間性，即從一個國家、一個地區到全球範圍的空間上的延展。比如，資本累積的世界體系理論就是其中最為典型的例子。

第三，在研究方法上進行了新嘗試。本書充分借鑑了西方馬克思主義經濟學的理論工具和分析工具，既有理論的規範分析，又有與現實相對應的實證分析。除了將規範分析和實證分析相互結合以外，本書還採用了「歷史分析」「對比分析」等傳統的馬克思主義經濟學方法。多元的分析工具和方法有利於對研究對象進行深入的研究和闡述。

### 1.5.2 研究尚存的不足之處

基於本研究範圍和目的的限制，雖然筆者利用離散時間的資本循環模型構建了一個包括累積、信用和危機在內的理論框架，形成了綜合性經濟危機理論，但是與危機相關的更多的變量並沒有納入這一理論框架，也沒有納入理論模型，這是本書所構建的理論框架和模型的一些缺陷。另外，在對資本累積、貨幣和信用、經濟危機的具體分析中，由於時間跨度較大，且本書需要分析的內容比較多，一些相關但是並不重要的細節被筆者篩選掉了。在數據處理上，本研究直接利用了相關數據進行測度，一些不能直接找到的數據，筆者依據相關理論進行了計算和近似處理，這可能會導致數據計量方面的一些誤差。

# 2 相關文獻回顧及評析

## 2.1 資本累積

資本累積問題是馬克思在《資本論》中重點論述過的問題。在《資本論》第一卷中，他用了一篇共五章的內容論述了「資本的累積過程」，在其他章節中，與「累積」和「資本累積」的相關論述也很多。資本累積理論是馬克思揭示資本主義社會的累積本質、規律和歷史趨勢，並得出「資本主義必然滅亡，社會主義必然勝利」「兩個必然」論斷的理論基礎。自馬克思以後，早期經典的馬克思作家，如布哈林和盧森堡等也對此進行了闡述；當代的西方馬克思主義學者和學派，如巴蘭和斯威齊，累積的社會結構理論學派、法國調節學派和累積的世界體系理論等都對此進行了研究。

### 2.1.1 馬克思的累積理論

馬克思的累積理論是包括剩餘價值、資本累積、資本主義的再生產、資本主義經濟週期和危機、資本主義的一般規律等在內的完整理論體系。它對於揭露資本主義累積的「剝削性」和「不公平性」、揭示資本主義發展的一般規律以及預測未來社會形態的發展趨勢具有重要的理論價值。

馬克思繼承了大衛·李嘉圖等古典經濟學家的勞動價值理論，以此為基礎創立了剩餘價值理論。剩餘價值理論是馬克思論述資本主義累積的理論基石。利潤的累積有兩種重要的形式：一是財富的轉移，通過「賤買貴賣」賺取中間的差價而獲得利潤，前資本主義時代的商人多靠此類方式獲得利潤；二是通過剩餘價值的生產而獲得利潤，資本主義時代的資本家主要依靠這類方式獲得

利潤。① 馬克思研究的利潤主要是通過剩餘價值產生的。剩餘價值是「由雇傭工人創造的被資本家無償佔有的超過勞動力價值的價值」。資本家通過延長工人的勞動時間而獲得「絕對剩餘價值」，通過提高勞動生產率，進而縮短必要勞動時間和延長剩餘勞動時間來獲得「相對剩餘價值」。剩餘價值會在產業資本家、商業資本家、借貸資本家以及土地所有者等之間進行分配。資本家累積的目的就是為了追求剩餘價值。「剩餘價值」理論是馬克思核心的經濟學思想之一，是揭示資本主義剝削的重要理論工具。

剩餘價值「資本化」的過程就是資本累積的過程。資本累積要依靠剩餘價值來提供來源，同時「擴大再生產」則需要以資本累積作為其實現的必要條件。資本累積的本質就是資本家將剩餘價值的一部分用於自己和其家庭的消費，將剩下的剩餘價值轉化為資本，用來購買可變資本（勞動力）和不變資本（生產資料），進一步擴大公司或企業的生產規模，以圖讓工人生產更多的剩餘價值，並佔有它們。資本家要想佔有更多的剩餘價值，就必須超越「簡單再生產」，利用以前占用的剩餘價值進行「擴大再生產」，這一過程實質是實現資本不斷累積和剩餘價值不斷生產的過程。那麼哪些因素會影響資本累積的速度和規模呢？馬克思認為，「勞動力的剝削程度」「勞動生產力」「所使用的資本和所消費的資本之間差額的擴大」「消費的資本之間差額的擴大」和「預付資本的量」等都會影響資本累積的速度和規模。②

隨著生產的不斷集中，資本主義的累積由自由競爭進入了壟斷資本主義階段。在壟斷資本主義階段，一個行業被少數幾家企業控制，或者是一些壟斷公司通過實行橫向一體化和縱向一體化成為巨型公司。這些公司控制了上遊的原材料的生產，同時也控制了下遊產品的銷售。壟斷是資本集中的必然結果。壟斷具有獨占性、集中性和寄生性等特點。壟斷更加有利於資本家對工人階級實行剝削。在資本主義階段，壟斷的最高形式是國家壟斷資本主義，這一形式最后發展成為帝國主義。

馬克思認為，資本主義的經濟週期和經濟危機是與資本累積有關的。在資本家擴大再生產的過程中，固定資本的投資週期會影響經濟週期。固定資產投資的高峰期一般是經濟快速增長的時期，而固定資產投資的蕭條期則是經濟增長的低谷期。資本主義的資本累積導致的兩極分化使得全社會的有效消費不足，外加資本家盲目的擴大再生產，便會產生「生產過剩」危機。「生產過

---

① 約翰‧伊特韋爾，等. 新帕爾格雷夫經濟學大辭典：第四卷 [M]. 北京：經濟科學出版社，1996：619.

② 馬克思，恩格斯. 馬克思恩格斯全集：第 23 卷 [M]. 北京：人民出版社，1972：657.

剩」危機是資本主義累積的必然結果。

關於資本主義「累積」的一般規律，馬克思寫道：「社會的財富即執行職能的資本越大，它的增長的規模和能力越大，從而無產階級的絕對數量和他們的勞動生產力越大，產業后備軍也就越大……最后，工人階級中貧苦階層和產業后備軍越大，官方認為需要救濟的貧民也就越多。這就是資本主義累積的絕對的、一般的規律。」①可見，馬克思認為是隨著資本主義累積的增長，社會財富佔有的兩極分化會越來越嚴重，一方面資本家通過榨取工人創造的剩餘價值而累積了越來越多的財富，另一方面則是喪失生產資料所有權、只靠出賣勞動維持生計的工人階級越來越陷入「相對貧困化」的境地。隨著機器對勞動不斷進行替代，「相對剩余人口」，即產業后備大軍的規模將會越來越大。「相對剩余人口」為資本主義的發展提供了充足的勞動力，也為資本家實施對工人的剝削創造了更多的可能性。資本主義社會資本累積的發展趨勢是「資本有機構成」不斷提高，「資本有機構成」的提高又是以「單個資本」的增加為必要條件，而「單個資本」的增加可以通過「資本聚集」和「資本集中」兩種方式實現。馬克思還研究了資本主義社會的原始累積問題，提出掠奪農民的土地（如英國的「圈地運動」）、通過法律壓低工人工資（如英國17世紀六七十年代的工資法案）、殖民掠奪等是資本家等完成原始累積的主要手段。

資本主義累積的歷史趨勢則是生產資料和勞動者的分離、資產階級的富裕化和工人階級的貧困化並存，「生產的社會化」和「資本主義私有制」之間的基本矛盾會越來越激烈，最后資本主義會被新的組織生產和發展的社會形態所取代。在自由資本主義發展階段，馬克思觀察到了資本主義累積的「掠奪性」和「剝削性」，並深入批判了資本主義這個社會形態。正是資本主義的累積方式發展壯大了資本主義，也正是資本主義的累積方式累積了資本主義社會被瓦解的矛盾和力量。

### 2.1.2 早期的馬克思主義累積理論

布哈林和盧森堡是早期的馬克思主義經典作家，他們對資本累積理論進行了一些闡述，筆者在此對他們的累積思想做一個簡單介紹。

（一）布哈林的累積理論

布哈林是一位傑出的馬克思主義理論家和經濟學家。他繼承和發展了馬克

---

① 馬克思，恩格斯. 馬克思恩格斯全集：第23卷 [M]. 北京：人民出版社，1972：707.

思的擴大再生產理論和資本累積理論，同時對盧森堡的「第三市場理論」① 進行過批判。布哈林對資本累積理論的貢獻主要體現在他發展了馬克思的擴大再生產理論，找到了資本累積新的途徑。② 在《資本論》中兩部類產品生產的總公式為：

第 I 部類（生產資料的生產）：$V_1 + C_1 + S_1$

第 II 部類（消費資料的生產）：$V_2 + C_2 + S_2$

布哈林對上式進行了分解。在上式中，將 $S_1$ 分解為 $\alpha_1 + \beta_1$，$\beta_1$ 分解為 $\beta_{1c} + \beta_{1v}$，其中 $\alpha_1$ 表示被資本家個人消費掉的那部分剩餘價值，$\beta_1$ 表示轉化為資本的那部分剩餘價值，$\beta_{1c}$ 表示累積起來用作不變資本的那部分剩餘價值，$\beta_{1v}$ 表示累積起來用作可變資本的那部分剩餘價值。同理，將 $S_2$ 分解為 $\alpha_2 + \beta_2$，$\beta_2$ 分解為 $\beta_{2c} + \beta_{2v}$，其中 $\alpha_2$ 表示被資本家個人消費掉的那部分剩餘價值，$\beta_2$ 表示轉化為資本的那部分剩餘價值，$\beta_{2c}$ 表示累積起來用作不變資本的那部分剩餘價值，$\beta_{2v}$ 表示累積起來用作可變資本的那部分剩餘價值。這樣，布哈林將兩部類中產品生產的總公式改寫如下：

第 I 部類：$V_1 + C_1 + \alpha_1 + \beta_{1c} + \beta_{1v}$

第 II 部類：$V_2 + C_2 + \alpha_2 + \beta_{2c} + \beta_{2v}$

在以上公式中，$\beta_1$ 作為用來累積的那部分剩餘價值，以物質形態存在，但是這一部分只能以不變資本（$\beta_{1c}$）和可變資本（$\beta_{1v}$）的形式以一定的比例而存在。$\beta_{1c}$ 可以以物質形態的方式保留在第一部類作為生產資料，$\beta_{1v}$ 則必須脫離第一部類，參與第二部類的交換。$\beta_{2v}$ 作為第二部類中可變資本追加的部分，可以留在第二部類內部，$\beta_{2c}$ 則不能作為可追加的不變資本起作用，需要與第一部內進行交換。總之，在擴大再生產過程中，剩餘價值需要在第一部門和第二部門中被吸收，同時實現 $\beta_{2c} = \beta_{1v}$。

基於以上的分析，布哈林變換出了擴大再生產的不同模式，並認為這些模式都可以滿足 $V_1 + \alpha_1 + \beta_{1v} = C_2 + \beta_{2c}$，方程左邊表示簡單再生產的條件，而方程的右邊表示擴大再生產的「追加條件」。至此，布哈林認為資本主義的累積和擴大再生產過程就是第一部類中不變資本 $C_1$ 增加到 $C_1 + \beta_{1c}$，可變資本則從 $V_1$ 增加到 $V_1 + \beta_{1v}$，以及 $V_1 + \alpha_1$ 與 $C_2$ 進行位置交換的過程；同時也是第二部類中不變資本 $C_2$ 上升到 $C_2 + \beta_{2c}$，可變資本則從 $V_2$ 增加到 $V_2 + \beta_{2v}$ 的過程。在第一部類和第二部類中，隨著不變資本和可變資本的進一步擴大，新的循環開

---

① 盧森堡把「第三市場」定位為「小商品市場和封建制度生產等」。

② 尼古拉·布哈林. 帝國主義與資本累積 [M] //中國社會科學院哲學研究所和馬克思主義哲學史研究室. 帝國主義與資本累積. 柴金如，等，譯. 哈爾濱：黑龍江人民出版社，1982.

始了。在新的循環裡，可變資本和不變資本的再生產繼續進行，同時剩余價值得到增長。在這一過程中，全社會的不變資本、資本家和工人的消費都會增加。當然，要實現資本的累積，還必須完成資本循環的全過程。

布哈林還批判了盧森堡的資本累積的「第三市場」理論，認為她的資本累積理論存在如下缺陷：第一，其方法論背離了馬克思主義的概念和方法論；第二，沒有認清資本主義擴大再生產「為誰」和「誰獲益」的問題；第三，將生產和消費完全分開；第四，沒有將消費和累積有效地聯繫起來；第五，沒有將勞動力的再生產作為資本累積和增值的先決性條件；第六，認為資本擴大再生產的目的就是擴大再生產本身，而不是資本累積。①

總體來看，布哈林進一步發展了馬克思的累積理論，並更加詳細地解釋了馬克思的擴大再生產理論中兩部類的組成和交換問題。這是非常值得肯定的。

（二）盧森堡的累積理論

羅莎·盧森堡是19世紀末和20世紀初最偉大的女性馬克思主義理論家。當自由資本主義發展到帝國主義階段後，資本主義發展出現了新的情況，而她認為《資本論》提出的擴大再生產過程中的資本累積理論不能完全解釋當時的情況。盧森堡把馬克思的資本累積的條件總結為以下四個：剩余價值以實物資本的形態出現，並能資本化；資本主義的「擴大再生產」需要依賴生產資料和生活資料的「擴大再生產」來實現；剩余價值量的大小決定生產擴大的資本限額；資本主義生產自身可以「消化」生產剩余。② 但是這與現實並不相符，為此盧森堡提出了資本累積的「第三市場」理論③。在《資本論》中，馬克思把「社會再生產」過程劃分為兩大部類——第一部類和第二部類，第一部類負責生產資料的生產，第二部類負責消費資料的生產。在分析「社會總產品」流通過程中，又把「社會總產品」劃分為不變資本（$C$）、可變資本（$V$）和剩余價值（$S$）。第一部類生產的「$C+V+S$」加第二部類生產的「$C+V+S$」等於社會總產品。盧森堡認為馬克思提出的社會總產品的這個等式不總是成立的，尤其是在擴大再生產條件下，由於工人階級的貧困和資本家消費力的限制，第二部類，即消費資料的生產剩余不一定會被工人和資本家消費掉。如何

---

① 尼古拉·布哈林. 帝國主義與資本累積 [M] //中國社會科學院哲學研究所和馬克思主義哲學史研究室. 帝國主義與資本累積. 柴金如，等，譯. 哈爾濱：黑龍江人民出版社，1982：178-184.

② 愛莎·盧森堡. 資本累積論 [M]. 彭塵舜，吳紀先，譯. 北京：三聯書店，1959.

③ 愛莎·盧森堡. 資本累積——一個反批判 [J] //中國社會科學院哲學研究所和馬克思主義哲學史研究室. 帝國主義與資本累積. 柴金如，等，譯. 哈爾濱：黑龍江人民出版社，1982.

解決這一矛盾？實現擴大再生產的繼續，就必須在工人和資本家之外有新市場，即第三市場。盧森堡把第三市場定位為「小商品市場和封建制度產生等」，並認為只有依靠第三市場對剩餘產品的吸收，才能實現可持續的資本累積，繼續資本主義的擴大再生產。因此，資本主義的累積必然要求通過爭奪國內和國外的新市場，來「消化」產品剩餘。從某種意義上說，第三市場已經成為資本累積和擴大再生產的必要條件。

盧森堡的「第三市場」理論提出的背景是第一次世界大戰後共產國際投票贊成戰爭貸款，她認為這是共產國際向帝國主義資產階級投降的修正主義行為。為此，她特意提出這一理論來反對帝國主義和修正主義。盧森堡的累積的「第三市場」理論遭到了布哈林等理論家的批判。如，布哈林認為第三市場理論將資本累積的途徑指向了對第三市場的剝削，可能會顛覆資本主義的累積是來自於對工人階級的剝削的理論基礎。[①] 為了回應這些批評，盧森堡在《資本累積——一個反批判》一書中認為擴大再生產是資本累積的前提和結果，而資本累積和擴大再生產要持續地進行就必須具備幾個條件：充裕的勞動力，這些勞動力既能維持生存，又在與機器的競爭中完敗下來形成龐大的產業後備軍；順利地完成商品的生產和售賣，實現剩餘價值；擴大再生產要滿足社會的需求，尤其是要滿足全體資本家擴大再生產的需求。[②] 資本累積的目的不僅僅是現實商品的生產，還要將商品最終轉化為貨幣，實現擴大再生產。盧森堡還為她的第三市場理論進行了辯護，她認為單個的資本體系，即第一部類和第二部類內部和之間不能解決生產和消費一致性問題，她的理由是：如果資本主義體系中生產和市場是一體的，即生產多少就能消費多少，那麼就不可能出現週期性的危機；如果資本主義體系內存在一個充足的市場，那麼資本主義的累積就可以無限制擴大了；如果資本主義體系內部可以建立一個滿足生產和消費一致性的市場，那麼帝國主義國家之間就不會出現依靠軍事、貿易和資本的力量來向外尋找新市場和輸出資本的競爭。但是，現實告訴人們這三點都不能滿足，所以存在「第三市場」是資本主義累積實現的必要條件。

盧森堡繼承和發展了馬克思的累積理論，並提出了「第三市場」理論來解釋資本主義擴大再生產過程中的「生產剩餘」問題。雖然，她的這一理論

---

[①] 對盧森堡「第三市場」理論進行批判的理論家還有保羅·斯威齊、莫里斯·多布、托尼·克里夫、湯姆·肯普等。詳見：中國社會科學院哲學研究所和馬克思主義哲學史研究室. 帝國主義與資本累積 [M]. 柴金如，等，譯. 哈爾濱：黑龍江人民出版社，1982：「編者的話」3-4.

[②] 中國社會科學院哲學研究所和馬克思主義哲學史研究室. 帝國主義與資本累積 [M]. 柴金如，等，譯. 哈爾濱：黑龍江人民出版社，1982.

主張被當時的理論家批判為修正主義理論，但是以筆者對當代資本主義世界的觀察來看，「第三市場」理論正好印證了資本主義的發展特徵和趨勢。只是，當代資本主義世界裡，「第三市場」的範圍已經超越了「小商品市場和封建制度生產」，而具有更廣泛的範圍。

### 2.1.3 當代西方馬克思主義的累積理論

當代西方的馬克思主義者繼承和發揚了馬克思的累積理論。具體來說就是，繼續肯定追逐剩餘價值（或經濟剩餘）是資本主義生產的本質追求，擴大再生產也是為了追求剩餘價值（或經濟剩餘），但是在具體的累積形式和體制方面都進行了擴張。累積的壟斷形式已經成為最普遍的形式。同時資本主義累積的體制結構也發生了一系列的變化，如累積的社會結構理論（SSA）和法國調節學派（RS）等對新時代的資本主義累積體制進行了定義。另外，通過參與世界市場，發達資本主義國家已經利用累積的世界體系在全球範圍內瓜分「財富」。

（一）累積的壟斷理論

巴蘭（Baran）和斯威齊（Sweezy）研究了壟斷資本主義階段的累積問題，不過他們所研究的「累積」主要是「經濟剩餘」，即「一個社會所生產的產品與生產它的成本之間的差額」①。他們認為馬克思所處的自由資本主義時代，累積的主要方式是「剩餘價值」，且剩餘價值＝利潤+利息+地租。而在壟斷資本主義時代，「剩餘價值」被過多地「偽裝」了，故分析累積的主要方式應該是「經濟剩餘」。這些「經濟剩餘」既包括利潤、利息和地租，也包括了私人投資、公共投資和公共消費，以及那些不必要的「浪費」。他們研究了壟斷資本主義時代「經濟剩餘」的生產和吸收問題。②

巴蘭和斯威齊認為「剩餘」的大小是衡量一個社會生產能力和財富規模的重要指標，也是一個社會能在多大程度上實現其自我構建目標的一個指標。「經濟剩餘」通過什麼組織形式來產生？由經理部門掌握控制權、財務上獨立、最大限度追求利潤的公司（主要是巨型公司）是壟斷資本主義時代「經濟剩餘」實現的組織基礎。應用價格策略和成本策略，通過巨型公司的壟斷經營，壟斷資本主義時代的「經濟剩餘」和「社會總產品」越來越多。「經濟剩餘」怎麼被吸收和利用呢？「經濟剩餘」可以用來投資、消費和浪費掉。投

---

① 保羅·巴蘭，保羅·斯威齊. 壟斷資本 [M]. 北京：商務印書館，1977：14-15.
② 保羅·巴蘭，保羅·斯威齊. 壟斷資本 [M]. 北京：商務印書館，1977.

資是指可以用來擴大再生產，消費是滿足資本家和工人階級以及其他人的生活需求，而浪費則是為了解決剩餘問題而有意為之，這種浪費既指普通浪費，也指通過戰爭等形成的浪費。壟斷資本主義時代，不僅「經濟剩餘」越積越多，而且從「經濟剩餘」中分離出來的「投資剩餘」也越積越多，尋找新的投資出路是其面臨的挑戰之一。在資本主義一國內部，投資越多，生產過剩越嚴重。生產過剩又會導致投資意願的減少。當投資萎縮時，失業增加，人們的收入減少，從消費方面吸收「剩餘」的能力進一步弱化，剩餘減少了，經濟將會陷入停滯或蕭條。為了解決「內源性」投資的限制，壟斷資本主義的巨型公司會走出國門，通過在其他國家的投資，即「外源性」投資來解決投資性經濟剩餘。① 與投資相比，通過銷售努力來解決「經濟剩餘」是一個「一勞永逸」的辦法，因為消費掉的「剩餘」將不會再被生產出來。在解決「經濟剩餘」吸收問題中，政府也起到了較大的作用，通過擴大民用公共支出和軍費支出來解決「經濟剩餘」問題。壟斷資本主義時代，「經濟剩餘」到底有多大？各個部分消化的剩餘占多大比例？菲利普斯（1977）對此進行了估計，他從「財產性收入」「分配中的浪費」「貿易公司以外的公司廣告」「雇員補償費中的剩餘」「政府吸收的剩餘」等六個方面計算了1929—1963年美國「經濟剩餘」的組成和總額。其中，1929年，美國的「經濟剩餘」總額為489.20億美元，占GDP的比重為46.9%；1963年美國的「經濟剩餘」總量為3,277.25億美元，占GDP的比重為56.1%。②

（二）累積的社會結構理論

累積的社會結構理論（Social Structure of Accumulation Theory）最早是由Gordon（1978，1980）提出的，他認為資本累積是由一系列與之相關的制度體系和社會結構因素促成的，資本主義經濟的繁榮和蕭條與累積的社會結構和制度體系之間具有很大的聯繫性。③④

累積的社會結構理論重點關注影響資本累積過程的各類社會制度和社會衝突。但是不同的學者對累積的制度體系給予了不同的解釋。Bowles，Gordon和

---

① 對於投資性經濟剩餘問題，一般認為巨型公司會通過瞄準新增人口、投資於新技術和新產品的開發以及國外投資等方式來解決。
② 約瑟夫·D.菲利普斯.經濟剩餘的估計［M］//保羅·巴蘭，保羅·斯威齊.壟斷資本.北京：商務印書館，1977：347-368.
③ DAVID GORDON. Up and Down the Long Roller Coaster in U. S. Capitalism in Crisis ［M］. New York：Union for Radical Political Economics，Working Paper，1978.
④ DAVID GORDON. Stage of Accumulation and Long Economic Cycles ［M］//Terence K. Hopkins et al. ed. Processes of the World-System. Calif：Sage Publications，1980.

Weisskofp（1986）以勞資協議、美國式和平以及資本和市民協議三個維度，來分析第二次世界大戰后美國企業以利潤為衡量標準的資本累積狀況。① 這三種力量關係是影響第二次世界大戰后美國公司利潤累積的主要制度性因素。其中勞資協議調整資本家和勞動者的關係，主要包括資本家對工人的管理控制、基於勞動生產率的工資、生產條件、失業保障和工會的力量等。美國式和平則強調第二次世界大戰后美國的競爭優勢以及美國主導的國際政治和經濟新秩序有利於美國企業的資本累積和經濟發展等，如美國的工業製成品與其他國家的勞動密集型產品和中間產品的交換促進了美國貿易的發展。資本與市民協議則調整資本家追逐利潤的要求與市民追求經濟安全和企業社會責任（如職業健康、消費品安全和環境保護等）的要求之間的衝突。累積的社會結構理論很好地解釋了第二次世界大戰后美國等資本主義國家資本的快速累積和經濟發展。但是在 20 世紀 70 年代美國等經濟發生滯漲后，累積的社會結構理論和傳統的凱恩斯理論一樣，不能很好地解釋這一現象，其理論發展陷入了困境。

之后，在新自由主義時期有學者提出需要對資本累積的社會結構理論進行進一步修正。如 Wolfson（2003）提出需要從以下幾個方面來修正累積的社會結構理論：在資本主義體制下，有相對持久的制度結構來闡述階級衝突的短期穩定性；核心制度結構能夠闡述規制性市場和自由市場；緩解勞資衝突的核心制度結構；用規制性的制度結構來避免消費不足、利潤率擠占，保障經濟增長；由自由市場經濟向規制市場經濟過渡的趨勢；對於勞動方來說，用規制性的制度結構來解決市場中的不平等、社會扭曲，對於資本方來說，用規制性的制度結構來解決經濟的衰退問題。② Kotz 和 McDonough（2010）則認為新自由主義時期的資本主義是一個內核性的多元化的實體，它包括了政治經濟制度、政策、理論和意識形態等多個方面，並認為全球化背景下的新自由主義體制是一個新的累積體制。③ 具體來說全球化的新自由主義累積體制包括國際和國內兩個方面。國際方面表現為資本、商品、貨幣的國際性運動，以及資本主義生

---

① BOWLES SAMUEL, GORDON. DAVID M, WEISSKOFP THOMASE. Power and Profits: The Social Structure of Accumulation and the Profitability of the Postwar U. S. Economy [J]. Review of Radical Political Economics, 1986, 18 (1/2): 132-167.

② WOLFSON MARTIN H. Neoliberalism and the Social Structure of Accumulation [J]. Review of Radical Political Economics, 2003, 35 (3): 255-262.

③ KOTZ DAVID M, MCDONOUGH TERRENCE. Global Neoliberalism and the Contemporary Social Structure of Accumulation [M] // Terrence McDonough, Michael Reich, David M. Kotz. Contemporary Capitalism and Its Crises: Social Structure of Accumulation Theory for the Twenty-First Century. Cambridge: Cambridge University Press, 2010.

產關係的全球性擴張、生產的分階段性和貿易整合作用的加強、以 WTO 為代表的多樣化跨國管制體系的形成。國內方面則表現為勞動者的低工資和弱的勞動保護，削弱的工會力量；勞動階層的分化，即以高工資、較好的工作環境、高福利和較好的工作保障為代表的主要部門和以低工資、較差的工作環境、低福利和低保障為代表的次級部門之間的勞動者之間的分化；新的生產體系生產，如靈活的專業化生產和及時生產等；以降低成本和爭奪市場份額為主要目標產生的空間性轉移；同時還弱化了國家在收入分配、保障社會公平、提供公共服務和反壟斷等方面的職能。自然，新自由主義累積體制發展的最終結果就是導致 2008 年全球性的金融危機。

累積的社會結構理論是西方學者對馬克思主義經濟學理論的進一步發展，它很好地解釋了第二次世界大戰後資本主義發展和累積處於「黃金階段」的原因。但是隨著 20 世紀 70 年代「滯漲」的出現，資本主義發展和累積進入了新自由主義時代。這一期間，累積的社會結構理論沒有形成統一的和具有解釋力的理論框架，這一理論逐漸被人們淡化。不過，以科茨（2010）為代表的西方馬克思主義學者概括了此階段資本發展和累積的制度結構，具有一定的理論進步性。總體而言，各位學者賦予 SSA 理論的內涵都是依據自己的訴求發展出來的，所以累積的社會結構理論沒有形成一個統一性和邏輯性一致的理論框架。同時，雖然現實不斷變化，但是 SSA 理論的內涵發展不夠，其解釋力在不斷下降。現實解釋力、統一性和邏輯一致性應該是 SSA 理論不斷改進的方向。

（三）法國調節學派的累積理論

法國調節學派（Regulation School）作為西方馬克思主義經濟學發展的重要派別，是 20 世紀 70 年代由法國經濟學家 Aglietta（1979），Lipietz（1987）和 Boyer（1990）為主要代表的學者提出的用來解釋資本主義累積和發展的理論。①②③④ 法國調節學派理論是與美國的累積的社會結構（Social Structure of Accumulation）理論幾乎同時代出現的，但是兩者強調的重點不一樣：SSA 理

---

① AGLIETTA MICHEL. A Theory of Capitalist Regulation: The U. S. Experience [M]. London: Verso，1979.
② LIPIETZ ALAIN, MIRAGES, MIRACLES. The Crises of Global Fordism [M]. London: Verso，1987.
③ BOYER, ROBERT. The Regulation School: a Critical Introduction [M]. New York: Columbia University Press，1990.
④ 更準確地說，法國調節學派是一支綜合了凱恩斯主義和馬克思主義思想，來解釋資本發展和累積的新馬克思主義經濟學學派。這一學派的代表人物眾多，內容也很龐雜，對其學派人物和觀點更詳細的介紹可參見：李其慶. 法國調節學派評析 [J]. 經濟社會體制比較，2004（2）：123-134.

論強調影響資本主義發展和累積的制度性結構，具有很強的宏觀性，且覆蓋面廣泛；而 RS 理論則重點強調與資本主義發展和累積相適應的生產方式的結構問題，兼有微觀性和宏觀性。

法國調節學派強調維持和穩定經濟發展的累積體制需要生產模式和消費模式匹配，穩定的累積模式需要政治和經濟體制和制度來調節。資本主義發展的不同階段具有不同的生產模式和消費模式與之匹配。法國調節學派學者將資本主義的累積體制分為福特主義（Fordism）和后福特主義（Post-Fordism）兩種類型。第二次世界大戰後，批量生產和標準化生產的福特制成為資本主義累積的主要體制。有學者將調節學派「福特制」的特徵歸納為四個方面[1]：其一，基於技術和勞動分工的勞動過程。這一過程主要秉承了泰勒制的思想，實現流水線式的批量生產，雖然工人的崗位依據分工而形成，但是可以互相替代。其二，實行生產體制和消費體制相互契合的資本累積機制。即在生產方式上實行大規模的批量生產，使得生產總量得到不斷的擴張；在消費模式上則實行大眾消費模式，通過增加工人工資使得工人有能力消費已經生產的產品。這樣的累積體制通過「生產擴張—消費擴張」的模式解決了生產和消費之間的矛盾，給企業帶來了利潤，激勵了企業的投資和擴大再生產，也提高了大眾的消費水平和生活水平。其三，實行以「工資協商」和「工會參與」的微觀和宏觀調節機制。在福特制時代，為了實現擴大再生產和消費的契合性，工廠設立工會，並通過工會協商解決工人的工資問題，使得工人工資的增長率能夠和企業勞動生產率的增長率基本一致。同時歐洲一些國家的工會還參與國家宏觀政策尤其是財政政策的制定，以使工人階級和普通民眾的政治和經濟權利得到改善。其四，實行以「大眾消費文化」和「福利制度」為核心的「社會模式」。為了激勵普通大眾擴大自身的消費規模，提高自身的消費水平，資本主義國家逐漸形成了一種很強烈的「消費主義文化」，同時為了解決人們消費的后顧之憂，在政府主導下逐漸建立了以醫療和社會保障為主要內容的社會安全網。

20 世紀六七十年代，發達資本主義國家的經濟開始出現「滯漲」，以「福特制」為代表的資本主義累積模式也面臨一系列挑戰。進入工業化後期，受到技術進步和市場範圍的限制，資本主義企業的生產能力已經達到最大化，生產能力開始逐步下降。此外，歐洲、日本和美國等資本主義企業在全球市場上的激烈競爭致使企業獲利減少，降低了企業的生產性投資和研發投資。為了降低生產成本，很多企業利用機器替代工人，或者是不斷裁員，或者降低工資，

---

[1] 胡海峰. 對法國調節學派及其理論的分析 [J]. 教學與研究，2005 (3)：79-84.

使得大眾的消費能力進一步緊縮。而社會福利的剛性支出使得政府的債務負擔加大，一些國家政府甚至陷入了財政困境。在這樣的政治和經濟背景下，資本累積的福特制逐步走向了衰敗。

面對經濟社會發展的新變遷，法國調節學派也適時調整了理論，提出資本主義累積和發展進入了「后福特主義」時代。「后福特主義」的累積體制特徵可以從四個方面概括[1]：其一，與以前的大批量生產相比，出現了小批量和個性化的及時生產模式。彈性生產成為一種新的組織生產的方式，同時眾多的中小企業肩負起了新技術的發明和使用的重任，成為促進經濟發展和科技革命的「主力軍」。其二，與批量生產相互結合的大眾消費模式逐漸發生了結構性變化，越來越多的工人和普通大眾陷入了相對貧困的陷阱。當收入無法滿足其消費預算時，越來越多的人依靠消費信貸來維持生存。其三，工會力量被削弱，工會和企業主之間的協議工資越來越得不到支持，市場在工資定價方面發揮了關鍵性作用，政府開始實行自由化的經濟政策，並逐漸削減在教育、醫療和社會保障方面的開支。其四，以美國為主導的戰後經濟秩序逐漸弱化，尤其是美元本位的瓦解和自由匯率的出現更是衝擊了以前的資本主義的世界體系，世界逐漸走向了多極化和多元化時代。

與「福特主義」時代相比，「后福特主義」時代的資本主義沒有體現出更加規範化的累積性體制特徵，所以法國調節學派提出的資本主義發展和累積理論在「后福特主義」時代就開始逐漸弱化了。那麼當前資本主義發展和累積是哪種累積體制呢？有學者概括了法國調節學派的觀點，認為是「金融資產累積體制」或「壟斷金融累積體制」。[2] 隨著信息技術的發展和應用，資本、技術和人才等要素的跨國流動，資本主義大企業或壟斷集團通過國際分工和貿易可以獲得收益的「剪刀差」；通過金融創新工具在全球金融市場獲得資本性收益，通過企業兼併和重組等控制主要的獲利行業，獲得壟斷租金收益。資本主義的發展和累積越來越依靠「金融化」來完成。

法國調節學派的累積理論是法國經濟學家從歐洲和美國等資本主義發展和累積中抽象出來的累積理論，具有一定的理論進步性。調節學派的累積理論融合了凱恩斯主義和馬克思主義的思想，正如 Aglietta（1976）所言：「調節理論

---

[1] 胡海峰. 福特主義、后福特主義與資本主義累積方式——對法國調節學派關於資本主義生產方式研究的解讀 [J]. 馬克思主義研究, 2005 (2): 63-69.

[2] 李其慶. 法國調節學派評析 [J]. 經濟社會體制比較, 2004 (2): 123-134.

是基於馬克思主義的,是對凱恩斯經濟學的深化和發展。」①「福特主義」很好地概括了第二次世界大戰后至 20 世紀 70 年代資本主義發展和累積的體制性特徵,「后福特主義」和「壟斷資產累積體制」很好地概括了新自由主義時代資本主義發展和累積的體制特徵。可以說,調節學派堅持馬克思的「生產關係要適應生產力發展」的理論內核,在觀察到資本主義發展不同階段的生產方式后,概括了適應和促進生產方式不斷變化的生產關係的調整,即累積的制度結構的調整。不過調節學派的累積理論要發展為更加成熟的理論,需要根據資本主義發展階段的特徵和變化性,在現實解釋力和理論內涵上做出進一步的調整。

(四) 累積的世界體系理論

20 世紀五六十年代,亞洲、非洲和中南美洲很多前殖民地國家獲得了民族解放和獨立,在經濟發展和政治民主化的進程中,以阿爾蒙德和帕森斯為代表的西方學者認為應該用「現代化」理論來指導這些新興國家的發展。②「現代化」理論要求在政治上實行西方式的民主政治,如英國的參議院民主制和美國的總統共和制;在經濟上效仿西方發達國家實行「資本—勞動雇傭制」,發展資本主義經濟;在文化上向西方文化靠攏,形成以西方文明為中心的世界體系。他們的理論主張實際上是在新興發展中國家複製歐美等發達國家的民主政治體制、經濟發展模式和文化價值觀,企圖用單一的發展模式來指導這些新興國家的發展。但是,這些美妙的構想並沒有實現。一方面,面對發達資本主義國家對新獨立國家的政治、經濟和文化價值觀等的新殖民主義干涉,20 世紀六七十年代在全球掀起了以「反霸權」「反帝國主義」「反新殖民主義」為主題的民族主義運動。另一方面,世界並沒有按照阿爾蒙德和帕森斯等學者構想的那樣,形成單一的結構體系,而是形成了以「歐洲共同體」「東南亞國家聯盟」「石油輸出國組織」,以及以美國為首的資本主義陣營與以蘇聯為首的社會主義陣營的對峙為特點的複雜世界體系。另外,南北發展的不平衡和越來越大的收入差距也成為突出的矛盾。在這樣的背景下,人們開始批判和反思「現代化」戰略,甚至是反對「現代化」戰略。

在對以阿爾蒙德和帕森斯為代表的「現代化」戰略進行批判和反思的過程中,美國左翼和馬克思主義學者沃勒斯坦 (Wallerstein) 關於累積的世界體

---

① 呂守軍,嚴成男. 法國調節學派的學派定位及其理論創新研究 [J]. 上海交通大學學報 (哲學社會科學版),2013 (3):36.

② 伊曼努爾·華勒斯坦. 歷史資本主義 [M]. 路愛國,丁浩金,譯. 北京:社會科學文獻出版社,1999.

系理論很具有代表性。① 沃勒斯坦認為資本主義的發展應該是歷史的，不同的發展階段具有不同的特徵，主張用時間和空間兩個維度來分析資本主義的發展。② 從資本主義的歷史發展體系中可以看出，資本擴張是資本使用的主要目的，而資本累積的目的則是實現更多資本的累積。在某種程度上，資本主義發展的歷史，就是資本不斷擴張和資本不斷累積的過程。資本主義的歷史發展過程是：

（1）萬物「商品化」的過程。無論在生產環節、交換環節和分配環節，還是消費環節和投資環節，都是商品化和市場化的過程。資本家總是將經濟社會領域可能的物品和行為都商品化，使得它們變為可用貨幣交易和買賣的對象。在這一過程中，勞動力成為商品，資本家通過剝削勞動力創造的「剩餘」而獲得足夠的資本累積。

（2）資本主義在空間上擴張的過程。資本主義生產不是局限於一個區域，而是不斷地在空間上進行擴張，甚至超越國界，在世界範圍內生產和消費其產品和服務，這樣做的目的就是為了實現「利潤—資本累積—更多利潤」的資本自我擴張目的。資本主義在空間上擴張的過程，不僅伴隨著經濟的擴張，而且往往會借助政治、軍事和文化力量來達到協助經濟擴張的目的，如戰爭和經濟殖民地就是最好的例證。資本家為了實現資本累積和獲得利潤，要參與產品生產環節和銷售環節的各種競爭；為了不被激烈的競爭所淘汰，資本家必須盯住各個可以獲得利潤的節點，改進產品或改變銷售策略。為了獲勝，他們不斷地擴張規模，試圖以規模優勢獲得競爭優勢，一些行業，甚至是整個行業由此陷入了投資過度和生產過剩的「泥潭」。他們不得不面對「產品週期」和「經濟危機」的威脅，並重新在空間地理上配置其資本和其他要素。

（3）國家權力參與調整和控制的過程。資本主義的發展和累積過程中，出現了資本家和工人階級以及普通大眾財富、權利等的兩極分化。不同的階級因為利益的相同或相異而聚集或分化。調整利益最好的方式就是政治權力，而撬動政治權力最好的組織就是國家。在經濟上獲得優勢地位的資本家通過控制和調整國家權力來實現自己的利益。他們通過調整勞動法律實現對工人階級的統治和剝削並獲得「剩餘價值」，憑藉國家武力等實現領土的對外擴張和經濟殖民以掠奪他國財富，通過稅收權力在收入分配過程中「優待」擁有強大資

---

① 路愛國和丁浩金在翻譯《歷史資本主義》一書時將「Wallerstein」翻譯為「華勒斯坦」。筆者認為將其翻譯為「沃勒斯坦」更貼切，且這一翻譯也被學界廣泛使用。

② 伊曼努爾·華勒斯坦. 歷史資本主義[M]. 路愛國，丁浩金，譯. 北京：社會科學文獻出版社，1999.

本的個人或利益集團。可見，國家是資本主義實現累積的關鍵性機制。

（4）資本主義文明強勢擴張的過程。世界的文明應該是多樣的，但是在資本主義發展過程中，包括「習慣」「文化」「制度」「宗教」在內的資本主義工業文明占據了優勢地位，並在全球範圍內擴張，將那些處於邊緣位置的其他文明「打垮」，甚至讓其消失。

沃勒斯坦形成了累積的世界體系理論。[①] 他認為在 16 世紀之前，以羅馬帝國為代表的世界性帝國是以「政治中心」為主要形態的世界體系。但是從 16 世界開始，隨著資本主義的不斷發展和完善，逐漸形成了以「經濟中心」為主要形態的世界新體系。在現代，這一世界體系一度以歐洲和北美為核心。資本主義的世界體系是一個自成體系的「經濟網路」，這個體系沒有統一的政治中心，但是有一個由「中心區」「邊緣區」和「半邊緣區」組成的網路結構。這三個區域發揮著不同的作用：「中心區」通過國際金融和貿易等控制著整個世界經濟體系，同時利用邊緣區提供的廉價生產資料，如原材料、勞動力來生產製成品，並銷往「邊緣區」獲得超額利潤；「邊緣區」為中心區提供原材料、粗加工產品和勞動力，並成為「中心區」的產品銷售市場；「半邊緣區」則介於「中心區」和「邊緣區」之間，充當雙重角色，即為「中心區」充當「邊緣區」，又為「邊緣區」充當「中心區」。那麼三種區域的角色是怎麼形成的？是不同的國際勞動分工形成的。正如沃勒斯坦所言：「資本主義世界經濟體是以世界範圍的勞動分工為基礎建立的，在這種分工中，世界經濟體的不同區域（我們稱之為中心區域、半邊緣區域和邊緣區域）被派定承擔特定的經濟角色，發展出不同的階級結構，因而使用不同的勞動控制方式，從世界經濟體系的運轉中獲利也就不平等。」[②]

沃勒斯坦認為處於「中心區」的國家就是「霸權國家」。不過這些霸權國家是會替換的。自 16 世紀以來，荷蘭、英國和美國等先後承擔了資本主義世界的「中心區」，也相繼成為當時的霸權國家。這些霸權國家只是在特定的時間段內，在生產、銷售以及金融領域占據優勢地位，但是很快會「由盛轉衰」，新的霸權會替代舊的霸權。

在某種程度上，依附性累積也可以歸為累積的世界體系理論中。依附性累積理論是德國學者弗蘭克（Frank）提出的，主要研究世界資本主義發展和累

---

① 伊曼紐爾·沃勒斯坦. 現代世界體系：第一卷 [M]. 尤來寅, 路愛國, 等, 譯. 北京：高等教育出版社, 1997.

② 伊曼紐爾·沃勒斯坦. 現代世界體系：第一卷 [M]. 尤來寅, 路愛國, 等, 譯. 北京：高等教育出版社, 1997.

積過程中的「依附性生產關係和交換關係」①。弗蘭克把世界資本主義的累積和發展歸納為三個階段——重商主義時期（1500—1770 年）、工業資本主義時期（1770—1870 年）和帝國主義時期（1870—1930 年），每個時期和階段世界資本累積的特徵和結構是不一樣的。他用「外部依附理論」分析了資本主義宗主國和外圍國家（主要是殖民地）的不平等交換關係，同時也用「內部依附理論」分析了亞非拉等不發達地區的資本主義累積的發展問題。世界上主要的資本主義國家通過對外圍國家（尤其是殖民地）採取貿易、殖民擴張、生產控制和投資控制等方式來獲取廉價的資源，控制其生產體系和銷售體系，甚至通過投資控制其關鍵性行業，獲得了世界資本主義發展的累積資金。亞洲、非洲和拉丁美洲等不發達國家的資產階級則依附於發達資本主義國家的資本、生產工藝和技術而獲得財富。在這一雙向依附過程中，發達資本主義國家的資產階級獲得了壟斷性收益，不發達國家的資產階級也獲得了豐厚的租金收益，而不發達國家的工人、農民以及其他中下層民眾卻要承受「雙重剝削」。

## 2.2 貨幣和信用

貨幣和信用理論也是馬克思主義理論的重要組成部分。在《資本論》中，商品和貨幣是放在同一篇中論述的，貨幣是商品經濟發展的必然結果，貨幣在商品經濟中執行著五種不同的職能。貨幣轉化為資本是資本主義進行再生產的前提條件。馬克思在《資本論》第三卷第五篇中用兩章專門論述信用與虛擬資本，以及信用在資本主義生產中的作用等。此外在其他章節對「商業信用」以及「信用制度下的流通手段」等都進行了完整的論述。隨著商品經濟的不斷發展，傳統貨幣逐漸被紙幣取代，而紙幣本身就是一種信用形式。除了紙幣以外，買賣中的「賒銷」、股票和證券等都是信用形式的擴展。信用形式的擴張，是資本主義社會實現擴大再生產、解決生產和消費矛盾的必然結果。

馬克思之後的希法亭等經典的馬克思主義作家都對此進行過論述。當代資本主義社會中，貨幣形式已經發生了很多變化，但是貨幣仍然是最主要的交易媒介。同時，信用形式已經多元化了。從某種程度來說，當代資本社會已經完全是一個信用社會了。

---

① 安德烈·岡德·弗蘭克. 依附性累積與不發達 [M]. 高銛, 高戈, 譯. 南京：譯林出版社，1999.

### 2.2.1 馬克思的貨幣和信用理論

馬克思論述了貨幣的本質、貨幣發展的形式、貨幣的職能、貨幣資本化以及信用問題。馬克思在《詹姆斯·穆勒〈政治經濟學原理〉一書摘要》和《1844 年經濟學哲學手稿》中指出貨幣其實是一種貨幣權力，其本質是被異化了的人類勞動。① 在《1857—1858 年經濟學手稿》裡，他又將貨幣作為一種社會關係來看待，具體而言就是「生產關係」，並認為貨幣是「交換發展的必然結果」。②

馬克思的貨幣理論是置於資本主義生產關係中來研究的。貨幣原本是人類特殊的勞動價值體現，后來其形式不斷地發生演變，但是其仍然可以被看作是特定生產關係中社會權力的物質載體。資本主義社會中，資本家對生產資料的佔有制使得貨幣成為其追求剩余價值的手段。貨幣的資本化是資本家追逐剩余價值必不可少的條件。而信用形式的擴張則拓寬了貨幣資本化的渠道，助推了資本的集中和壟斷。資本的集中和壟斷又進一步便利了資本家追求更多的剩余價值。

馬克思認為貨幣是充當「一般等價物」的特殊商品，用來執行特殊的社會職能。商品的使用價值和價值的內在矛盾和對立，需要一個外在的解決形式，貨幣正好充當了這一角色。貨幣的出現使得「商品—商品」的交換過程轉化為「商品—貨幣—商品」的交換，簡化了「物物交換」的複雜性，提高了交換的效率。在人類社會的發展過程中，骨頭、貝類和金屬（如金、銀、銅）等都充當過一般等價物。貨幣在人類的經濟生活中發揮著五大職能——價值尺度、流通手段、支付手段、貯藏手段、世界貨幣，其中價值尺度和流通手段是貨幣最基本的職能，其他的三種職能都是在商品經濟的發展過程中逐漸形成和出現的。商品經濟中的貨幣流通是和商品的流通過程步調一致的，即貨幣從商品購買者的手中轉移到商品生產者手中。但是，貨幣的流通是反覆進行的一個過程。

貨幣在執行流通職能時，其數量是如何決定的？按照馬克思的論述，「流通中貨幣＝商品價格總額÷同名貨幣的流通次數」，其中商品價格總額是商品數量和價格的乘積。③ 貨幣流通的速度最終是由商品流通的速度或是商品形式變化的速度決定的。商品流通的速度越快，商品形式變化得越快，說明貨幣的流

---

① 元晉秋. 馬克思的貨幣思想演進探析 [J]. 上海財經大學學報，2013（2）：16-22.
② 元晉秋. 馬克思的貨幣思想演進探析 [J]. 上海財經大學學報，2013（2）：16-22.
③ 馬克思，恩格斯. 馬克思恩格斯全集：第 23 卷 [M]. 北京：人民出版社，1972：139.

通速度越快。

馬克思還研究了鑄幣問題。他認為鑄造貨幣是一個國家的職能，一國的鑄幣一般只能在本國流通，只有那些可以充當世界貨幣的貨幣才可能在世界上流通。當鑄幣的名義單位名稱與其重量單位名稱背離後，鑄幣逐漸被充當流通手段職能的貨幣符號——紙幣所代替。紙幣需要依靠國家強制推行，也需要國家信用來保障其安全性。紙幣和其他信用貨幣一樣，主要執行支付手段的功能。馬克思認為貨幣是商品流通過程的最后「產物」，這個產物也是資本的最初表現形態。貨幣作為一種媒介，在經歷過商品市場、勞動力市場以及貨幣市場後最終轉化為資本。① 馬克思還從流通形式和價值增值等方面區別了執行貨幣職能的貨幣和作為資本的貨幣的不同，提出在資本的增值過程中，即 $G-W-G'$ 中，由起初的貨幣 $G$ 實現了增值，實現了更多的貨幣 $G'$。不過增值的資本不是在流通過程中產生的，而是從生產過程中由工人創造的剩餘價值產生，但是其又必須在流通過程中才能最后實現其價值和剩餘價值。馬克思考察了貨幣資本的流通過程，提出了貨幣資本的循環公式：$G-W\cdots P\cdots W'\cdots G'$。其中，$W'$ 和 $G'$ 表示發生了價值增值後的商品和貨幣。同時，馬克思還考察了作為生產資本的貨幣和流通資本的貨幣，認為價值增值發生在生產流域，但是其價值和剩餘價值的最終實現是需要依靠流通流域來完成的。馬克思把人類社會的經濟運行形式分為自然經濟、貨幣經濟和信用經濟三種形式，並認為在人類不同的發展階段三種經濟形式的角色分量不一樣。

馬克思關於信用制度的論述主要在資本集中理論中提到。在資本的累積過程中，要實現資本的快速擴張，僅僅依靠剝削剩餘價值來累積是不行的，需要依靠資本的橫向集中來產生大規模的企業。在資本的集中過程中，競爭和信用制度起到了非常大的作用。在競爭過程中，小資本被大資本打垮，或者被吞並，或者消失。資本主義的競爭是資本規模的競爭，其結果也導致了中小資本向大資本的集中。信用制度也是資本集中的重要工具。馬克思的信用制度是包括銀行、投資公司和證券市場的。如，他在論述資本集中時提到：「除此而外，一種嶄新的力量——信用事業，隨同資本主義的生產而形成起來。起初，它作為累積的小小的助手不聲不響地擠了進來，通過一根根無形的線把那些分散在社會表面上的大大小小的貨幣資金吸引到單個的或聯合的資本家手中；但是很快它就成了競爭鬥爭中的一個新的可怕的武器；最后，它變成一個實現資

---

① 馬克思，恩格斯.馬克思恩格斯全集：第 23 卷 [M].北京：人民出版社，1972：168.

本集中的龐大的社會機構。」①

不過，馬克思對資本主義信用的考察主要集中在商業信用和銀行信用，並明確提出「信用的發展」和「公共信用」不是他考察的對象。② 隨著資本主義的發展，信用制度的範圍和寬度也在逐漸擴大。而且信用貨幣是以匯票流通為基礎逐漸發展起來的。信用制度的發展是和「貨幣經營者」的整體發展相互聯繫的。「貨幣經營者」主要負責對貨幣資本和生息資本的管理，以及貨幣的借貸業務。「貨幣經營者」，即銀行家將產業資本、商業資本循環中閒置的貨幣資本集中起來，作為貸出方的代表來履行貨幣借貸的職能，以此來獲得利息差。銀行家可以提供多樣化的信用形式，如支票、匯票等來服務於貸款者。信用制度有利於資本主義企業擴大生產，也有利於它們開拓新市場。但是，過度的信用擴張也會帶來危機。

信用制度的發展對資本主義生產產生了明顯的作用和影響。馬克思總結了幾點：信用制度參與和形成了利潤率平均化的運動過程，而資本主義的發展就是建立在利潤率平均化這一運動規律之上的；信用制度節約了流通中的貨幣量，加快了流通速度，同時用紙幣取代了金幣，最終降低了流通費用；信用制度促使股份公司形成和發展，極大地擴張了資本主義企業規模，同時也使得資本所有者和使用者相互分離，形成了社會財產和私人財產的對立；股份公司制度的形成促進了社會化大生產，也形成了私人財富和社會財富以及私人生產和社會化大生產的對立。③ 總之，信用制度有力地推動了資本主義生產力的發展，極大地豐富了物質財富。不過，信用制度也是資本主義基本矛盾爆發和資本主義生產方式解體的催化劑。

### 2.2.2 早期馬克思主義的貨幣信用理論

早期的馬克思主義經典作家中，以希法亭對金融資本的論述最為深刻。另外，布哈林和盧森堡對貨幣和信用理論也略有涉及。

*(一) 希法亭的貨幣和信用理論*

希法亭是對資本主義的貨幣和信用理論做出過詳細論述的馬克思主義學者。貨幣作為一般等價物充當商品交換的媒介，是社會分工和商品經濟發展到一定階段的產物。貨幣的「必然性」來自於通過交換來實現以社會必要勞動

---

① 馬克思, 恩格斯. 馬克思恩格斯全集：第 23 卷 [M]. 北京：人民出版社, 1972: 687.
② 馬克思, 恩格斯. 馬克思恩格斯全集：第 25 卷 [M]. 北京：人民出版社, 1972: 450.
③ 馬克思, 恩格斯. 馬克思恩格斯全集：第 25 卷 [M]. 北京：人民出版社, 1972: 492-490.

时间衡量的商品生产的社会本质，也来自於以价格形式表现的商品生产者参与商品生产和分配的社会关系。① 货币既是商品交换的产物，也是商品交换「一般化的条件」。早期，在商品的交易过程中，那些天然属性较好，能够作为货币的商品逐渐成为货币，如骨头、贝壳以及后来的黄金和白银等。货币是一种协议，在一定的范围和时间段被认可的商品才能成为货币。超越地理空间和时间的货币就会出现一定的实现问题。货币出现以後，在商品的流通过程中，流通的公式为：商品—货币—商品（$W—G—W$）。商品在流通过程中卖出後，则退出流通领域，被最终消费掉，而货币则被继续用於下一个流通过程。货币可以代表一定的社会关系。在商品社会，国家可以通过立法等规定某一符号如纸币作为货币的代表来帮助货币执行流通职能。这样做，可以「节约」货币，有利於商品流通。不过，发行纸币的总量（商品价格总额÷同名货币的流通次数）必须与代表的价值相等，否则将会出现通货膨胀问题。② 正如希法亭所说：「纸币的价值是由处於流通中的商品总额的价值决定的。」③

希法亭考察了奥地利、荷兰和印度等国家发行不可兑换货币的形式和货币贬值问题，指出国家在货币的发行和价值规定等方面具有重要的作用。货币作为支付手段，是在商品的买和卖出现分离的条件下出现的。在商品的买卖过程中，作为支付手段的货币，起初只执行价值尺度的功能，後来又要发挥支付手段的功能。在商品的买卖过程中，卖者作为债权人，买者作为债务人，如果能及时实现货币支付，那麽一次独立的商品流通就完成了。但是，如果出现了赊销等情况，则信用货币就产生了。商业汇票和银行本票等都是典型的信用货币，可以发挥支付手段的作用。不过与纸币不同，信用货币还不是以国家信用为保障的，而是以私人信用为保障的，所以信用货币最终必须兑换为货币。在资本主义经济中，信用货币的产生便利了商品流通。但是，信用货币的数量还要受到生产和流通量的制约，其作为交易媒介必须与交易中的商品的价值的总量一致。④ 信用货币作为一种支付约定，如果支付方发生违约，那麽个别的信用危机就会产生。如果大量的信用危机产生的话，就会出现全社会的信用危

---

① 鲁道夫·希法亭. 金融资本——资本主义最新发展的研究 [M]. 福民，等，译. 北京：商务印书馆，1994：18.
② 鲁道夫·希法亭. 金融资本——资本主义最新发展的研究 [M]. 福民，等，译. 北京：商务印书馆，1994：24.
③ 鲁道夫·希法亭. 金融资本——资本主义最新发展的研究 [M]. 福民，等，译. 北京：商务印书馆，1994：25.
④ 鲁道夫·希法亭. 金融资本——资本主义最新发展的研究 [M]. 福民，等，译. 北京：商务印书馆，1994：54.

機。信用危機往往是和商業危機一起發生的，此種情況下，商品的銷售困難和價格縮減問題一起出現，使得信用貨幣發生貶值。為了抑制信用貨幣的貶值，利用銀行機構來發行信用貨幣如銀行本票等，可以提高信用貨幣的可信度和安全性。

希法亭還考察了產業資本流通中的貨幣問題。在產業資本的循環公式 $G-W-P\cdots W^1-G^1$ 中，在資本流通的第一個階段，即 $G-W$ 階段又分為兩個部分：$G-P_m$ 和 $G-A$。在 $G-A$ 部分，資本家必須用貨幣來支付工人的工資，以便工人維持其自身生存和家庭的生活，而在 $G-P_m$ 部分，信用則可以發揮很重要的作用。[①] 通過信用，資本家可以擴張資本的潛力，籌集到他所需要的資金。在資本主義繁榮時期，隨著商品銷量和價格的增加，信用會擴張；而在蕭條時期，信用則會萎縮。在產業資本循環過程中，一些暫時不執行貨幣流通手段職能的貨幣可以遊離出來，成為貨幣資本。貨幣資本從單一產業資本的循環鏈條中分離出來，通過銀行體系將其注入另外一個產業資本循環過程中，進而擴張全社會的信用關係。那些決定和影響「閒置資本」量的因素都會成為決定和影響信用擴張和緊縮的因素。

在資本主義的信用擴張過程中，銀行發揮了重要作用。銀行將閒置的貨幣資本積聚起來，通過銀行信用取代過去的商業信用來參與資本主義的經濟活動。產業資本家將閒置的資金存入銀行獲得利息，需要借貸的其他資本家通過私人信用在銀行獲得貸款，進而投入生產活動。銀行在這一過程中賺取差價，獲得收益。銀行作為信用仲介，首先，它通過化解地方性差異和實現支付方式的集中而擴大了支付交易的範圍和規模；其次，它起到了溝通閒置的貨幣資本與活動著的貨幣資本之間的橋樑作用，通過集中和分配貨幣資本，實現了流通中貨幣數量的最優化。在銀行發展初期，銀行信用主要以銀行票據為仲介，它們是不同類型的資本家互相支付的信用工具。后來，資本信用關係則逐漸出現並占據了越來越重要的作用，如套匯等資本信用形式在當時的國際上越來越流行。隨著資本主義社會的發展，虛擬資本，如股份公司的股票等逐漸發展起來。股票市場和證券交易市場越來越成為資本信用發揮作用的場所。

（二）布哈林和盧森堡關於貨幣和信用的論述

早期的經典馬克思主義作家對信用和貨幣的論述不是很多。除了希法亭以外，布哈林和盧森堡對貨幣和信用做過一些論述。

---

① 魯道夫·希法亭. 金融資本——資本主義最新發展的研究 [M]. 福民，等，譯. 北京：商務印書館，1994：50.

布哈林認為在資本主義的社會再生產過程中，儘管存在貨幣資本的「虛幻形式」，但是其每個階段總要經歷貨幣階段。那麼貨幣的來源是什麼？貨幣是勞動產品，它必須由人生產出來。儘管社會歷史條件可以決定貨幣的社會性質，但是這並不能否定貨幣也是作為勞動產品被生產出來的論斷。資本主義社會中，貨幣的生產和商品的生產同樣面臨著滿足社會需求的壓力，貨幣也需要實現貨幣再生產。早期，貨幣是一種物質性的充當一般等價物的商品，因此貨幣物質的再生產是整個社會再生產的重要環節。[1] 人們需要區分貨幣資本的累積和資本的累積兩個概念。貨幣資本的累積是退出生產和流通流域而暫時沉澱下來的閒置資本，而資本累積則是通過擴大再生產獲得剩餘價值的過程。

盧森堡對貨幣的流通進行了闡述。她提出了兩個問題：第一是貨幣應該由誰擁有？第二是應該存有多少量的貨幣？對於第一個問題，她從單個工人的貨幣工資入手，認為工人以貨幣形式取得工資，並利用這些工資去購買供自己和家人使用的消費品。不過，這僅僅意味著工人獲得了整個消費基金的一部分。工人將自己的勞動力出賣給資本家，獲得貨幣收入，併購買消費品，在這個過程中貨幣起到了溝通兩次交易的媒介作用。在這種情況下，貨幣就通過工資的支付而轉入流通流域，這一流通的數額必須與資本家給工人支付的工資總額相等。在商品再生產過程中，必須保持兩部類內部和兩部內之間的消費資料和生產資料的合適比例。在「社會總資本」流通的初始階段，必須具備一定的貨幣量，才能使一個社會的總資本流通真正暢通。這是因為：其一，資本主義社會的商品生產和流通的過程，也是貨幣流通過程；其二，資本的流通過程是「貨幣資本」「生產資本」和「商品資本」交互進行的過程。[2] 其實，作為資本的活動，實質是貨幣的活動。考察資本主義的生產過程可以發現，資本家的貨幣資本一般要分為幾部分來使用：一部分必須用來支付工人的工資，用來購買勞動力；一部分必須用來購買生產資料；另外一部分必須用來供自己消費使用。如此，「社會總資本的再生產過程帶來了貨幣本體的生產和再生產的必要」[3]。

### 2.2.3 當代西方馬克思主義的貨幣信用理論

當代西方馬克思主義學者，重點論述了信用的擴張形式，闡述了貨幣的內

---

[1] 尼古拉·布哈林. 帝國主義與資本累積 [M] //中國社會科學院哲學研究所和馬克思主義哲學史研究室. 帝國主義與資本累積. 柴金如，等，譯. 哈爾濱：黑龍江人民出版社，1982：200.
[2] 愛莎·盧森堡. 資本累積論 [M]. 彭塵舜，吳紀先，譯. 北京：三聯書店，1959：58.
[3] 愛莎·盧森堡. 資本累積論 [M]. 彭塵舜，吳紀先，譯. 北京：三聯書店，1959：59.

生性理論以及通貨膨脹和通貨緊縮理論。

(一) 斯威齊的貨幣信用理論

斯威齊認為在當代資本主義的發展過程中，自由競爭逐漸被削弱，壟斷競爭的趨勢在逐漸加強。在資本主義的發展過程中，有兩個大的趨勢：一是不變資本與可變資本相比，占比正在增加；二是不變資本中的房屋建築、機器設備、原材料和輔助材料等規模和所占比例正逐步增大。① 這一變化的結果擴大了企業的平均規模。那麼企業規模是如何擴大的？主要是依靠資本的「積聚」和「集中」實現的。資本的「積聚」主要依靠剝削剩餘價值來實現累積，而資本的「集中」則是通過已經存在的資本合併而形成大規模資本。斯威齊重點討論了資本的集中問題，認為資本的集中可以產生規模經濟效益，而在競爭的壓力下，資本集中的趨勢會越來越明顯。

不過，還有一種因素也促進了資本集中的形成，即信用制度。② 什麼是信用制度？斯威齊認為馬克思的信用制度應該包括商業銀行、投資公司、證券公司等其他金融機構。在信用制度的作用下，通過股份公司可以實現小資本向大資本的集中，進而形成龐大的資金規模來完成鐵路投資等大規模的投資事業。資本集中可以實現三種效果：實現資本主義生產的合理化和社會化；有利於技術創新和變革；逐漸形成市場壟斷。股份公司是在信用制度的作用下實現資本集中的一個重要工具。在壟斷資本主義時代，卡特爾和托拉斯等是資本高度集中的重要表現。斯威齊認為銀行在現代股份公司的發展中起著重要作用。銀行，尤其是投資銀行投資於一些具有發展潛力和可以創造高回報的股份公司，充當它們的股東，進入董事會，對股份公司的重大決策施加有利於自己的影響。銀行通過投資入股的形式加入了眾多的股份公司，建立起一個強大的業務往來網路。通過這張巨大的網路，銀行可以消除企業之間甚至是行業之間的競爭，而成立壟斷來獲得超額利潤。③ 這一變化在發達資本主義國家的表現就是銀行業巨頭和產業大亨的「強強聯合」。由資本集中形成壟斷以及工業企業和銀行企業的融合和混合已經成為壟斷資本主義時代的典型表現。

(二) 其他論述

當代的西方馬克思主義學者繼承和發展了馬克思的貨幣信用理論，如「貨幣制度理論」「內生貨幣理論」「通貨膨脹理論」等是值得關注的。④ 對馬

---

① 保羅·斯威齊. 資本主義發展論 [M]. 北京：商務印書館，1997：278.
② 保羅·斯威齊. 資本主義發展論 [M]. 北京：商務印書館，1997：279.
③ 保羅·斯威齊. 資本主義發展論 [M]. 北京：商務印書館，1997：290.
④ 任力. 西方馬克思主義貨幣理論分析 [J]. 國外社會科學，2011 (3)：4-11.

克思的貨幣制度進行分析的代表人物是狄拉德（Dillard），他綜合了凡勃侖（Veblen）、凱恩斯（Keynes）和明斯基（Minsky）等的貨幣理論思想，形成了他自己的馬克思主義貨幣制度理論。① 狄拉德認為馬克思在分析資本主義再生產時，把貨幣制度引入了其再生產模型，成功地解釋了資本主義再生產的資本流通規律。為了形成自己獨特的馬克思主義貨幣制度理論，狄拉德構建了一個包含貨幣參與的生產函數：$Q = F(K, L, M)$。其中，$K$、$L$ 和 $M$ 分別表示資本、勞動和貨幣。生產函數中，$M$ 的作用通過財政和貨幣政策的調整來增加需求，進而影響產出。根據狄拉德的這一貨幣制度模型，他闡述了具有馬克思主義思想的貨幣制度理論：貨幣是資本主義生產和發展過程中關鍵的制度，是產品生產體系衍生的必然結果；貨幣制度是與生產制度相聯繫的，企業的生產甚至是整個國民經濟也會受到貨幣制度的影響；貨幣是國家壟斷的一種制度，可能會在受到其他因素影響的情況下出現貶值；建立在私有產權制度基礎上的貨幣制度容易導致失業等問題；以貨幣制度為基礎的金融和投資制度，容易導致經濟的不穩定性，並造成失業等現象。②

波林（Pollin）和莫羅（Mollo）等學者在對比分析馬克思和凱恩斯的貨幣理論時提出了馬克思主義的內生貨幣理論③④。該理論的主要觀點是：其一，商品經濟的發展是貨幣產生的土壤，貨幣也是商品，貨幣和商品之間有著天然的聯繫，這種聯繫主要指經濟社會關係；其二，資本主義的再生產過程中的「提前預付」產生了信用貨幣（或信用制度），它是內生於資本家對信用的需求中的；其三，按照馬克思的理論，貨幣的管理決策也是內生的，而不是任由貨幣當局隨意安排的；其四，馬克思的貨幣理論不同於卡爾多（Kaldor）和明斯基等內生貨幣理論，其重點是從商品經濟的生產和流通過程中貨幣的內生性來考慮的。

另外，當代馬克思主義的貨幣理論還考察了通貨膨脹問題，提出了三種通貨膨脹理論：壟斷資本累積性通貨膨脹、衝突導致的通貨膨脹以及貨幣超發導

---

① D DILLARD. Keynes and Marx: A Centennial Appraisal [J]. Journal of Post Keynesian Economics, 1984, 6 (3): 421-424.

② 任力. 西方馬克思主義貨幣理論分析 [J]. 國外社會科學, 2011 (3): 5.

③ POLLIN ROBERT. Marxian and Post Keynesian Developments in the Sphere of Money, Credit and Finance: Building Alternative Perspectives in Monetary Macroeconomics [M] //Mark Glick (eds). Competition, Technology, and Money: Classical and Post Keynesian Perspectives. Cheltenham: Edward Elgar Publisher, 1994.

④ MOLLO L R. The Endogeneity of Money: Post-Keynesian and Marxian Concepts Compared [J]. Research in Political Economy, 1999, 17: 3-26.

致的通貨膨脹。① 壟斷資本導致的通貨膨脹強調國家干預和擴大的公共支出可能會對企業的利潤產生擠壓，也會導致赤字和債務問題，最終可能會導致通貨膨脹②；衝突型的通貨膨脹則強調工人階級和資本家之間的階級矛盾可能會影響價格、工資和勞動生產率，從而會影響整體經濟的價格水平，進而產生通貨膨脹③；貨幣多余導致的通貨膨脹理論則強調貨幣政策原因導致流通中的貨幣量超過了生產價值所需的貨幣量，進而出現「貨幣多余」，進而產生通脹，出現貨幣貶值。④

## 2.3　經濟危機

　　經濟危機是與資本主義的發展相伴的一種經濟現象。馬克思在關於商品和貨幣、剩餘價值的生產和實現、資本循環和週期以及信用等的論述中都提到了危機問題。在商品經濟中，商品買和賣的分離，以及貨幣和商品的對立為危機出現提供了可能性。在資本主義擴大再生產過程中，追求剩餘價值的資本家不斷擴大再生產，由於工人階級的「相對貧困化」，出現了生產的「相對過剩」，這是資本主義的過剩危機。貨幣轉化為資本以後，在貨幣資本、生產資本和商品資本的循環過程中，如果出現了某一環節的中斷也會出現危機。由於信用問題而出現的危機是信用危機，包括銀行業危機、股票危機等。可見，馬克思的危機理論是自成體系但是又貫穿於其對資本累積、貨幣和信用的分析過程中的。

　　繼馬克思之后，早期的馬克思主義學者提出了很多的理論來解釋資本主義危機，如「生產過剩理論」「消費不足理論」「利潤率下降理論」等。當代的西方馬克思主義學者論述了危機，而這些危機理論則主要體現在累積的社會結構理論（SSA）和法國調節學派（RS）的相關研究中。

### 2.3.1　馬克思的危機理論

　　馬克思分析了資本主義危機產生的可能性、現實性以及實現問題。馬克思

---

① 任力. 西方馬克思主義貨幣理論分析 [J]. 國外社會科學, 2011 (3): 8.
② E BARAN, E SWEEZY. Monopoly Capital [M]. London: Penguin, 1966.
③ R BODDY, J CROTTY. Class Conflict and Macro-Policy: The Political Business Cycle [J]. Review of Radical Political Economics, 1975, 7: 1–19.
④ SAAD FILHO A. Concrete and Abstract Labour in Marx's Theory of Value [J]. Review of Political Economy, 1997, 4: 457–477.

認為貨幣產生以后，商品的使用價值與價值之間內在的矛盾轉化為貨幣與商品之間的矛盾。貨幣作為支付手段和流通手段，可能會在商品流通過程中實現「買和賣的分離」，出現脫節的可能性。總之，貨幣獨立為商品，並履行流通手段的職能，出現商品買和賣的分離為危機的產生提供了可能性。不過在簡單的商品再生產過程中，貨幣和商品的對立為危機產生提供了可能性，但是要真正產生危機還需要一系列的條件。①

馬克思認為資本主義的生產方式和累積方式為危機的產生提供了現實基礎。資本主義的生產方式是機器大工業式的社會化大生產，而這與資本主義的生產資料私人佔有制本身具有矛盾。在資本主義的累積過程中，資本家為了追求剩余價值或超額剩余價值，需要不斷地進行擴大再生產。為了實現擴大再生產的目的，就必須依靠剝削勞動者來獲得剩余價值。資本家要獲得更多的剩余價值，就必須加強對工人的剝削。這又會導致工人的「相對貧困化」。資本主義的生產方式和累積方式導致了兩極分化。一方面，資本家通過控制生產資料的所有權無償佔有了工人創造的「剩余價值」；另一方面，受「剝削」的工人階級則處於貧困化狀態，且在機器替代勞動的生產過程中產生了大量的失業人口，形成了龐大的「產業后備軍」。資本主義生產資料的私人佔有制和追求剩余價值的目的使得其生產能力在不斷擴張的同時，工人階級卻由於貧困而無法滿足自身的消費，這導致「相對生產過剩」。可見，追求剩余價值—工人貧困化—生產過剩—經濟危機，這是資本主義生產過剩危機發生的一般性機理。

資本主義的再生產過程表現為一定的週期性，即「危機—蕭條—復甦—高漲—危機」。正如恩格斯所言：資本主義經濟「差不多每隔 10 年就要出軌一次。商業停頓，市場盈溢，產品滯銷，銀根奇緊，信用停止……直到最后，大批積壓的商品以或多或少壓低了的價格賣出去，生產和交換的運動逐漸恢復起來……最后，經過幾次拼命的跳躍重新陷入崩潰的深淵。如此反覆不已」②。資本主義的再生產總是經歷這四個階段，但是每一次「反覆」中，每一階段的特徵和趨勢又是不一樣的。有時候危機持續的時間長些，有時候短些；有時候高漲的時間長些，有些短些。資本主義再生產的週期性決定了資本主義經濟的週期性。

在資本循環過程中，資本需要經過生產資本、商品資本和貨幣資本三個階段才能實現一次完整的資本循環。如果資本循環的某一環節出現了脫節，就會

---

① 馬克思，恩格斯. 馬克思恩格斯全集：第 23 卷 [M]. 北京：人民出版社，1972：133.
② 馬克思，恩格斯. 馬克思恩格斯全集：第 20 卷 [M]. 北京：人民出版社，1972：300-301.

出現危機。在馬克思的論述中，固定資本投資週期是導致危機出現的重要原因。但是固定資本投資週期和經濟週期有可能是不一致的。比如，他認為「危機總是大規模新投資的起點，因此，就整個社會考察，危機又或多或少是下一個週期的物質基礎」①。在資本主義擴大再生產過程中，生產和消費的比例失調是導致危機產生的又一條件。生產消費資料和生產資料的部門之間以及部門內部之間生產和消費的比例失調，長期來看，也會導致危機。不過這一危機成因被后來的學者稱為比例失調危機論。正如馬克思所言：「現實危機只能從資本主義生產的現實運動、競爭和信用中引出。」②

馬克思還分析了資本主義社會中由於信用問題而出現的危機。現代信用制度的出現，一方面方便了商品流通，有利於資本家通過借貸等獲得擴大再生產的基金，另一方面也給經濟系統帶來了很多不穩定性因素。現代資本主義社會是信用社會，信用制度幾乎深入到了資本主義生產和生活的各個方面。「再生產過程的全部聯繫都是以信用為基礎的生產制度」③。因此，信用系統的擴張和收縮必然會影響資本主義經濟的波動性。尤其是現代金融體系的規模不斷擴大后，由金融危機導致的經濟危機越來越成為資本主義危機的典型形式。

馬克思的危機理論是以剩餘價值理論為基礎形成的完整的危機理論，其理論邏輯是：剩餘價值生產—剩餘價值一般規律—資本循環與週期—資本主義再生產—經濟週期與危機。馬克思的危機理論全面揭示了資本主義發生危機的原因、機制和影響。每次資本主義世界發生大危機后，都有人拿出《資本論》來重溫馬克思的危機理論。正因為如此，西方社會的一些人認為馬克思的經濟學說就是關於資本主義危機的學說。雖然這有失偏頗，但是也從側面說明馬克思的危機理論是全面而深刻的。

### 2.3.2　早期的馬克思主義危機理論

早期的馬克思主義危機理論主要集中在「生產過剩」「比例失調」「消費不足」「利潤率下降」等幾個方面。

（一）考茨基的生產過剩理論

考茨基是經典馬克思主義作家中最具代表性的領軍人物。考茨基分析了資

---

① 馬克思，恩格斯. 馬克思恩格斯全集：第24卷 [M]. 北京：人民出版社，1972：207.
② 馬克思，恩格斯. 馬克思恩格斯全集：第26卷，第2冊 [M]. 北京：人民出版社，1972：585.
③ 馬克思，恩格斯. 馬克思恩格斯全集：第25卷，第2冊 [M]. 北京：人民出版社，1972：554.

本主義的長期發展趨勢，認為在資本主義的發展進程中，小生產者在激烈的競爭中會破產，喪失原有的生產資料而淪為無產者；而中間階層也會逐漸被擠出原有的社會階層，最終淪為無產者；小資產階級會退縮到小的角落，勉強維持生存；少數的大資產階級則會占用社會絕大多數的生產資料，擁有巨額的財富。這樣，資本主義社會會不斷分化為兩極：數量龐大的無產階級和少數的大資產階級。隨著無產者規模的不斷擴大、剝削的加劇，無產者和有產者之間的矛盾會越來越激烈。而經常出現的經濟危機則會強化這一趨勢，同時也會增加資本主義發展面臨的不確定性。正如他所言：「有產者和一無所有的人之間的鴻溝，由於經濟危機而日益擴大。經濟危機的根源在於資本主義生產方式的本質，它一天比一天擴大，越來越具有毀滅性。」①

考茨基認為資本主義的發展存在一個制度性極限。這一制度性極限可能是由利潤率下降趨勢決定的，他因此對這種可能性進行了考察。他認為資本存量的增加是導致利潤率下降的關鍵性因素，利潤率的下降只會縮小資本家的數量，但是不會導致資產階級最終滅亡。很顯然，雖然考茨基提出了在資本主義發展過程中利潤率下降的長期趨勢，但是他並沒有將利潤率下降與經濟危機聯繫起來。② 相反，他提出用生產過剩理論來分析資本主義經濟危機。考茨基認為生產過剩的趨勢是導致資本主義制度性極限的核心因素。那麼什麼又造成了資本主義的生產性過剩呢？他認為是資本主義制度本身。因為，一方面，資本家為了追逐剩餘價值不斷地擴大生產；另一方面，資本家利用機器來替代勞動，造就了龐大的「相對過剩人口」，同時不斷壓低工人的工資，降低了工人階級和全社會的消費能力。

考茨基認為生產過剩是資本主義發展的長期趨勢，這種趨勢伴隨著勞動力的閒置和浪費，不僅擴張到了資本主義生產的新領域，而且擴張了國外的新市場。但是，資本主義的擴大再生產會受到消費規模和市場容量的限制，生產過剩問題會越來越嚴重，由此導致的經濟危機也會越來越頻繁。總之，「資本主義生產遇到的障礙越來越多，充分發展它的生產力的可能性越來越小。經濟高漲的時期越來越短，而危機的時期越來越長」③。

有學者將考茨基的危機理論歸結為一種「原始凱恩斯主義」的經濟週期

---

① 卡爾·考茨基. 愛爾福特綱領解說 [M]. 陳冬野，譯. 北京：三聯書店，1963：4.
② 克拉克. 經濟危機理論：馬克思的視角 [M]. 楊健生，譯. 北京：北京師範大學出版社，2011：25.
③ 卡爾·考茨基. 愛爾福特綱領解說 [M]. 陳冬野，譯. 北京：三聯書店，1963：81.

理論，而不具有馬克思主義經濟學的特點。① 但是，筆者認為這有失偏頗。因為考茨基在分析資本主義危機的立場仍然是階級立場，並將生產過剩的根源歸結為資本主義制度自身的基本矛盾。在解釋生產過剩是資本主義發展趨勢和危機成因的過程中，將其歸結為資本家佔有越來越多的財富，而工人階級越來越貧困化，即兩者的階級對立矛盾，這是值得肯定的。至於生產過剩理論這一單一因素是否能引起資本主義經濟危機，還需要視具體情況而定。

(二) 希法亭的比例失調理論

希法亭是個複雜的人物，其思想前後變化很大，但是客觀地講，早期的希法亭還是一個堅持了馬克思主義觀點的理論家，其關於金融資本和金融危機的分析應該給予肯定。希法亭認為資本主義的發展是以危機為仲介，重複繁榮—蕭條的生產方式。在繁榮的時候，一些生產部門卻出現了生產和消費停滯，產品價格下跌，進而擴大再生產受到限制。這種低價格和低利潤的狀態持續一段時間後價格會重新上漲，利潤會逐漸增加，擴大再生產又繼續進行，且產量會上升到一個更高的水平。而這一繁榮又可能在持續一段時間後又陷入蕭條。這就是資本主義的危機。那麼資本主義危機是怎麼產生的？希法亭認同馬克思的觀點，認為危機的可能性就孕育在「商品二重化為商品和貨幣」的過程中，即由貨幣參與的商品流通過程中。② 只要貨幣執行流通職能，參與商品的流通，如果出現支付的中斷，就會產生信用危機。不過，這僅給出了危機可能出現的第一個條件。

危機要真正出現還需要其他兩個條件。危機出現的第二個一般性條件是資本主義生產的「無政府狀態」，即資本主義企業生產的盲目性和不規則性。危機出現的第三個一般性條件則是資本主義社會中消費和生產的分離性，即生產商品的勞動者不能擁有商品的所有權，其生產的產品不能用於自己的消費，資本家則可以憑藉控制生產資料的所有權，依靠工人生產的產品來賺取利潤。希法亭認為在需求滿足型的經濟中，消費規模最終決定生產的規模，而生產的規模只受制於當時的技術水平；而在資本主義經濟中，生產的規模決定消費的規模，而生產規模則受到「當時的增殖可能性、資本的增殖程度以及資本及其

---

① 克拉克. 經濟危機理論：馬克思的視角 [M]. 楊健生，譯. 北京：北京師範大學出版社，2011：29.

② 魯道夫·希法亭. 金融資本——資本主義最新發展的研究 [M]. 福民，等，譯. 北京：商務印書館，1994：267.

增長產生一定利潤率的必然性的限制」①。資本主義生產規模的擴大會受到與此相關的社會結構的限制，同時這種無規律的生產方式隔斷了生產與消費的天然聯繫，使得總消費總是少於總生產。這就是資本主義生產過程中生產和消費比例失調的特有現象。

基於馬克思的社會總產品公式 $c+v+m$，希法亭認為可變資本 $v$ 和剩余價值 $m$ 被消費完，而不變資本則必須得到新的補償，照這樣子，資本主義的擴大再生產才不會導致生產剩余。② 但是這不是資本主義擴大再生產的常態。在資本主義體系中，一方面，一般群眾的消費依賴於工資，而工資的增長會導致資本家利潤率的降低，而低利潤率不能實現資本家累積的目的，故資本家的投資活動會停滯。另一方面，要實現擴大再生產必然要求生產的產品能夠被人們消費掉，即擴大的生產需要擴大的消費需求來支撐。但是，增加工人工資來擴大全社會的消費規模和降低資本家的利潤率二者是衝突的，這種衝突的長時間累積必然導致危機。

希法亭認為價格調節規律，即價值規律對資本家的擴產或限產的決策具有決定性作用。價值規律調劑著價格的變化，而價格的高低又會影響利潤率的高低，利潤率的高低則會預警危機的出現與否。在一個價格水平和利潤率都很高的時間段，資本主義經濟會處在一個繁榮時期，而當價格水平和利潤率水平雙雙下降後，資本主義經濟就會進入蕭條時期。鑒於此，希法亭把價格紊亂歸結為生產危機的一個原因。不過，希法亭認為資本主義危機的主要原因則是比例失調，其中以固定資本為主要內涵的資本有機構成的變化是比例失調的關鍵原因。③ 隨著資本主義企業規模的不斷擴大，固定資本投資的規模要求越來越大。固定資產一般是流動性較低的資產，會長期佔有資本，進而降低資本的流動性。又由於競爭和托拉斯的存在，所以跨行業的固定資產流轉更加困難。最終的結果則是由於各種阻礙因素，資本主義部門之間形成固定資本投資比例失調。這種由固定資本投資、卡特爾組織以及壟斷金融企業對非金融企業的控制導致的資本轉移和利潤率平均化的困難和障礙，便是產生資本主義不穩定的

---

① 魯道夫·希法亭. 金融資本——資本主義最新發展的研究 [M]. 福民，等，譯. 北京：商務印書館，1994：269.

② 魯道夫·希法亭. 金融資本——資本主義最新發展的研究 [M]. 福民，等，譯. 北京：商務印書館，1994：270.

③ 杜岡·巴拉諾夫斯基也是比例失調危機論的倡導者，他認為資本主義的持續累積需要各個部門之間保持合適的比例，當這種比例失調後資本主義就會發生經濟危機。

「罪魁禍首」①。

　　產業（經濟）週期始於固定資產的更新和新投入。同時，「新市場的開拓」「新生產部門的建立」「新技術的採用」和「人口的增加」等會增加固定資產的新需求。② 固定資產的更新和新投入又會導致經濟繁榮。在繁榮時期，不但固定資產投資增加，而且現有的生產能力也會得到充分的利用。但是，隨著形成固定資產需求的那些元素的消失、價格和利潤率的下降以及其他阻礙新投資和市場規模擴張的因素的出現，固定資產投資會停滯，市場需求規模萎縮，經濟陷入蕭條。

### （三）盧森堡的消費不足理論

　　以盧森堡為代表的馬克思主義經典作家採用消費不足理論來解釋危機。③盧森堡認為一些古代的封建帝國，如古埃及和中國歷史上的秦國，執政者對社會再生產計劃做了片面和不周全的決策而使得當時的社會再生產遭到破壞，出現停滯或危機。而資本主義社會的生產方式卻表現出了與此不同的特點。資本主義社會的生產資料、勞動等都存在，但是整個社會的消費需求沒有得到滿足。④ 當然這種不滿足不是因為生產不夠，而是在「生產相對過剩」的情況下，以工人階級為代表的普通大眾的貧困化造成的「有效需求不足」。

　　在資本主義生產方式下，儘管生產資料和勞動力等都具備，但是一部分生產還是會停滯，一部分生產甚至會減縮。這與生產的技術條件無關，而與生產的資本主義社會性有關，即只有那些可以順利實現銷售，並獲得利潤的商品才會生產出來。正如盧森堡所言：「利潤成為目的本身，成為不僅規定生產，而且規定再生產的決定性因素。」⑤資本主義再生產一方面使得各個生產部門獨立地發展起來，沒有社會計劃性的生產，另一方面則是產品生產和產品消費發生了背離和脫節，消費不足而導致生產停滯。「蕭條—高漲—危機」的循環是資本主義再生產的主要特徵。資本主義的再生產總是圍繞著社會平均消費（或需求）水平而週期性地波動。從某種意義上說，消費的擴大是資本家繼續投資的前提。因為，企業生產出來的產品必須有消費市場，沒有市場就不能實現

---

① 克拉克. 經濟危機理論：馬克思的視角 [M]. 楊健生，譯. 北京：北京師範大學出版社，2011：46.
② 魯道夫·希法亭. 金融資本——資本主義最新發展的研究 [M]. 福民，等，譯. 北京：商務印書館，1994：291.
③ 盧森堡不是最早論述消費不足理論的學者，古典經濟學家馬爾薩斯和西斯蒙第都用消費不足理論來解釋過危機。
④ 愛莎·盧森堡. 資本累積論 [M]. 彭先舜，吳紀先，譯. 北京：三聯書店，1957：3.
⑤ 愛莎·盧森堡. 資本累積論 [M]. 彭先舜，吳紀先，譯. 北京：三聯書店，1957：3.

資本的循環，進而不能實現資本家的利潤目的和擴大再生產的意圖。由於工人階級的貧困化，資本主義體系內部無法解決產品的消化問題，故資本家只能尋找資本主義體系以外的需求，即第三市場需求。盧森堡稱第三市場需求特指「前資本主義的生產方式的需求」①。當然，通過殖民擴張和戰爭等行為，可以拓展資本主義的產品市場，以幫助資本家實現利潤目的。

盧森堡的消費不足理論是在借鑑馬爾薩斯和西斯蒙第等古典經濟學家學說的基礎上對馬克思主義危機理論的進一步發展。盧森堡認為消費是資本主義累積的動力。如果消費需求不足，那麼資本主義再生產就不可能實現，進而出現經濟停滯。消費不足危機論一度占據了正統的理論地位。但是，這一理論也遭到了一些學者的批判，他們認為資本主義再生產的動力來源於對利潤的無休止的追逐，這一過程由於受到市場競爭的壓力而變得異常艱難。② 在現實方面，第二次世界大戰以後，受到凱恩斯主義政策的作用，私人、企業和政府的消費都擴大了，從而經歷了經濟快速增長的階段，這使得消費不足危機論的正統理論地位逐漸被弱化。

（四）利潤率下降規律與危機

利潤率下降規律是古典政治經濟學的一個基本常識，早在亞當·斯密和大衛·李嘉圖的論述中就已經存在了。斯密把利潤率下降的原因歸結為資本家之間激烈的競爭導致的結果，而李嘉圖則把利潤率下降的原因歸結為土地肥力下降和人口增加的結果。③ 馬克思對斯密和李嘉圖的利潤率下降規律學說進行了批判，並認為利潤率下降趨勢是「資本有機構成」和「剩餘價值率」相互作用的結果。對於利潤率下降趨勢和危機的關係，馬克思指出「利潤率的下降在促進人口過剩的同時，還促進生產過剩、投機、危機和資本過剩」④。

經典的馬克思主義作家對利潤率下降規律與危機的關係的論述是不一致的。以杜岡為代表的學者認為如果剩餘價值的提高和資本有機構成的提高是同步的，那麼就存在利潤率的上升趨勢，而不是下降趨勢，他進而認為利潤率下降是危機導致的結果，而不是導致危機發生的原因。在競爭的壓力下，資本主義企業，尤其是中小企業為了生存需要加速資本累積，故意壓低工人工資，但

---

① 愛莎·盧森堡. 資本累積論 [M]. 彭先舜，吳紀先，譯. 北京：三聯書店，1957：10.
② 克拉克. 經濟危機理論：馬克思的視角 [M]. 楊健生，譯. 北京：北京師範大學出版社，2011：58.
③ 克拉克. 經濟危機理論：馬克思的視角 [M]. 楊健生，譯. 北京：北京師範大學出版社，2011：223.
④ 馬克思，恩格斯. 馬克思恩格斯全集：第25卷 [M]. 北京：人民出版社，1972：270.

是這會導致消費不足問題。長期的消費不足和生產過剩又會帶來資本主義經濟的停滯。在經濟停滯中，資本主義企業的利潤率會降低，甚至消失。不過，儘管利潤率會由於各種原因而降低，但是只要資本家獲得的總利潤是正的，他仍然願意投資。以威爾遜（Wilson）為代表的學者則認為在資本過度累積，導致工人階級陷入絕對貧困化，且產業后備軍開始消失時，利潤率下降則可能會導致危機。① 可見，這是一種有條件的利潤率下降導致危機的論述，即將危機作為資本累積與利潤率下降共同作用的結果。斯特奇（Strachey）把利潤率下降規律總結為一個決定規律，不過他認為對於資本家來說，利潤額比利潤率更重要。② 在資本加速累積的過程中，只要利潤額為正，資本家就有累積的動力。要使得利潤額的累積不受下降的利潤率的影響，累積的速度就要「跑過」利潤率下降的速度。但是如果過度累積導致產業后備軍「枯竭」，那麼此時工資會無限上升，利潤額會絕對降低，進而出現危機。

利潤率下降趨勢是古典經濟學家到當代經濟學家尤其是馬克思主義經濟學家一直爭論的主題。由於各國經濟具體形態的變化性以及研究方法的差異性，利潤率下降規律的理論和實證研究呈現出了截然相反的結論。因此利用利潤率下降規律來研究危機也就得出了不同的結論。不過，從理論發展的角度來看，這豐富了人們的認識，值得肯定。要想在利潤率下降規律與危機之間建立起強有力的邏輯聯繫，還需要進一步的理論和實證研究。

### 2.3.3 當代西方馬克思主義的危機理論

在當代的馬克思主義學者中，斯威齊是一個代表性人物，他詳細闡述了資本主義的新危機理論。同時，累積的社會結構理論（SSA）和法國調節學派（RS）則認為資本主義的危機是累積的結構性危機，不過兩派強調的累積結構是不一樣的。

*（一）斯威齊的危機理論*

在資本主義社會，如果資本家投資某一行業的利潤率低於行業利潤率的平均水平，那麼他便面臨著被淘汰的威脅，他將把資本投向其他行業。如果幾乎其他所有行業的利潤率都低於「普通利潤率」，那麼資本投資從一個行業轉移到另一個行業仍然是無利可圖的。這種情況下，資本家就會選擇持有資本，等待時機，這個時機可能是利潤率恢復后，也可能是降低對利潤率的預期值。等

---

① WILSON J D. A Note on Marx and the Trade Cycle [J]. Review of Economic Studies, 1938, 5 (2): 107-113.

② STRACHEY J. The Nature of Capitalist Crises [M]. London, Gollancz, 1935.

時機恰當了，資本家才會進行投資。在這一時期，再投資的推遲，會中斷資本的再循環，可能會帶來危機或出現生產過剩問題。斯威齊認為，不是等利潤率為零時才會產生危機，而是利潤率低於平均水平時，資本家以貨幣形式保有資本，而資本的流通過程中斷，危機就可能會發生。因此，他得出結論：資本主義經濟危機的特別形式可以歸結為利潤率低於平均利潤率后導致的資本流通過程的停滯或中斷。①

斯威齊將資本主義危機分為兩類：與利潤率下降相關的危機和資本主義的實現危機。② 斯威齊回顧了馬克思關於利潤率下降規律的論述，以及產業後備軍的削弱、工資的提高和盈利能力降低等與危機的關係。斯威齊認為，在馬克思的理論中，他把危機當作是經濟週期的一個特定階段。在這一過程中，波動的資本累積率是其基本的特徵性因素。而資本累積率的波動又起因於資本主義制度的組織和技術等特徵。這個過程的因果聯繫是怎樣的？資本累積率會影響就業率，就業率又會影響工資水平，而工資水平會影響利潤率。當利潤率下降到「投資的預期回報率」之下，就會扼殺累積的動力，並引發經濟危機，而危機可能會轉向蕭條。蕭條中，資本主義制度的自我完善和調節能力又會創造出加速資本累積的各種條件。

斯威齊將「盈利程度」的下降看作導致危機爆發的直接原因，而類似比例失調危機和消費不足導致的危機則是資本主義商品生產的實現危機。「生產和流通過程中局部的動盪，可以引起一場普遍的危機和生產過剩。」③資本主義各個部門生產比例的失調來源於其生產的無計劃性和無政府狀態。資本主義生產過程中，生產生產資料的目的是為了最終生產消費資料。如果低下的工資收入和資本家較低的「消費傾向」導致消費性商品不能實現完全售賣，那麼消費不足將會阻止資本主義生產的進一步擴張，進而會導致危機或蕭條。

(二) 曼德爾的危機理論

比利時的厄爾奈斯特·曼德爾曾是第四國際的領袖，是位極富創造力的馬克思主義者。他利用長波理論對資本主義經濟危機進行分析，認為資本主義的經濟危機和週期，除了短期的經濟週期外，還有長達幾十年的長波性週期。資本主義的發展每經歷一次大的繁榮后就會陷入衰退性長波。如第二次世界大戰以後主要資本主義國家經歷了長達三四十年的繁榮，而 20 世紀 70 年代爆發的

---

① 保羅·斯威齊. 資本主義發展論 [M]. 北京：商務印書館，1997：162.
② 保羅·斯威齊. 資本主義發展論 [M]. 北京：商務印書館，1997：164.
③ 保羅·斯威齊. 資本主義發展論 [M]. 北京：商務印書館，1997：176.

經濟滯漲使得主要資本主義國家陷入了長期的衰退性增長，即在此期間的經濟增長率明顯低於第二次世界大戰之后的前三十年。曼德爾利用繁榮長波和衰退長波來解釋資本主義經濟長波週期的波動性。① 曼德爾認為利潤率的平均化和資本累積速度的變動是導致資本主義長波週期發生的主要原因。同時他還認為單靠資本主義內在的經濟規律並不能使資本主義由衰退性長波走向繁榮性長波，還需要政治、軍事、技術、革命和戰爭等外在性因素來起作用。②

曼德爾對人們質疑的問題——「由於在每個經濟週期末出現利潤率的週期性下降以及表明資本主義生產方式的歷史局限性的長期下降，用馬克思主義經濟分析的概念性工具有可能解釋在某種特定歷史轉折點下會出現平均利潤率的長期下降嗎？」③ 給出了肯定的回答。他給出的理由是：馬克思主義的理論體系是由一些可以自動變化和相互關聯的關鍵性變量組成的，其中資本有機構成的波動、剩余價值率的波動和資本週轉率的波動是決定利潤率變動的三個關鍵性變量。④

曼德爾還研究了技術革命和階級鬥爭與經濟週期長波之間的關係。他認為：「集約型研究和最初基礎創新（在蕭條性長波期）與集約型重大創新（擴張性長波期）是有節律地交替的。」⑤ 他還指出，儘管歐洲工人階級鬥爭存在著階級鬥爭週期，但是這是相對獨立的，它獨立於更緩慢的資本累積的長波。⑥

（三）SSA 的危機理論

SSA 理論，即累積的社會結構理論（Social Structure of Accumulation Theory）是由 Gordon（1978，1980）最先提出，后經過 Bowles 等（1986）、Wolfson（2003）、Kotz & McDonough（2010）等學者的進一步擴張和完善，逐

---

① 厄爾奈斯特·曼德爾. 晚期資本主義 [M]. 黑龍江：黑龍江人民出版社，1983.
② 歐內斯特·曼德爾. 資本主義發展的長波——馬克思主義的解釋 [M]. 北京：商務印書館，1998.
③ 歐內斯特·曼德爾. 資本主義發展的長波——馬克思主義的解釋 [M]. 北京：商務印書館，1998：11.
④ 歐內斯特·曼德爾. 資本主義發展的長波——馬克思主義的解釋 [M]. 北京：商務印書館，1998：12.
⑤ 歐內斯特·曼德爾. 資本主義發展的長波——馬克思主義的解釋 [M]. 北京：商務印書館，1998：34.
⑥ 歐內斯特·曼德爾. 資本主義發展的長波——馬克思主義的解釋 [M]. 北京：商務印書館，1998：39-40.

漸形成的一個有影響力的西方馬克思主義經濟學理論學派。①②③

SSA 理論的核心內容是資本主義的資本累積是由一系列與生產、交換、消費和分配等相關的制度結構和社會體系促成和影響的，資本主義經濟的繁榮和停滯也是累積的制度結構和社會體系週期性變化的結果。累積的社會結構危機理論實質上是一種經濟危機（或經濟週期）的長週期理論。因為制度結構和社會體系的演變需要一個很長的週期，一個長週期的累積結構對經濟的影響效果也是需要一段較長的時間來觀察和測度的。正如 Lippit（2010）所言，每個累積的制度結構都有一些互相聯繫的制度系統在起作用，如制度結構內的核心矛盾和內在矛盾，與某一制度結構相互關聯的其他制度結構，外在的偶發的具有影響力的事件，以及與之互動的社會過程。④ 正因為累積的制度結構是一個系統性的制度體系，核心制度結構發生變化或不穩定時，整個制度結果就可能會崩潰，進而影響資本主義的累積。資本主義累積的制度結構對累積，尤其是對利潤率和投資率等具有激勵或抑製作用。如果累積的制度結構能夠穩定資本家獲得預期利潤的信心，同時能夠保證他們能夠獲得實際的可觀的利潤，那麼資本家會擴張投資，整體經濟會出現繁榮，同時增長的預期會進一步加強累積結構的穩定性。

不過，隨著時間的逝去，累積結構內部的矛盾會累積起來，且矛盾會越來越激烈。具體來說這些矛盾包括資本家和工人階級之間的利益衝突，日趨激烈的市場競爭使得資本家的投資無利可圖，逐漸增加的負債和資本泡沫等會使得現有的累積的制度結構喪失穩定性，受到預期的影響，市場上的悲觀情緒會影響資本家的投資信心，從而促使他們降低投資率，進而會降低整個社會的就業水平和消費水平，經濟增長會陷入停滯，或者是危機。⑤ 這樣，累積的制度結

---

① S BOWLES, D GORDON, E WEISSKOPF. Power and Profits: the Structure of Accumulation and the Profitability of the Postwar U.S. Economy [J]. Review of Radical Political Economics, 1986, 18 (1/2): 132-167.

② WOLFSON MARTIN H. Neoliberalism and the Social Structure of Accumulation [J]. Review of Radical Political Economics, 2003, 35 (3): 255-262.

③ KOTZ DAVID M, MCDONOUGH TERRENCE. Global Neoliberalism and the Contemporary Social Structure of Accumulation [M] //Terrence McDonough, Michael Reich, and David M. Kotz (eds). Contemporary Capitalism and Its Crises: Social Structure of Accumulation Theory for the Twenty-First Century. Cambridge: Cambridge University Press, 2010.

④ LIPPIT V D. Social Structure of Accumulation Theory [M] //McDonough, Reich & Kotz. Contemporary Capitalism and Its Crises: Social Structure of Accumulation Theory for the 21st Century. Cambridge: Cambridge University Press, 2010.

⑤ 丁曉欽，尹興. 累積的社會結構理論述評 [J]. 經濟學動態, 2011 (11): 107-112.

構尤其是核心制度結構的深刻變化影響了累積的信心、數量和質量，進而影響到經濟的週期性變化。當然，舊的制度結構處於不穩定狀況時，資本主義會通過自我調節逐步建立起新的累積的制度結構，新的制度結構會調整激勵結構和分配結構，進而重新建立起累積的信心，使得經濟進入下一個繁榮期。

資本主義累積的制度結構在不同時期具有不同的特徵，不同的制度結構會產生不同的累積和經濟效果。如第二次世界大戰后，資本主義國家實行了規制性市場經濟，工會成為工人和工廠主協商工資的主要組織力量，通過協商和談判，工人權利得到了工會的保障，強大的工會力量一定程度上弱化了階級矛盾；實行了管制型的市場競爭策略，適度競爭使得企業都有利可圖；政府實行就業優先戰略，保障普通民眾的社會福利；實施對金融機構的嚴格監管，減少了金融系統性風險；對國際貿易和資本項目實現了有效的管制；等等。在管制型市場經濟條件下，資本主義的經濟發展經歷了「黃金階段」，失業率下降，社會消費力增強，投資利潤率上升，經濟進入全面繁榮的階段。

20世紀70年代，以「石油危機」為標志的經濟滯漲使得主要資本主義國家陷入了「經濟增長停滯，失業率和通貨膨脹率居高不下」的經濟危機。這一累積的制度結構受到了挑戰。后來登上歷史舞臺的「新自由主義」則主張「私有化、自由化、市場化和全球化」的自由性市場經濟，要求打壓工會力量，逐步削弱工會力量；放松了金融和其他行業的管制，要求依靠市場的力量來配置資源和解決問題；主張降低通貨膨脹率，放棄降低失業率的政策目標；鼓勵激烈的市場競爭，而不是適度的競爭；主張放松資本項目的監管，實現資本和技術要素的全球自由流動；等等。以「新自由主義」為代表的累積制度結構下，20世紀八九十年代以及21世紀初，全球都發生了金融危機或經濟危機，其中以2008年的金融危機最為嚴重。[①]

在微觀層面，以累積的勞動制度結構為例，在「新自由主義」時代，勞動力市場被進一步分割，對市場的管制也逐漸放松，私營企業內的工會逐漸被弱化，勞動力的就業彈性逐漸增加了，這樣的勞動制度結構有利於資本家的累積，而使得勞動力進一步被剝削，還增加了失業的風險；工人的收入停滯，福利待遇逐漸減少，進一步增加了經濟的不平等。為了維持消費和生存，人們不得不依靠舉債來獲得消費資金。債務規模的過度累積，再加上房地產業和證券業等市場上泡沫的過度累積，資本主義經濟陷入了經濟危機。「新自由主義」

---

[①] 大衛·科茨. 美國此次金融危機的根本原因是新自由主義的資本主義 [J]. 紅旗文稿，2008（13）：32-34.

的累積結構和體製造成了經濟危機，那麼要走出經濟危機，需要一種新的累積體制。這種累積體制可能是重複第二次世界大戰後累積的體制，也可能是「新自由主義」體制與第二次世界大戰后體制的混合型累積體制。①

（四）調節學派的危機理論

法國調節學派和美國的累積的社會結構理論一樣，是20世紀七八十年代興起的新馬克思主義經濟學理論的代表性學派。法國經濟學家 Aglietta（1979）、Lipietz（1987）和 Boyer（1990）是法國調節學派最重要的代表人物。②③④法國調節學派在發展累積理論的同時，也發展出了危機理論用來解釋當代資本主義經濟的繁榮和蕭條問題。法國調節學派把累積的體系和結構劃分為「外延擴大型」累積體制和「內涵型」累積體制，其中「內涵型」累積體制又可以分為內含大眾大規模消費的累積體制和不含大眾大規模消費的累積體制。累積體系和調節體系相互適應，否則就會產生危機。如20世紀「大蕭條」是新的累積體制與舊的調節方式不兼容的結果，而20世紀70年代的滯漲危機則是福特主義累積體制的內在潛力被消耗完了。⑤

按照 Boyer（1990）的標準，他把危機劃分為五類⑥：第一為外部衝擊形成的危機，即外部的偶然因素的擾動給經濟和社會系統造成劇烈的衝擊而形成的危機，如天氣、地震、戰爭等造成的外部性衝擊使得一國或一地區被動地陷入危機中。第二為週期性危機，即嵌入累積體制和發展模式內部的組成部分，它會隨著發展模式本身的擴張和收縮而變化，並表現為週期性的特徵。週期性危機的形式和擴張的深度將取決於調節結構的特點。如壟斷性的調節結構使得第二次世界大戰後的資本主義發展沒有出現大的蕭條，而新自由主義時代的調節結構則形成了多次經濟危機。第三為調節結構自身的危機。雖然調節結構與其他體系的矛盾會影響累積的效率和規模，但是調節結構自身內部矛盾的運轉也會影響自身的協調性。如果調節體系自身內的子系統之間由於內在的和外在

---

① 塞繆爾·羅森博格. 當代累積的社會結構中的勞工問題 [J]. 馬克思主義研究，2012 (12)：67-75.

② AGLIETTA MICHEL. A Theory of Capitalist Regulation: The U. S. Experience [M]. London: Verso, 1979.

③ LIPIETZ ALAIN, MIRAGES, MIRACLES. The Crises of Global Fordism [M]. London: Verso, 1987.

④ BOYER, ROBERT. The Regulation School: a Critical Introduction [M]. New York: Columbia University Press, 1990.

⑤ 李其慶. 法國調節學派評析 [J]. 經濟社會體制比較，2004 (2)：123-134.

⑥ BOYER, ROBERT. The Regulation School: a Critical Introduction [M]. New York: Columbia University Press, 1990.

的衝擊而出現調節紊亂，那麼調節系統就會陷入自身的危機中。第四為累積和發展模式的危機。如果發展模式所包含的生產組織方式、資本累積過程、價值分享過程以及社會需求的滿足等方面出現問題，那麼就會陷入發展模式危機。第五為終極危機，即一種社會生產方式和社會生產關係陷入了激烈的矛盾對立，這一生產方式就陷入了終極危機，需要新的更先進的生產方式來取代它。① 如封建主義生產方式被資本主義生產方式取代，就是一個例證。

法國調節學派對2008年的金融危機也做出瞭解釋。他們將此次危機的成因歸結為工資關係、金融資產累積體制、財富分配等方面變化的影響，並認為這次危機是系統性的、結構性的和全球性的金融危機，要走出危機需要加強金融監管、重視轉移風險並利用金融企業大股東來籌資和抑制金融企業的內部風險。②

## 2.4　本章小結

資本主義的累積是從簡單再生產開始的，累積的主要目的是獲得剩餘價值。剩餘價值轉化為資本以後可以繼續擴大再生產，以期獲得更多的剩餘價值。資本主義的發展過程，就是不斷累積的過程，即不斷追求剩餘價值的過程。資本主義累積的結果則是兩極分化——一方面是資本家佔有越來越多的剩餘價值或財富，另一方面則是工人階級的「相對貧困化」。

資本主義的累積，由於累積體制的不同，其結果又有所不同。正如法國調節學派提出的，在「福特主義時代」建立起來的大規模生產和大眾消費相結合的累積體制有利於資本主義的擴大再生產和累積，而「后福特時代」的小規模生產，以及工人工資和福利待遇等的削減，使得商品的實現問題越來越突出。如何解決實現問題？一方面，資本家為其商品尋找和開拓海外市場；另一方面，整個資本主義體系又發展了消費信用來鼓勵人們超前消費，幫助資本家解決商品的實現問題。隨著現代金融業的發展，一些資本家的累積方式已經轉移到了國內和國際金融資本市場，通過股票、證券、基金等金融工具，他們就可以獲得越來越多的財富。

但是，無論資本主義累積體制怎麼變化，資本家追求剩餘價值的本質並沒

---

① 對五種危機理論的更詳細介紹可以參見：陳葉盛，胡若南. 法國調節學派的危機理論 [J]. 經濟經緯，2008（2）：9-11.

② 趙超. 法國調節學派論全球金融危機 [J]. 國外理論動態，2011（11）：26-35.

有變。資本主義的發展，是一部資本累積的歷史，從資本的原始累積到自由資本主義時代的競爭，再到壟斷資本主義時代的壟斷性累積，累積的過程就是資本家對國內工人階級壓榨和剝削的過程，也是強權資本主義國家對不發達國家進行「巧取豪奪」的過程。

　　資本主義的發展，是貨幣和信用形式不斷演化的過程。從紙幣到現在的電子貨幣，從股份制到現在的各種各樣的信用形式，資本主義已經逐步進入一個無貨幣時代，各類信用卡和支票等代替了紙幣，執行流通職能；同時各類金融創新已經使得個人、企業和國家信用不斷擴張。資本主義累積體制的變化，以及過度的信用擴張和金融創新已經成為導致危機的主要原因。資本主義的危機，既是基本矛盾運動的必然結果，也是累積體制導致的危機，是信用擴張和金融過度創新導致的危機。

　　從馬克思、早期的馬克思主義經典作家以及當代西方馬克思主義者關於資本累積、貨幣和信用以及經濟危機的論述中，我們可以看到理論的繼承和發展。馬克思對這些問題的論述是在自由資本主義時代進行的，早期的馬克思主義經典作家則是在壟斷資本主義時代進行的，而當代的西方馬克思主義學者則是在一個以全球化、自由化和金融化為特徵的金融壟斷時代進行的。不同的時代背景決定了他們對這些問題關注的角度不一樣。不同的時代，同樣的命題會有不同的解答。正是由於繼承和發揚，這些理論才具有生命力。

# 3 理論基礎與分析框架

## 3.1 資本的累積與循環

### 3.1.1 從價值增值到資本累積

在資本主義社會中，資本家佔有生產資料，通過支付工資來雇傭勞動力，並無償佔有雇傭工人創造的「剩余價值」。資本主義的勞動過程，就是價值增值的生產過程。在這一生產過程中，不變資本僅僅是將一些形式的使用價值轉化為另一些形式的使用價值，而只有勞動才能創造價值，並且創造了除了補償自身勞動價值以外的「剩余價值」。在生產過程中，價值增值越多，資本家所獲得的「剩余價值」就越多。價值增值發生在資本主義的勞動過程中，正如馬克思所言：「作為勞動過程和價值形成過程的統一，生產過程是商品生產過程；作為勞動過程和價值增殖過程的統一，生產過程是資本主義生產過程，是商品生產的資本主義形式。」①

資本的累積就是貨幣轉化為資本的過程。貨幣用來購買生產資料（不變資本）和勞動力（可變資本），執行資本的職能。這一運動過程是在市場或流通領域完成的。在生產過程，生產資料和勞動力作為生產的投入，通過生產製造技術和工藝最終形成產品，這些產品不僅包括預付資本的價值，而且包括剩余價值。這些產品必須作為商品再投入市場或流通領域進行售賣。如果順利實現了售賣，則可以收回貨幣。收回的貨幣會作為新的資本，重新投入生產過程。這就形成了資本在不同領域的反覆循環。在資本一次完整的流通過程中，不僅可以實現預付資本的價值，而且可以實現剩余價值。雖然剩余價值會在產業資本家、商業資本家和貨幣資本家之間進行分配，但是產業資本家率先獲得

---

① 馬克思, 恩格斯. 馬克思恩格斯全集：第 23 卷 [M]. 北京：人民出版社，1972：223.

剩余價值的一部分。這一部分的剩余價值，產業資本家除了留出一部分用來個人和其家庭消費外，仍然會把其中一部分作為資本繼續投入生產領域，用來擴大再生產。擴大再生產的目的是獲得更多的剩余價值。資本家累積資本的途徑，除了依靠「剩余價值」的累積外，還會通過向銀行借貸、股份制等來實現資本的大集中。大的資本集中才能滿足大規模擴大再生產的需要，也才能最終累積更多的剩余價值。不過資本的累積過程也是兩極分化的過程，資本家佔有越來越多的生產資料，且越來越富有，而雇傭工人越來越貧困化。

### 3.1.2 資本循環的階段性和時間滯后性

資本流通會經歷三個不同的階段——「貨幣資本」「生產資本」和「商品資本」，在三種不同階段，資本分別執行購買、生產和銷售的職能。一次資本循環過程中資本會發生增值，用公式來表示就 $G-W<^{A}_{Pm}\cdots P\cdots W'(W+w)-G'(G+g)$，其簡化形式為 $G-W\cdots P\cdots W'-G'$。[①] 在一次完整循環中，資本家利用貨幣資本 $G$ 在市場中購買原材料等不變資本和勞動力投入生產，經過生產技術和工藝以及工人的勞動過程 $P$ 這些原材料會轉換為產成品，並在市場上作為商品來售賣，資本家最終獲得了新的貨幣資本 $G'$。在這一過程中，貨幣資本 $G$ 增加到了 $(G+g)$，$g$ 為一次完整循環中增加的貨幣資本量，也可以視作價值增值量。在一次完整的貨幣流通過程中，資本循環可以分為三個階段：$G-W$ 階段資本家用貨幣資本購買勞動力和原材料等；在 $P\cdots W'$ 階段，原材料等轉化為產品；在 $W'-G'$ 階段，產品作為商品在市場上售賣。在這三個階段，分別產生了資本的三種流量形式：貨幣資本流、產成品流和商品銷售流。在一次單個完整的資本循環中，這三個階段是繼起的，這三種「流量」也是繼起的。但是全社會中，在每個時點都有無數的資本在發生交叉循環。在 $A$ 時點，可能有 $M$ 數量的貨幣資本流、$N$ 數量的產成品流以及 $L$ 數量的商品銷售流處在各自循環的不同階段。在 $B$ 時點以及其他的任何時點，都有無數交叉的貨幣資本流、商品流和商品銷售流處在循環中。

資本的一次完整循環，即為一次資本週轉，它是產品的生產時間和流通時間的總和。資本的週轉過程可以劃分為生產階段和流通階段，其中生產要素的購買以及產成品的售賣都是在流通領域進行的。資本週轉的生產階段和流通階段分別對應生產時間和流通時間。可以說一次完整的資本週轉是由兩個時滯組成的：生產的時滯和流通的時滯。

---

[①] 馬克思, 恩格斯. 馬克思恩格斯全集：第 24 卷[M]. 北京：人民出版社, 1972：63.

前面提到資本循環的三個階段會存在貨幣資本流、商品流和商品銷售流。同樣，在資本循環的三個階段也會存在三種資本存量：貨幣資本存量、生產資本存量和商業資本存量。那麼這些資本存量都包括哪些內容呢？貨幣資本存量主要是貨幣①，生產資本存量則包括了原材料、半成品和產成品存貨，商業資本存量主要指待出售的商品。

資本循環過程中，三種資本的流量和存量之間有什麼樣的關係呢？Foley（1986b）建立了一個資本循環模型圖來說明這個關係②。如圖 3-1：

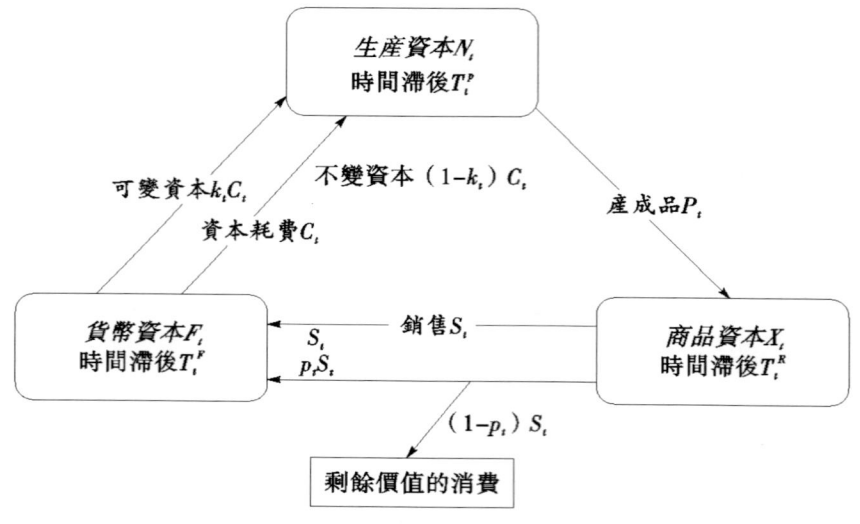

**圖 3-1　社會資本循環圖**

說明：圖中的斜體字標註的是存量，楷體字標註的是流量。資料來源：D K FOLEY. Understanding Capital：Marx's Economic Theory ［M］. Cambridge：Harvard University Press, 1986：67.

從資本循環圖中可以看出：

（1）資本存量。在資本循環過程中，貨幣資本 $F_t$、生產資本 $N_t$ 和商品資本 $X_t$ 是以存量的形式存在的。而這三種資本在順序上又是繼起的，貨幣資本通過購買可變資本和不變資本轉化為生產資本，生產資本經過生產過程形成產成品，並轉化為商品資本，商品資本經過售賣后又可以繼續轉化為增值的貨幣資本。

---

①　這裡的貨幣可以理解為廣義貨幣，包括庫存現金、銀行存款以及可以短期內變現的有價證券和資產等。

②　D K FOLEY. Understanding Capital：Marx's Economic Theory ［J］. Cambridge：Harvard University Press, 1986.

(2) 資本流量。在資本循環的三個階段，不僅存在不同形態的資本存量，也存在著不同形態的資本流量。「資本耗費 $C_t$」是貨幣資本向生產資本轉化過程中存在的資本流量，此處的資本流量又具體包括可變資本 $k_t C_t$ 和不變資本 $(1-k_t)C_t$ 兩部分，其中 $k_t$ 是可變資本在資本耗費中的比例。「產成品 $P_t$」是生產資本向商品資本轉化過程中存在的資本流量。「銷售 $S_t$」則是商品資本轉化為貨幣資本的過程中出現的資本流量。在這個過程中，一部分是原價值的流量 $S_t'$，另一部分則是剩餘價值的流量 $S_t''$。剩餘價值的流量，一部分用作資本家的消費 $(1-p_t)S_t''$，另一部分則用作再生產的資本 $p_t S_t''$，其中 $p_t$ 為剩餘價值用於再投資的比例。

(3) 時間滯后。三種形態的資本在循環過程中存在著時間滯后。一種形態的資本轉化為另一種形態的資本過程中需要一定的「時間滯后」。如貨幣資本轉化為生產資本過程中，貨幣資本的籌集、財務處理、勞動力和生產資料的購買等都需要時間；生產資本轉化為商品資本的過程中，產品的研發、生產等需要時間；商品資本重新轉化為貨幣資本的過程中，商品的運輸、儲存和銷售等都需要時間。所以貨幣資本、生產資本和商品資本的循環分別對應了三種時間滯后：$T_t^F$、$T_t^P$ 和 $T_t^R$。

### 3.1.3 帶有時間滯后項的資本循環模型

資本循環模型是當代西方馬克思主義學者逐漸發展出來解釋資本循環的數理模型，它是可以解釋資本循環、利潤率下降、信用擴張以及經濟危機等的基礎性宏觀經濟模型。Foley（1982，1986a）基於馬克思的勞動價值論建立了一個連續時間序列的資本循環模型，模型中包括了資本構成、剩餘價值率、剩餘價值的資本化率，以及生產、銷售和融資時滯等。[1][2] 他認為這一資本循環模型可以從馬克思主義的視角來反應資本累積的總過程。資本的最大累積率是受到生產的社會關係（以剩餘價值率來表示）限制的，也是受到生產力的發展水平（以成本構成和生產時滯來表示）限制的。勞動力和其他資源的有限供給會通過這些社會關係來影響最優的累積率。借貸會對資本主義的實際累積率產生影響，因為它可以暫時地縮短資本循環實現的時間，但是過度的信貸則會造成系統性風險。資本主義生產的潛在利潤率下降會降低累積率的最優水平，

---

[1] D K FOLEY. Realization and Accumulation in a Marxian Model of the Circuit of Capital [J]. Journal of Economic Theory, 1982, 28 (2): 300-319.

[2] D K FOLEY. Money, Accumulation and Crisis [M]. Abingdon: Taylor & Francis Group, 2013.

也會影響資本實現時間。貨幣價值的貶值對累積率也有一定的影響。當貨幣貶值率增加，同時商品的銷售時間縮短時，低利潤會導致貨幣價值的進一步貶值。如果貨幣的價值貶值非常快，資本主義系統就會處於一個非常低的累積率水平，這個過程很可能導致累積和信用危機。Alemi 和 Foley（1997）還利用這一資本循環模型實證分析了 1947—1993 年美國製造業部門和非金融部門的剝削率、資本流量的構成、利潤率、週轉時間和資本化率等。① 從計量結果發現，20 世紀 70 年代，美國兩個部門都出現了很強的週期性波動，剩餘價值率呈現出上升的趨勢，資本的成本構成則呈現下降趨勢。製造業部門利潤的上升被週轉時間的增加而抵消，最終利潤率穩定。在非金融部門，相對穩定的利潤率則被上升的週轉時間抵消，故出現了利潤率輕微下降的趨勢。

從 Folye 的研究中可以發現，這個資本循環模型是一個具有很強的現實解釋力的馬克思主義宏觀經濟學模型。這一資本循環模型被 Santos（2011）用來研究消費信用擴張對經濟增長的影響。② 一些學者也發展出來一些與 Foley 的資本循環模型不同但是卻很相關的資本循環模型，如 Kotz（1988，1991）建立了一個簡單的包含累積、貨幣和信用的資本循環模型，認為信用擴張在現代資本主義的累積中發揮著越來越重要的作用③④；Loranger（1989）用一個資本循環模型來解釋通貨膨脹問題，認為在資本循環中的不均衡反饋效應會對價格產生一定影響，同時匯率和利率的變動也會對價格產生一定的影響⑤；Matthews（2000）在 Foley（1982）的資本循環模型基礎上拓展了資本循環的主要組成部分——生產、再投資和實現機制⑥；Basu（2013）以 Foley（1982）的模型為基礎，發展了一個離散時間的資本循環模型來解釋信用擴張和增長率的穩定性問題。⑦

---

① P ALEMI, D K FOLEY. The Circuit of Capital, U. S. Manufacturing, and Nonfinancial Corporate Business Sectors, 1947—1993 [EB/OL]. http://homepage.newschool.edu/ foleyd/circap.pdf, 1997.

② P L DOS SANTOS. Production and Consumption Credit in a Continuous-Time Model of the Circuit of Capital [J]. Metroeconomica, 2011, 62 (4): 729-758.

③ D KOTZ. A Circuit of Capital Approach to Marxian Crisis Theory [R]. Department of Economics of University of Massachusetts, Amherst, Working Paper, 1988.

④ D KOTZ. Accumulation, Money and Credit in the Circuit of Capital [J]. Rethinking Marxism, 1991, 4 (2): 119-133.

⑤ J G LORANGER. A Re-examination of the Marxian Circuit of Capital: A new Look at Inflation [J]. Review of Radical Political Economics, 1989, 21: 97-112.

⑥ P H MATTHEWS. An Econometric Model of the Circuit of Capital [J]. Metroeconomica, 2000, 51 (1): 1-39.

⑦ D BASU. Comparative Growth Dynamics in a Discrete-time Marxian Circuit of Capital Model [J]. Review of Radical Political Economics, 2013 (9).

雖然現實中經濟活動是連續的，但是經濟數據一般是時點數據，故本書主要以 Basu（2013）的離散時間資本循環模型為基礎，同時借鑑 Foley（1982）的資本循環模型，從理論上來分析封閉和開發的經濟體系中資本主義體系的資本累積率、信用擴張和經濟不穩定（或危機）等，以此來構建累積、信用和危機問題研究的理論框架。①②③

如前面所論述的，資本循環的三個階段都存在著時間上的滯后性。在一個離散時間集裡，可以選擇一個值函數（Value Emergence Function，簡稱 VEF）來描述資本循環三階段的時間滯后情況。④ 在一個固定時間 $t$ 的值函數中，在 $t$ 之後的時間點 $t'$，VEF 可以表示為 $a_{t-t';\ t'}$，以此來表示時間 $(t-t')$ 階段內值函數的值。如果在時間點 $t'$，所有值必須返回到初始循環，那麼就有 $\sum_{t'=0}^{\infty} a_{t-t';\ t'} = 1$。在一個可變時間 $T_t$ 的值函數中，函數值會在一個可變時間 $T_t$ 以后出現。為了研究的簡便性，本書主要選用可變時間導向型（Variable Time Lead）的 VEF 函數。⑤

一次完整的資本循環要經歷貨幣資本、生產資本和商業資本三個階段，與三個階段相對應的是貨幣資本流 $G_t$、產成品流 $P_t$ 和商品銷售流 $S_t$，它們都是流量。利用可變時間的 VEF 函數，在時間 $t$，可以用 $T_t^F$、$T_t^P$ 和 $T_t^R$ 分別表示貨幣資本流、產成品流和商品銷售流的時間滯后項。假定貨幣資本能夠在市場上買到各類生產資料和勞動力，並能在生產過程中實現完全轉化，那麼在 $t$ 時點完成的產成品流 $P_t$ 與滯后時間為 $t-T_t^P$ 的貨幣資本流是相等的，即

$$P_t = C_{t-T_t^P} \tag{1}$$

同樣，$t$ 時點完成的商品銷售流量 $S_t$ 與滯后時間為 $t-T_t^R$ 的產成品流量之間具有如下關係：

$$S_t = (1+q_t) P_{t-T_t^R} \tag{2}$$

（2）式中，$q_t$ 為成本利潤率，$q_t$ 與勞動剝削率 $e_t$ 和可變資本與貨幣資本的

---

① D BASU. Comparative Growth Dynamics in a Discrete-time Marxian Circuit of Capital Model [J]. Review of Radical Political Economics, 2013（9）.
② D K FOLEY. Realization and Accumulation in a Marxian Model of the Circuit of Capital [J]. Journal of Economic Theory, 1982, 28（2）: 300-319.
③ D K FOLEY. Money, Accumulation and Crisis [M]. Abingdon: Taylor & Francis Group, 2013.
④ 此處的離散時間的值函數是一個關於正整數的概率質量函數。
⑤ 給 VEF 賦值的方法還有確定時間分佈類型和不確定時間分佈類型兩種方法，此處不做介紹。

比例 $k_t$ 有關，即 $q_t = e_t k_t$①。$S_t$ 可以進一步分解為與貨幣資本收回有關的部分 $S'_t$ 和剩餘價值實現有關的部分 $S''_t$，即：

$$S_t = P_{t-T_t^e} + q_t P_{t-T_t^e}$$
$$= S'_t + S''_t$$
$$= \frac{S_t}{1+q_t} + \frac{q_t S_t}{1+q_t}$$

同樣，$t$ 時點的貨幣資本流量 $C_t$ 與滯後時間為 $t - T_t^F$ 的商品銷售流量之間具有如下關係：

$$C_t = S'_{t-T_t^e} + p_t S''_{t-T_t^e} \tag{3}$$

在（3）式中，$p_t$ 表示剩餘價值用於投入再生產部分的比例，那麼 $1 - p_t$ 則是用於資本家消費以及支付給非生產性勞動者和國家稅收等的剩餘價值。

在前面的論述中已經提到，資本循環的三個階段除會產生貨幣資本流量、生產資本流量和商品資本流量外，還在某一時點存在著三種資本形態的存量。以 $N_t$ 和 $N_{t+1}$ 分別表示時間 $t$ 和時間 $(t+1)$ 的生產資本存量，那麼可以得到生產資本的累積量為：

$$\Delta N_{t+1} = N_{t+1} - N_t = C_t - P_t \tag{4}$$

以 $X_t$ 和 $X_{t+1}$ 分別表示時間 $t$ 和時間 $(t+1)$ 的商業資本的存量，那麼可以得到商業資本的累積量為：

$$\Delta X_{t+1} = X_{t+1} - X_t = P_t - \frac{S_t}{1+q_t} = P_t - S'_t \tag{5}$$

以 $F_t$ 和 $F_{t+1}$ 分別表示時間 $t$ 和時間 $(t+1)$ 的貨幣資本存量，那麼可以得到貨幣資本的累積量為：

$$\Delta F_{t+1} = F_{t+1} - F_t = S'_t + p_t S''_t - C_t \tag{6}$$

至此，通過式（1）-（6）定義了資本循環三個階段的流量和存量狀態，接下來的分析將以此為原型逐漸展開。

## 3.2 價值實現問題與信用擴張

### 3.2.1 價值實現與需求不足

在前面的模型中我們假定產品能夠全部順利地在市場上銷售，並回收貨幣

---

① 更詳細的論述可參見：D K FOLEY. Understanding Capital：Marx's Economic Theory [M]. Cambridge：Harvard University Press，1986.

資本。但是，現實中，商品不是總能夠順利賣完的，這就需要考慮實現問題，即總供給與總需求的均衡問題。

假定在一個沒有貿易和信用借貸的封閉的資本主義經濟體內，需求主要來源於三個部分：資本家用來購買生產資料的部分，包括原材料、固定資產等；用來支付資本家及其家庭的消費，以及非生產性勞動者和政府稅收等的部分；雇傭工人用來支付自己及其家人消費的部分。在 $t$ 時刻，如果以 $E_t^W$ 表示工人工資的支出，$E_t^S$ 表示來自於剩餘價值中的部分支出（剩餘價值除去再投資部分的剩餘）；$C_t$ 表示用來購買生產資料和勞動力的貨幣支出，那麼總需求 $D_t$ 就表示為：

$$D_t = (1 - k_t)C_t + E_t^W + E_t^S \tag{7}$$

在式（7）中，$k_t$ 為可變資本與貨幣資本的比例。如前面所述，工人的工資支出 $E_t^W$、剩餘價值的支出部分 $E_t^S$ 等需要一個時間滯後項，考慮時間滯後問題后，$E_t^W$ 和 $E_t^S$ 可以分別表示為：

$$E_t^W = k_{t-T_t^W} C_{t-T_t^W} \tag{8}$$

$$E_t^S = (1 - p_{t-T_t^S}) S''_{t-T_t^S} \tag{9a}$$

$E_t^S$ 可以分解為三部分，其中一部分用作資本家的消費支出 $E_t^{SC}$，一部分作為非生產性勞動者的支出 $E_t^{SU}$，其餘部分作為政府的稅收支出 $E_t^{ST}$。這三部分占比分別為 $i_c$、$i_u$ 和 $i_t$，且 $0 \leq i_c + i_u + i_t \leq 1$。則（9a）可表示為：

$$E_t^S = (i_c + i_u + i_t)(1 - p_{t-T_t^S}) S''_{t-T_t^S} \tag{9b}$$

式（8）表示 $t$ 時刻的來源於工資的支出是 $t - T_t^W$ 時間段內由 $C_{t-T_t^W}$ 轉化而來的，轉化的比例為 $k_{t-T_t^W}$；式（9a）表示 $t$ 時刻的來源於剩餘價值的支出是 $t - T_t^W$ 時間段內由 $S''_{t-T_t^S}$（剩餘價值的實現部分）轉化而來的，轉化的比例為 $(1 - p_{t-T_t^S})$。

結合式（8）和（9b），式（7）可以改為：

$$D_t = (1 - k_t)C_t + k_{t-T_t^W} C_{t-T_t^W} + (i_c + i_u + i_t)(1 - p_{t-T_t^S}) S''_{t-T_t^S} \tag{10}$$

在系統的穩態增長路徑上，這些支出的時間滯後項將是不變的，即 $T_t^W = T^W$，$T_t^S = T^S$，則式（10）可以簡化為：

$$D_t = (1 - k_t)C_t + kC_{t-T^W} + (i_c + i_u + i_t)(1 - p) S''_{t-T^S} \tag{11}$$

如果存在一個增長率 $g$，$g = \dfrac{pq}{T^F + T^R + T^P}$（關於 $g$ 的證明見附錄1）。在穩態增長路徑上，$D_0 = (1 - k) + \dfrac{k}{(1+g)^{T^W}} + \dfrac{(i_c + i_u + i_t)(1-p)S''_{t-T^S}}{(1+g)^{T^S}}$

又因 $S''_0 = \dfrac{q}{(1+g)^{T^p+T^R}}$，所以 $S''_{t-T^c} = S''_0 \dfrac{q}{(1+g)^{T^p+T^R}}(1+g)^{t-T^c}$，帶入上式，並整理得：

$$D_0 = \left\{1 - k\left[1 - \dfrac{k}{(1+g)^{T^R}}\right]\right\} \times \dfrac{1+pq}{(1+g)^{T^F+T^R+T^P}} + \dfrac{(i_c + i_u + i_t)q(1-p)}{(1+g)^{T^F+T^R+T^P}}$$

在穩態增長路徑上，又有 $P_t = P_0(1+g)^t$，$C_{t-T^F} = C_0(1+g)^{t-T^F}$

由式（1）可得：$P_0 = \dfrac{C_0}{(1+g)^{T^F}}$

總供給 $S_t = (1+q_t)P_{t-T^R_t}$，在穩態時則有

$S_0(1+g)^t = (1+q)\dfrac{C_0}{(1+g)^{-t+T^P+T^R}}$，

即 $S_0 = (1+q)\dfrac{C_0}{(1+g)^{T^P+T^R}}$

為了簡化計算，將 $C_0$ 標準化為 1，則有

$S_0 = \dfrac{1+q}{(1+g)^{T^P+T^R}}$

比較 $D_0$ 和 $S_0$ 的表達式，可以得到在穩態增長路徑上存在一個總需求與共供給的不等式：

$D_0 < S_0$ （12）

式（12）可以解釋在一個沒有國外貿易和信用借貸的封閉資本主義經濟中，當資本循環中貨幣資本、生產資本和商業資本三個階段的時間滯後 $T^F$、$T^P$ 和 $T^R$ 不為零時，總需求不能自動滿足產品的總供給（即商品的總銷售）。這就是馬克思的有效需求不足理論。

凱恩斯在研究大蕭條時提出「有效需求不足」是導致大蕭條的主要原因。有效需求主要包括消費需求和投資需求。「邊際消費傾向遞降規律」的作用使得人們的消費需求不足，而「資本邊際效率遞減規律」的作用又使得資本主義企業家的投資不足。凱恩斯關於資本主義經濟「有效需求不足」的論述，是值得肯定的，但是他僅指出了一個現象，他給出的有效需求不足的原因解釋也僅僅停留在消費和投資一些明顯的原因上，並沒有深入到問題的本質。馬克思的有效需求不足理論則強調「生產資料資本主義佔有制」下，資本家無償獲得了雇傭工人創造的剩餘價值，而雇傭工人僅僅獲得維持自己和家庭基本生存的工資，這種累積體制導致資本家的富有和工人階級的貧困化。收入分配的兩極分化是導致有效需求不足的主要原因。另外，在資本主義制度下，社會化

大生產和資本主義私有制之間的矛盾導致的「生產過剩」，是使得一些資本家破產和降低投資的重要原因，也是導致實體經濟領域投資不足的關鍵性原因。

### 3.2.2 家庭、企業和政府的信用擴張

在一個封閉的資本主義經濟體系中，存在先天有效需求不足的問題。那麼如何解決有效需求不足呢？一種值得利用的方法就是通過借貸和信用來擴張總需求。假定在 $t$ 時點企業、家庭和政府都進行借債。企業的借債量為 $B_t$，則 $t$ 時點的貨幣資本流量 $S_t$ 與滯后時間為 $(t-T_t^F)$ 的商品銷售流量以及借債量 $B_t$ 之間具有如下關係：

$$C_t = S'_{t-T_t^c} + p_t S''_{t-T_t^c} + B_t \tag{13}$$

如果家庭的借債量為 $B'_t$，政府的借債量為 $B''_t$，那麼結合式（1）、式（2）和式（13）可以得到新的總需求的表達式：

$$D_t = (1-k_t)C_t + k_{t-T_t^R}C_{t-T_t^R} + (1-p_{t-T_t^c})S''_{t-T_t^c} + B'_t + B''_t \tag{14}$$

如果企業、家庭和政府借債的量之和可以彌補總需求和總供給（總銷售）之間的差距，那麼就可以出現總需求與總供給相等的情況，即：

$$D_t = S_t \tag{15}$$

企業和家庭的信貸擴張對資本主義體系的增長有什麼影響呢？接下來需要解出穩定時候的增長率，並判斷借債行為對增長率的影響。

在穩態時，這一系統的所有參數都是不變的，所有的內生變量的增長率都為 g。在這些假設下，式（13）可以改寫為穩態時候的形式：

$$1 = \frac{(1+pq)S_0}{(1+q)(1+g)^{T^c}} + B_0 \tag{16}$$

式（16）中的 $B_0$ 表示期初資本家為了投資而借的債務占貨幣資本的比率，並規定借債的規模不能超過自有貨幣資本的規模，即 $0 \le B_0 \le 1$；式（16）的證明見附錄2。

在同樣的假設下，式（14）可以寫為：

$$D_0 = (1-k) + \frac{k}{(1+g)^{T^R}} + (1-p)\frac{q}{1+q}\frac{S_0}{(1+g)^{T^c}} + B'_0 + B''_0 \tag{17}$$

式（17）中的 $B'_0$ 表示期初家庭債務占貨幣資本的比率，$B''_0$ 表示期初政府債務占貨幣資本的比率，式（17）的證明見附錄3。

在穩態情況下，期初的總需求和總供給是相等的，則有：

$$S_0 = D_0 \tag{18}$$

結合式（16）、式（17）和式（18），可以得到資本主義系統的特徵方程：

$$1 = B_0 + \frac{(1+pq)}{(1+g)^{T^F}} \times \frac{1 - k\left[1 - \frac{1}{(1+g)^{T^S}}\right] + B'_0 + B''_0}{\left[1 - \frac{q(1-p)}{(1+q)(1+g)^{T^S}}\right]} \quad (19)$$

式（19）非常複雜，需要重新構建一個容易識別的新函數。

$$令\ F(g;\ p,\ q,\ T^S,\ T^F) \equiv (1+g)^{T^F}(1+q) - \frac{q(1-p)}{(1+g)^{T^S-T^F}} \quad (20)$$

$$G(g;\ p,\ q,\ k,\ T^W,\ B_0,\ B'_0,\ B''_0) \equiv$$
$$(1+q)\frac{1+pq}{1-B_0}\left[1 - k\left(1 - \frac{1}{(1+g)^{T^S}}\right) + B'_0 + B''_0\right] \quad (21)$$

式（19）經過變形，可以表示如下：

$$H(g;\ p,\ q,\ k,\ T^W,\ T^S,\ T^F,\ B_0,\ B'_0,\ B''_0) \equiv F(g;\ p,\ q,\ T^S,\ T^F) - G(g;\ p,\ q,\ k,\ T^W,\ B_0,\ B'_0,\ B''_0) \quad (22)$$

式（22）是包括了穩態增長率 $g$ 的隱函數。根據隱函數定理，式（22）會存在唯一的非負數解。以 $g^*$ 表示資本循環模型的穩態增長率，向量 $x$ 為式（22）的解，即 $x = (g;\ p,\ q,\ k,\ T^W,\ T^S,\ T^F,\ B_0,\ B'_0,\ B''_0)$，那麼 $g^* = g(x)$ 就是一個隱函數，同時有以下等式成立：

$$\frac{\partial g}{\partial x_i}(x_1 \cdots x_k) = \frac{-\frac{\partial H}{\partial x_i}(x_1,\ \cdots,\ x_k,\ g^*)}{\frac{\partial H}{\partial g}(x_1,\ \cdots,\ x_k,\ g^*)} \quad (23)$$

$$\frac{\partial H}{\partial g}(g,\ x_i) = \frac{\partial G}{\partial g}(g,\ x_i) - \frac{\partial F}{\partial g}(g,\ x_i),$$

而 $\frac{\partial G}{\partial g}(g,\ x_i) < 0$，$\frac{\partial F}{\partial g}(g,\ x_i) > 0$，可得 $\frac{\partial H}{\partial g}(g,\ x_i) < 0$

所以，結合式（22）和式（23）可以得到以下結論：

（1）其他條件不變的情況下，資本家借債的規模與貨幣資本的比例 $B_0$ 增加，則資本循環系統的穩態增長率 $g^*$ 會增加。

（2）其他條件不變的情況下，家庭消費借債的規模與貨幣資本的比例 $B'_0$ 增加，則資本循環系統的穩態增長率 $g^*$ 會增加。

（3）其他條件不變的情況下，政府債務規模與貨幣資本的比例 $B''_0$ 增加，則資本循環系統的穩態增長率 $g^*$ 會增加。

（4）其他條件不變的情況下，資本循環三個階段的時間滯后 $T^W$、$T^F$ 和 $T^S$ 增加，則資本循環系統的穩態增長率 $g^*$ 會降低。

（5）其他條件不變的情況下，可變資本與貨幣總資本的比例 $k$ 增加，則資本循環系統的穩態增長率 $g^*$ 會降低。

### 3.2.3 信用擴張與穩態增長率

信用，尤其是消費信用的擴張對資本主義的經濟增長率有什麼影響呢？Santos（2011）的研究認為增長降低型的消費信貸擴張會降低資本主義經濟體系的實際增長率。[1] 與 Santos（2011）的研究結論不同，本書的結論認為信用形式對經濟增長率的作用是多樣化的。為了更好地表達本書的這一思想，可以令 $Z_0$ 為整個經濟體期初的信用總額，且 $0 \leq Z_0 \leq 1$，$\lambda$ 為家庭消費信用在債務總額中的比率，且 $0 \leq \lambda \leq 1$，那麼則有 $B'_0 = \lambda Z_0$；$\gamma$ 為政府債務信用在債務總額中的比率，且 $0 \leq \gamma \leq 1$。那麼便有 $B''_0 = \gamma Z_0$，$B_0 = (1 - \lambda - \gamma) Z_0$，將它們分別代入式（20）和式（21）可得：

$$F(g; p, q, T^S, T^F) \equiv (1+g)^{T^F}(1+q) - \frac{q(1-p)}{(1+g)^{T^S-T^F}} \tag{24}$$

$$G(g; p, q, k, T^W, Z_0, \lambda, \gamma) \equiv$$
$$(1+q)\frac{(1+pq)}{1-(1-\lambda-\gamma)Z_0}\left[1-k+(\lambda+\gamma)Z_0+\frac{k}{(1+g)^{T^W}}\right] \tag{25}$$

結合式（24）和式（25），式（22）可以改寫為：

$$H(g; p, q, k, T^W, T^S, T^F, Z_0, \lambda, \gamma) \equiv F(g; p, q, T^S, T^F) - G(g; p, q, k, T^W, Z_0, \lambda, \gamma) \tag{26}$$

以 $g^*$ 表示資本循環模型的穩態增長率，向量 $x$ 為式（26）的解，

令 $x = (g; p, q, k, T^W, T^S, T^F, Z_0, \lambda, \gamma)$

將式（26）改寫為隱函數形式則有：

$$g^* = g(x) = (g; p, q, k, T^W, T^S, T^F, Z_0, \lambda, \gamma) \tag{27}$$

依據隱函數定理，則有：

$$\frac{\partial g}{\partial \lambda}(x) = -\frac{\frac{\partial H}{\partial \lambda}(x, g^*)}{\frac{\partial H}{\partial g}(x, g^*)} \tag{28}$$

---

[1] P L DOS SANTOS. Production and Consumption Credit in a Continuous-Time Model of the Circuit of Capital [J]. Metroeconomica, 2011, 62 (4): 729-758.

$$\frac{\partial g}{\partial \gamma}(x) = -\frac{\frac{\partial H}{\partial \gamma}(x, g^*)}{\frac{\partial H}{\partial g}(x, g^*)} \tag{29}$$

因為 $\frac{\partial H}{\partial g}(x, g^*) < 0$，所以 $\frac{\partial g}{\partial \lambda}(x)$ 與 $\frac{\partial H}{\partial \lambda}(x, g^*)$ 的符號是相同的，$\frac{\partial g}{\partial \gamma}(x)$ 與 $\frac{\partial H}{\partial \gamma}(x, g^*)$ 的符號是相同的。

令 $\frac{\partial H}{\partial \lambda}(x, g^*) = 0$，$\frac{\partial H}{\partial \gamma}(x, g^*) = 0$，可得：

$$Z^* = k\left[1 - \frac{1}{(1+g)^{T^*}}\right] \tag{30}$$

利用式（30）可推出 $\frac{\partial g}{\partial Z^*}(x) < 0$。這可以解釋為信用總額的過度擴張會降低穩態時的經濟增長率。在式（30）中，$\frac{\partial Z^*}{\partial T^W} > 0$，這表明工資收入的時滯越大，債務極值的規模也就越大。

那麼，消費信用、政府信用和生產信用同時擴張時，穩態的增長率又是怎樣的呢？假定資本循環模型的其他參數均不變，只求增長率 $g$ 對 $Z_0$、$\gamma$ 和 $\lambda$ 的偏微分，則有

$$dg = \frac{\partial g}{\partial Z_0}dZ_0 + \frac{\partial g}{\partial \lambda}d\lambda + \frac{\partial g}{\partial \gamma}d\gamma \tag{31}$$

如果僅僅考慮 $Z_0$、$\gamma$ 和 $\lambda$ 的單位變化的正影響，即 $dZ_0 = d\lambda = d\gamma = 1$，那麼式（31）就變為：

$$dg = \frac{\partial g}{\partial Z_0} + \frac{\partial g}{\partial \lambda} + \frac{\partial g}{\partial \gamma} \tag{32}$$

根據隱函數定理，有 $\frac{\partial g}{\partial Z_0}(x) = -\frac{\frac{\partial H}{\partial Z_0}(x, g^*)}{\frac{\partial H}{\partial g}(x, g^*)}$，$\frac{\partial g}{\partial \lambda}(x) = -\frac{\frac{\partial H}{\partial \lambda}(x, g^*)}{\frac{\partial H}{\partial g}(x, g^*)}$ 和

$$\frac{\partial g}{\partial \gamma}(x) = -\frac{\frac{\partial H}{\partial \gamma}(x, g^*)}{\frac{\partial H}{\partial g}(x, g^*)}$$

令 $dg = \frac{\partial g}{\partial Z_0} + \frac{\partial g}{\partial \lambda} + \frac{\partial g}{\partial \gamma} = 0$，可以解得極值 $Z_1^* = \frac{k}{2} \times \left[1 - \frac{1}{(1+g^*)^{T^*}}\right] + \frac{\sqrt{D}}{2}$，其中：

$$D = k^2 \left[1 - \frac{1}{(1+g^*)^{T^*}}\right]^2 + 4(\lambda + \gamma)$$
$$+ 4(1-\lambda-\gamma)k\left\{1 - k\left[1 - \frac{1}{(1+g^*)^{T^*}}\right]\right\} \quad (33)$$

如果 $Z_0 > Z_1^* > 0$，那麼會有兩種矛盾的結果出現。增加生產性信用可能會產生一個正的穩態增長率；增長消費信用和政府信用的比例可能會對增長產生負的影響。區分消費信用和生產性信用是非常重要的。因為只有生產性信用才有利於貨幣資本的增加，才有利於增加價值和剩餘價值的創造，才能最終擴張資本主義體系的規模。不過，雖然消費信用和政府信用可以降低價值實現的時滯，但是卻不能創造新價值和擴大資本主義體系的規模。如果整個資本主義體系的信用擴張達到一個極值，且沒有空間去進一步降低實現的時滯問題，那麼消費信用和政府信用擴張的副作用會超過淨信用總量擴張的增長效應，從而降低資本主義體系的增長率。

## 3.3 增長的不穩定性與危機

### 3.3.1 非穩態時的增長率

直觀來看，改變資本循環三個階段的時滯，以及改變家庭消費信用、政府信用和生產信用的規模都會對穩態的增長率產生影響。因為，它們改變了價值實現的時滯。那麼在非穩態時，時滯和信用規模是怎麼影響增長率的？首先，給出幾個變量的時滯表達式。

工資性收入支出的時間滯后項表達式為：

$$\Delta T_{t+1}^W = T_{t+1}^W - T_t^W = 1 - \frac{E_t^W}{W_{t-T_t^*}} = 1 - \frac{E_t^W}{k_{t-T_t^*} C_{t-T_t^*}} \quad (34)$$

剩餘價值實現的時間滯后項表達式為：

$$\Delta T_{t+1}^S = T_{t+1}^S - T_t^S = 1 - \frac{E_t^S}{(1-p_{t-T_t^*}) S''_{t-T_t^*}} \quad (35)$$

融資的時間滯后項的表達式為：

$$\Delta T_{t+1}^F = T_{t+1}^F - T_t^F = 1 - \frac{C_t - B_t}{S'_{t-T_t^e} + p_{t-T_t^e} S''_{t-T_t^e}} \tag{36}$$

資本循環總循環實現的時滯表達式為：

$$\Delta T_{t+1}^R = T_{t+1}^R - T_t^R = 1 - \frac{S_t}{p_{t-T_t^e}(1 + q_t)} \tag{37}$$

在任意時間路徑上，資本循環模型的實現問題可表示為：

$$S_t = D_t = E_t^W + E_t^S + (1 - k_t)C_t + B_t' + B_t'' \tag{38}$$

從式（37）中解出 $S_t$ 的表達式並代入式（38）的左邊，將式（34）、式（35）、式（36）帶入式（38）的右邊，則式（38）可以重新表示為：

$$\Delta T_{t+1}^R = 1 - \frac{1}{p_{t-T_t^e}(1+q_t)} \big[ (1 - \Delta T_{t+1}^W) k_{t-T_t^e} C_{t-T_t^e} + (1 - \Delta T_{t+1}^S)(1 - p_{t-T_t^e}) S''_{t-T_t^e} \\ + (1 - k_t)(1 - \Delta T_{t+1}^F)(S'_{t-T_t^e} + p_{t-T_t^e} S''_{t-T_t^e}) + (1 - k_t)B_t + B_t' + B_t'' \big]$$

(39)

根據式（39），$\Delta T_{t+1}^R$ 對 $\Delta T_{t+1}^W$，$\Delta T_{t+1}^S$，$\Delta T_{t+1}^F$，$B_t$，$B_t'$ 和 $B_t''$ 分別求偏導可得：

$$\frac{\partial \Delta T_{t+1}^R}{\partial \Delta T_{t+1}^W} > 0, \quad \frac{\partial \Delta T_{t+1}^R}{\partial \Delta T_{t+1}^S} > 0, \quad \frac{\partial \Delta T_{t+1}^R}{\partial \Delta T_{t+1}^F} > 0, \quad \frac{\partial \Delta T_{t+1}^R}{\partial B_t} < 0, \quad \frac{\partial \Delta T_{t+1}^R}{\partial B_t'} < 0, \quad \frac{\partial \Delta T_{t+1}^R}{\partial B_t''} < 0$$

前三項表示資本循環三個階段時滯的改變與實現時間的變化是正相關的；三個階段的時間縮短，會降低資本循環一次的實現總時間。后三項表示增加信用規模會降低資本循環總循環的實現時間，進而會增加資本主義系統的規模擴張。

在第二次世界大戰以后，資本主義經歷了一個增長的「黃金時代」，但是到 20 世紀 70 年代后，主要資本主義國家陷入了「經濟滯脹」。為了解決滯脹問題，英國撒切爾夫人和美國里根總統實施了自由化政策。新自由主義思想成為社會主流的經濟意識形態。按照 Basu（2013）的概括，新自由主義時代的資本主義的特徵主要有三個方面：一是自由市場中，經濟的金融化趨勢不斷加強；二是信用過度擴張，尤其是依靠股票市場和債券市場進行的國家信用、企業信用以及依靠銀行等擴張的個人信用得到了空前的擴張；三是真實工資增長停滯，尤其是雇傭工人工資的增長出現了停滯，收入分配更有利於資本家，美

國等資本主義國家形成了越來越大的收入不平等。①

新自由主義的累積模式最終會導致經濟增長的下降。經濟的金融化增加了融資時間 $T^F$，因為經濟的過度金融化增加了資本在資本市場循環和獲利的時間，使得資本進入實體投資的時間延長了。Basu（2013）的研究表明：在 20 世紀 80 年代早期，價值融資的時滯出現了增加的趨勢，這一趨勢一直持續到 2010 年。② 而金融化也使得貨幣資本不能投入生產領域，而是在金融市場購買金融資產來滿足投機的目的。以前，資本家，尤其是產業資本家生產產品並經過售賣環節實現了價值和剩餘價值，他們用其中的一部分剩餘價值來擴大再生產，或者通過向銀行等借貸來獲得資本以擴大再生產。而在經濟金融化的時代，資本家更願意把獲得的剩餘價值甚至是借貸的錢投向股票、債券和基金等金融市場來購買金融資產，以期獲得投資性回報。隨著資本主義一些行業生產的「相對過剩」，這種投資於金融市場的趨勢愈發嚴重。這也是導致美國等國家產業空心化的重要原因之一。

### 3.3.2 綜合性經濟危機

馬克思是從多個角度來分析經濟危機的，因此馬克思的危機理論中，一些關鍵性的理念，如「資本累積」「利潤率下降規律」「價值實現問題」「平均利潤率和效率結構」「資本家的預期」等值得重視。③ 資本累積是資本主義經濟體系中矛盾的統一體，累積必須通過生產和交換完成價值生產和價值實現的步驟才能完成一次累積，如果生產和交換中的任一環節出現問題，單個資本家的累積就會出現問題；如果整個資本主義社會的絕大多數資本家的生產和交換都出現問題，那麼整個資本主義社會就會由於累積問題而陷入危機。面對競爭等引起的利潤率的降低以及行業平均利潤率的變化，資本家都會做出判斷，當資本家預期其投資可以收回回報時才會進行進一步的投資，否則只會觀望，或持有金融資產。在競爭中，會逐漸出現寡頭壟斷。寡頭可以通過控制產量或提高價格來獲得超額壟斷利潤。但是，寡頭統治下，仍然存在有效需求不足和利潤率下降問題，故危機還是會發生的。因為，寡頭壟斷體制下，沒有改變工人

---

① D BASU. Comparative Growth Dynamics in a Discrete-time Marxian Circuit of Capital Model [J]. Review of Radical Political Economics, 2013 (9).

② D BASU. Comparative Growth Dynamics in a Discrete-time Marxian Circuit of Capital Model [J]. Review of Radical Political Economics, 2013 (9).

③ R. 沃爾夫. 馬克思的危機理論：結構與涵義 [J]. 國外理論動態, 1979 (4/5): 11-20, 47-57.

阶级的「相对贫困」状态，反而通过垄断体制将收入和财富更多地集中在了少数寡头手中，造成了寡头与小企业以及资本家尤其是顶层的资本家与工人阶级和普通大众之间越来越大的收入差距，最终的结果就是全社会的消费需求不足。①

2008年的金融危机是一次以利润率下降为主线的经济周期性波动。在这一过程中，劳资矛盾、价值和剩余价值的转化与实现、资本机构构成的变化等因素影响了资本主义实体企业的利润率，并且结合货币和信用扩张等因素，共同造成了此次危机。② 巴基尔（2011）等认为危机是在新自由主义的累积体制下，美国的资本利润率和累积率之间的差距不断扩张导致的。③ 因为，在新自由主义时代，经济金融化趋势越来越明显，很大比例的实体经济利润以利息的形式流入了金融部门，具体表现为实体经济实际利润率的降低、企业负债率的增加、金融部门规模的大幅度扩张以及金融部门利润率的增加等。实体经济的相对萎缩以及利润率的下降、金融部门规模的不断扩张和利润率的持续上升使得累积结构失去平衡，造成了经济增长的减速，并最终形成了危机。金融危机传导机制也是多元化的，危机会通过金融市场、实体经济、投资和消费部门，以及社会信用机制等传导到经济的各个角落，形成各种综合效益。④ 科茨（2012）则认为2008年的经济危机是由于在新自由主义的累积体制下，资本循环的三个环节出现了裂痕，同时由于经济的金融化使得实体经济的利润率不断下降，实体经济的利润实现率出现了下降，资本家投资预期降低，金融资产泡沫不断膨胀。当以房地产债券为主的金融资产泡沫破裂后，金融危机便出现了。⑤ 危机的深化和进一步蔓延则是新自由主义累积体制下利润率和累积率长期下降的必然结果。博卡拉（2014）则认为2008年的金融危机是由资本的过度累积导致的。⑥ 那么什么原因导致了资本的过度累积呢？他认为不变资本中固定资本占比越来越大，雇佣工人的实际工资占比在不断下降，结果是资本的

---

① 在当代世界资本主义体系中，「绝对贫困」仍然存在，只是在空间分佈上出现了新变化：在发达资本主义国家主要表现为「相对贫困」，而在不发达的资本主义国家则更多表现为「绝对贫困」。
② 谢富胜，李安，朱安东. 马克思主义危机理论和1975—2008年美国经济的利润率[J]. 中国社会科学，2010（5）：66-82.
③ 爱尔多干·巴基尔，尔尔·坎贝尔. 新自由主义、利润率和累积率[J]. 陈人江，等，译. 国外理论动态，2011（2）：22-31.
④ 姚国庆. 金融危机的传导机制：一个综合解释[J]. 南开经济研究，2003（4）：55-64.
⑤ 大卫·科茨. 利润率、资本循环与经济危机[J]. 海派经济学，2012（4）：12-23.
⑥ 弗雷德里克·博卡拉. 对当前资本主义危机的马克思主义分析[J]. 赵超，译. 国外理论动态，2014（3）：22-30.

有機構成逐漸提高了，導致利潤空間被擠壓，利潤率下降，失業率上升，最終導致社會的有效需求不足，進而引發了危機。在新時代，「信息技術革命」「生態環境變化」「世界貨幣結構變化」「人口增長率」等的變化進一步加劇了危機。

儘管馬克思主義學者發展出了不同的理論來解釋經濟危機，尤其是2008年的金融危機，如「累積的結構失調理論」「利潤率下降理論」「消費不足理論」等，這些都是單因素的危機理論，並不能很好地解釋資本主義危機。危機是在資本主義累積過程中多重因素作用的結果。要解釋危機需要綜合考慮供求關係、勞資關係和各個生產部門的比例問題。多因素的利潤率下降規律可以解釋經濟危機，因為利潤率下降規律可以揭示資本主義經濟週期性波動的內在機制，同時蘊含在經濟週期中的利潤率下降規律也可以揭示資本循環和累積的潛在矛盾。不過只憑多因素的利潤率下降規律是不能很好解釋資本主義經濟危機的。只有將多因素的利潤率下降規律和信用的擴張活動聯繫起來才能形成完備的危機理論。①

按照 Weisskopf（1979）的分解方法，利潤率可以分解為利潤份額、產能利用率、資本有機構成等分項目。②③ 在其他條件不變的情況下，利潤份額下降、產能利用率降低以及資本有機構成提高等都會使得利潤率下降。影響利潤率份額的因素主要是工資因素；工資占比增加，利潤率份額可能會降低。影響產能利用率的因素則包括投資和價值實現問題，如果剩餘價值能夠順利實現，那麼資本家願意繼續投資和生產，產能利用率可能會提高。影響資本有機構成的因素則主要是不變資本和可變資本的比例問題，這個比例越大，資本的有機構成就越高。另外，為了擴大資本主義再生產，資本家既需要榨取更多的剩餘價值來實現自我累積，又需要依靠信用擴張，主要是借貸來實現資本的外在累積。由信用擴張導致的借貸風險和危機也是資本主義經濟危機的典型表現。危機的綜合理論對資本主義危機的形成和發生過程的闡述是這樣的④：由於受到剩餘價值實現、勞資矛盾和技術變化等的影響，資本累積會受到限制，並出現

---

① 謝富勝，李安，朱安東. 馬克思主義危機理論和1975—2008年美國經濟的利潤率［J］. 中國社會科學，2010（5）：66-82.

② WEISSKOPF T. Marxian Crisis Theory and the Rate of Profit in the Postwar U. S. Economy［J］. Cambridge Journal of Economics，1979，3（4）：341-378.

③ 對利潤率下降規律和分解方法的詳細研究可參見：劉燦，韓文龍. 利潤率下降規律研究述評——當代西方馬克思主義經濟學研究的新進展［J］. 政治經濟學評論，2013（4）：165-177.

④ 謝富勝，李安，朱安東. 馬克思主義危機理論和1975—2008年美國經濟的利潤率［J］. 中國社會科學，2010（5）：66-82.

週期性的變化。實體企業通過借貸等獲得擴大再生產的資金的同時，需要為此支付昂貴的利息成本，這又會削弱實體企業依靠自身實現累積的目的。在現代資本主義社會，金融體系已經越來越成為獨立的累積體系，通過「榨取」實體部門的利潤而獲得超額壟斷利潤。而金融化過程也是弱化實體部門依靠自身完成累積的過程。貨幣體系內部的矛盾又對資本主義危機的發生起到了「推波助瀾」的作用。總之，多重因素導致了危機的發生。

如前所述，在利潤導向性的累積體制下，真實工資停滯和降低，這迫使工人階級和其他普通大眾不得不舉債維持生存。這使得資本主義國家中消費信貸出現井噴式的發展。如果借債不是用於生產性投資，而僅僅是用於消費，雖然消費有利於實現商品的售賣，有利於價值和剩餘價值的實現，但是過度的消費負債並不有利於長期經濟發展。美國等資本主義政府為了維持運轉，也不斷地擴張支出，在收入不能維持支出時便開始大規模舉債。依靠美國的超級大國地位和美元霸權，美國成為世界上最大的債務國。美國的企業，在經濟狀況不景氣的情況下，也開始大規模舉債，其資產負債率在不斷增加。家庭、企業、國家信用的大規模擴張都是不利於經濟穩定的。在經濟金融化、信用過度擴張和實際工資停滯的新自由主義時代，會出現怎樣的經濟增長狀況呢？在此階段，整個資本主義體系淨債務 $Z_0$、消費信貸規模比例 $\lambda$ 和政府信用占比 $\gamma$ 的增加進一步降低了穩態增長率。資本主義體系的增長率的下降會進一步增加實體企業融資的時滯，降低總需求，推遲企業的投資等。另外，作為對下降的總需求的反應，為了維持原來的生活水平，工人階級及其他普通家庭不得不繼續擴大借債規模，消費信貸的過度擴張會進一步降低增長率。總之，在這樣的反饋循環模式中，資本主義體系的增長率不斷降低，並最終陷入危機。國家債務的過度擴張，也使得美國聯邦政府一度創造了「停擺」的神話。

儘管，累積模式的變化會導致經濟不穩定，同時信用的過度擴張也會增加經濟的風險性，但是這些因素不是單獨發揮作用的，它們往往是融合在一起對一個經濟體的增長率和穩定性發揮作用。比如，正是利潤導向性的累積體制使得工人階級的工資和福利待遇不斷降低；為了不降低全社會的消費水平，產業資本家和金融資本家共同創造了消費信貸制度來幫助工人階級超前消費，以此來解決「生產過剩」問題。而如果工資待遇不提高，僅僅依靠消費信貸來維持生存和生活，最終的結果就是信貸規模的大規模擴張。尤其是以住房為主的大額消費信貸的擴張，更是增加了潛在風險。在金融化趨勢下，為了獲得超額利潤，越來越多的實體經濟加入金融市場獲取利潤，產業空心化的趨勢越來越嚴重。為了獲得超額的利潤，它們通過不斷的金融創新，甚至是金融詐欺等手

段來獲得收益。過度的金融創新和投機必然會累積巨大的系統性風險。一旦系統性風險暴露,脆弱的金融體系就會出現崩潰,出現金融危機。由於產業空心化和經濟金融化,整體經濟的抗風險能力會弱化,金融危機迅速演變成為經濟危機。通過國際分工體系和貿易、投資等途徑,危機又會從一國蔓延到其他國家,形成世界性的金融危機。可見,經濟危機,不是單因素導致的,而是綜合性因素導致的。

## 3.4 理論分析框架的概述

本書將資本的累積與循環、價值實現與信用擴展、增長的不穩定納入帶有時間滯后項的資本循環模型中,通過數學模型的推導得出資本累積和信用擴張是導致增長的不穩定和危機的綜合性成因。以此為理論基礎,提出了綜合性經濟危機理論。綜合性經濟危機理論重點考察資本累積過程中「剩餘價值率」「可變資本與預付總資本的比率」和「剩餘價值轉化為再投資的比例」,以及信用擴張過程中「資本總循環時間」變化對經濟增長率和利潤率的影響。

本書的分析框架如圖3-2所示,採用「理論的提出—綜合性成因分析—實證檢驗—實例剖析」的總分式分析框架。第三章提出綜合性經濟危機理論,第四章和第五章是對危機綜合性成因的分述。第四章從再生產和累積的規律與趨勢、累積的制度體系來論述資本主義經濟體系累積的特徵和趨勢,第五章從貨幣與貨幣制度、貨幣信用和借貸信用來論述資本主義經濟體系貨幣和信用擴展的特徵和趨勢。第六章構建了綜合性經濟危機理論的實證檢驗模型,並進行了實證檢驗。第七章剖析了1929—1933年大蕭條和2008年的金融危機的綜合性成因,對比分析了兩次危機的相似性和差異性。

## 3.5 本章小結

本章主要以離散時間的資本循環模型為基礎,構建了一個包括累積率,剝削率,增長率,家庭、企業與政府債務規模擴張的理論研究框架。在資本主義生產過程中,價值增值,即剩餘價值是資本累積的源泉。而僅僅依靠剩餘價值是不能迅速擴大再生產規模的。因此,通過借貸和股份制等資本集中方式可以在短期內籌集到巨額的再生產資本。大規模的資本集中也為大規模再生產創造

```
                  ┌─────────────┐
                  │ 資本的積累  │──┐
                  │   與循環    │  │
                  └─────────────┘  │
┌──────┐  ┌──────┐ ┌─────────────┐ │ ┌──────┐
│理論基礎│  │時滯  │ │ 價值實現問題│ │ │綜合性│
│  和    │→│資本  │→│ 與信用擴張  │→│ │經濟危│
│分析框架│  │循環  │ └─────────────┘ │ │機    │
└──────┘  │模型  │ ┌─────────────┐ │ └──────┘
     │    └──────┘ │ 增長的不穩定性│─┘
     │             │   與危機      │
     │             └─────────────┘
     │
     ▼
┌────────────────────────────────────────────┐
│ 分析框架：理論的提出—綜合性成因分析—實證檢驗—實例剖析│
└────────────────────────────────────────────┘
              │
              ▼
┌────────────────────────────────────────────┐
│ 理論的提出：綜合性經濟危機理論（第三章）         │
└────────────────────────────────────────────┘
              │
              ▼
┌──────────────────────────────────────────────────────┐
│ 成因分析之資本主義的積累：再生產和積累的規律與趨勢、積累的制度體系（第四章）│
└──────────────────────────────────────────────────────┘
              │
              ▼
┌──────────────────────────────────────────────────────┐
│ 成因分析之貨幣和信用擴張：貨幣與貨幣制度、貨幣信用和借貸信用（第五章）  │
└──────────────────────────────────────────────────────┘
              │
              ▼
┌────────────────────────────────────────────┐
│ 實證檢驗：綜合性經濟危機的模型構建和實證分析（第六章）│
└────────────────────────────────────────────┘
              │
              ▼
┌────────────────────────────────────────────┐
│ 實例剖析：1929—1933年大蕭條和2008年金融危機（第七章）│
└────────────────────────────────────────────┘
```

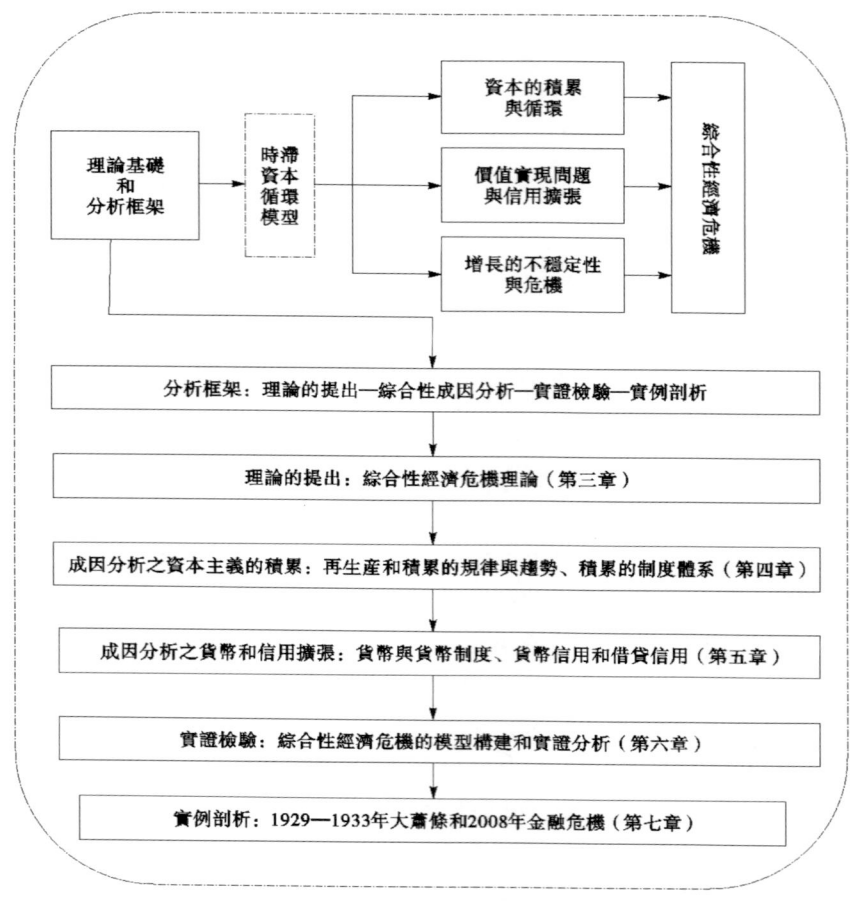

圖 3-2　理論基礎和分析框架示意圖

了條件，進而為大規模的資本累積創造了條件。資本主義的再生產過程中，貨幣資本、生產資本和商品資本是資本循環的三個階段，而且在現實中，這三種資本形態的循環都存在時間滯后性。在考慮資本三種資本形態在循環過程中的時間滯后性后，可以構建一個帶有時滯的資本循環模型。以此模型為基礎，可以推導出價值的實現問題、信用擴張以及穩態時和不穩態時的增長率，且能夠解釋資本循環時間、可變資本與總資本的比例、信用規模的擴張等對增長率變化的影響，以及累積體制的變化對增長率和累積率變化的影響。

# 4 資本主義的累積

## 4.1 再生產和累積的規律與趨勢

### 4.1.1 資本主義的再生產

在一個社會中，生產和消費必須同步進行。因為一個社會既要進行生產性活動，也要進行消費性活動。生產性活動和消費性活動必須不間斷地進行，這就需要整個社會的再生產。馬克思把資本主義社會的再生產過程劃分為兩個過程：簡單再生產和擴大再生產。在簡單再生產過程中，除了補償消耗掉的生產資料以及為工人支付工資外，資本家將剝削工人所獲得的剩餘價值全部用來自己消費，不再進行生產規模的擴大。簡單再生產是馬克思研究資本主義生產過程的一個理論假設，在此假設條件下來揭示生產過程中剩餘價值的產生過程，以及研究生產基金、消費基金和剩餘價值的分配和使用問題。不過，馬克思給資本主義再生產賦予了除生產以外的更深刻的內涵。馬克思認為資本主義的再生產「它不僅生產商品，不僅生產剩餘價值，而且還生產和再生產資本關係本身：一方面是資本家，另一方面是雇傭工人。」①在資本主義再生產過程中，佔有生產資料的資本家通過購買工人的勞動無償佔有了工人創造的剩餘價值，使得資本家和工人在生產過程以及買和賣的過程中處於對立的狀態。資本家處於絕對優勢地位，工人在經濟上處於從屬的地位，依靠出賣自己的勞動力來獲得生存的基本資料。從某種程度上來說，資本主義的再生產造就了「資本家」和「工人階級」這兩個對立的階級。

在現實世界中，資本主義的簡單再生產不是常態，更不是資本家期望的再生產形式。資本家進行生產投資的目的就是獲得剩餘價值。要無限度地獲得剩

---

① 馬克思，恩格斯. 馬克思恩格斯全集：第 23 卷 [M]. 北京：人民出版社，1972：634.

余價值，只有進行擴大再生產才能實現這一目的。在擴大再生產過程中，資本家不會將剩余價值全部消費掉，而是將一部分剩余價值累積起來進行再投資。在擴大再生產的過程中，剩余價值的生產和資本化是其重要的兩個前提條件。首先，只有生產足夠的剩余價值，資本家的擴大再生產才可能實現。資本家如何才能最大限度地獲得剩余價值呢？一方面，通過加大對工人的剝削來獲得更多的剩余價值，但是這種「壓榨」是有限度的，即必須使得支付給工人的工資能夠滿足工人和其家庭的基本消費需要，使得工人自身的「再生產」能夠順利進行。另一方面，資本家不斷地擴大生產規模，通過生產的規模效應來累積更多的剩余價值，同時依靠技術進步、創新以及壟斷來獲得「壟斷租金」以補充擴大再生產的基金。其次，實現剩余價值的資本化，即將剩余價值順利地轉化為投資基金。剩余價值是在生產過程中由勞動工人創造的，但是這僅僅是生產了剩余價值，要實現剩余價值還要通過銷售環節將產品順利地賣出去，實現資金的回籠才能算完成了資本的一次循環，將剩余價值由可能變成了現實。資本家利用資本化的剩余價值，即生產資本投資於擴大再生產過程中，繼續其追逐更多剩余價值的「夢想」。

在資本主義擴大再生產中，僅僅生產和累積剩余價值，並實現剩余價值的資本化是不夠的，還需要足夠多的勞動力來被資本家雇傭，即需要實現資本與勞動的結合。生產性資本可以通過累積和借貸等獲得。那麼如何找到與資本相互結合的勞動力呢？在資本主義社會中，存在著龐大的「產業后備軍」為擴大再生產提供源源不斷的勞動力。隨著技術進步，工廠中使用越來越多的機械設備和自動化設備來取代大量的工人，「機器排擠工人」的現象使得越來越多的低技術工人出現下崗和失業；為了維持生存，越來越多的婦女和童工也加入了勞動的隊伍中，擴大了勞動者的規模；一些破產的小生產者、小手工業者和農民等也逐漸加入勞動大軍，使得勞動者的隊伍越來越壯大。如果資本主義生產過程創造的就業不能吸納剩余勞動力，就會出現失業。大量的失業人口組成了「產業后備軍」，只能等待資本家的雇傭，同時接受資本家的剝削。在資本主義生產過程中，需要和資本結合的勞動力不是同質的，而是異質的，因此只有那些技術和技能與資本的要求相互匹配的勞動力才能找到合適的崗位，實現就業。而那些技能低和稟賦差的勞動力或是從事簡單和低報酬的工作，或是處於失業狀態。

在現代資本主義社會，擴大再生產不僅需要資本和勞動的結合，而且需要技術創新、組織創新和新市場的開拓。技術創新，一方面可以使資本家獲得「技術壟斷利潤」，即資本家通過研發和率先使用新技術和新的生產工藝，獲

得比行業平均利潤高的壟斷利潤；另一方面，技術創新可以使資本家通過採用新技術節約生產資料和勞動，提高勞動生產率，擴大生產規模，增加「剩餘價值的量」。組織的創新則是在資本主義擴大再生產過程中增加剩餘價值的又一重要工具。從「資本主義小規模生產」，到「泰勒制的流水線生產」，到「福特制的大規模生產」，再到「豐田制的及時生產」等，每一次生產組成方式的變革都帶來了資本主義勞動生產率的提高。生產率的提高，通過規模效應會增加利潤總量（或剩余價值量），使得資本家獲得更多的累積資金用於投資於下一輪的擴大再生產。資本主義是商品經濟，資本家不僅需要生產產品，而且通過銷售方式來實現商品的售賣，以期實現資本的完整循環。隨著資本主義的發展，商品逐漸豐富起來，甚至出現了「商品剩餘」。商品剩餘，一方面是在一定的範圍內生產盲目擴大造成的，另一方面是以工人階級為代表的普通群眾相對「弱化」的商品購買力造成的。為了實現「剩餘商品」的消化，資本家一方面採取消費信用方式來擴大消費者的購買力，另一方面則挖掘新的需求，如區分需求的不同層次和挖掘人們更多的物質慾望等，同時開拓新的市場，如海外市場等來消化「剩餘商品」。

通過資本與勞動更多結合可以生產更多的剩餘價值，通過技術創新和生產組織創新可以增加創造剩余價值的速度和數量，通過挖掘新需求和開拓新市場可以更多實現「剩余價值」來獲得擴大再生產的新的累積基金。在資本主義擴大再生產過程和累積中，僅僅完成以上的條件是不夠的。資本主義的累積還要考慮第Ⅰ部類和第Ⅱ部類內部生產資料和消費資料的比例關係，以及第Ⅰ部類和第Ⅱ部類之間生產資料和消費資料的比例關係。在第Ⅰ部類的累積過程中，由於時滯問題，資本會在不同的階段執行不同的職能，如一部分資本執行生產資本的職能，另一部分資本則暫時退出流通領域儲藏起來。但是無論怎樣，處於各個階段的資本都需要發揮各自的職能，協助完成累積的目的。在資本累積過程中，資本家需要不斷地增加不變資本，即購買機器設備，修建廠房，購買原材料等。追加的這些不變資本在此時執行生產資本的職能，但是進入流通環節後它們又可能被暫時儲藏起來，或直接進入新的資本循環。而「追加的可變資本」需要滿足擴大再生產的需要，並在生產過程中創造剩餘價值。同樣，在第Ⅱ部類的累積過程中，也需要滿足追加不變資本和可變資本的要求。

總之，資本主義的再生產過程是超越了簡單再生產的擴大再生產。追逐更多的剩餘價值是資本家擴大再生產的根本動力。資本主義的擴大再生產，既可能會增加機器設備、廠房和原材料等不變資本的需求，也會增加對勞動力的需

求。但是,隨著「資本有機構成」的提供,越來越多的工人被機器設備取代,「相對過剩人口」的量會越來越龐大。

### 4.1.2 資本的集中與壟斷

在資本主義累積過程中,資本家可以依靠兩種途徑來獲得資本:資本的積聚和集中。資本的積聚是指單個資本家依靠剝削工人創造的剩餘價值形成擴大再生產的累積基金。資本的積聚實質是剩餘價值的資本化。在資本主義發展的初始階段,資本的積聚方式是形成投資基金的重要來源,這也是小資本家進行累積的重要手段。不過,隨著機器大工業和社會化進程的推進,資本主義企業的投資規模要求越來越龐大,僅僅依靠單個資本家剝削剩餘價值進行累積是無法籌集大規模生產所需資金的。在這種情況下,只有通過資本的集中,即通過將多個單個資本進行「聯合」而匯集成一個新的基金。這個基金僅僅是單個資本的聯合,並沒有產生新的剩餘價值,但是卻為大規模生產提供了所需的資金。資本的集中「僅僅以已經存在的並且執行職能的資本在分配上的變化為前提,因而,它的作用範圍不會受社會財富的絕對增長或累積的絕對界限的限制」[1]。可見,資本的集中可以突破資本累積和資本積聚的局限,滿足為大規模生產籌集資金的需要。

在現實中,信用制度、股份公司、股票和證券市場可以實現資本的集中。通過銀行等信用仲介機構,將分散的資本匯集起來,形成一種借貸資本,然後通過信用仲介將這些匯集的資本貸給需要資金的產業資本家和商業資本家,進而可以幫助他們擴大產業規模和商業規模。在現代生產組織方式中,股份公司是一種適應社會化大生產的制度發明,它可以將分散的資金集中起來,形成龐大的投資基金,服務於大規模生產和銷售。股份公司的好處是可以匯集大量的資本,而有限責任股份公司可以分散資本所承擔的風險。因為,有限責任股份公司的股東僅僅為自己股份的份額承擔有限責任。因此,股份公司制度是現代社會最流行的實現資本集中的工具。現代股票和證券市場提供了普通人通過買入股票和證券而成為某一公司的股東的可能性。儘管他(她)僅僅是千千萬萬個小股東中的一個,但是正是無數小股東的貨幣匯集才形成了龐大的資金。現代的公司,通過現代資本市場的信用作用,可以一次實現以億為單位的資本集中。那麼,現代的資本主義企業為什麼越來越熱衷於大規模的資本集中呢?這源於其通過擴大市場規模來獲得更多利潤(或剩餘價值)的動力,也源於

---

[1] 馬克思,恩格斯. 馬克思恩格斯全集:第23卷 [M]. 北京:人民出版社,1972:686.

其通過規模優勢來面對和抵禦越來越激烈的市場競爭的需要。資本的大規模集中適應了大規模的社會化生產的要求，有利於現實技術的變革，為壟斷的形成提供了支持。①

隨著資本在規模上越來越大地集中，壟斷也成為資本主義發展中的關鍵性問題。壟斷可以使得資本家獲得超額的壟斷利潤，這促使資本家爭先恐後地在某一領域或多個領域實行壟斷。隨著競爭的加劇，大資本吞併了中小資本，逐漸形成龐大的資本規模。競爭的結果就是一些行業只剩下為數不多的大企業，甚至一些行業被一兩家企業壟斷。在壟斷資本主義發展階段，「卡特爾」「托拉斯」「康採恩」等成為壟斷的主要形式。壟斷企業主要通過壟斷價格來獲取超額利潤，而這些超額利潤本質是從其他社會成員的收入份額中轉移過來的價值。這些壟斷利潤，要麼是從其他資本家的「剩餘價值」中獲取的，要麼是從工人的工資中獲取的。

壟斷阻礙了社會平均利潤率規律的運行，使得資本的自由流動出現了停滯。壟斷會對資本累積產生影響。壟斷會影響全社會剩餘價值的分配，使得剩餘價值向具有壟斷地位的企業傾斜。資本規模越大獲得的剩餘價值越多。壟斷將那些投資基金拒絕在壟斷行業大門之外。同時壟斷企業在保持壟斷優勢的同時，在其他行業尋找投資機會，以圖獲得更多的剩餘價值。② 另外，壟斷還通過限產限量來保持高利潤，通過調節技術創新和應用的步伐來抑制新技術的採用和限制新資本的進入。壟斷性累積的最終結果就是加劇資本主義的產業結構和利潤分配的畸形發展。壟斷累積還容易造成危機和蕭條。因為，通過壟斷，資本家提高了其自身的利潤份額，但是其他資本家的利潤空間被壓縮了，工人的工資份額縮小了，這會導致全社會的投資不足和消費不足，長期的累積又會導致失業等現象。最終，利潤率下降趨勢和消費不足規律的作用加劇了資本主義生產體系內部的矛盾，使得其陷入危機或蕭條。資本主義的壟斷還帶來一個新的問題，即增加了商品流通的費用。因為為了面對累積的壟斷競爭，各個寡頭都要投入巨額的費用來進行產品宣傳和銷售，這必然會增加附加在商品上的流通成本，最終結果就是整個社會的流通成本提高，商品的最終銷售價格也由此提高。消費費用的擴大和流通體系的擴張，最終對資本主義社會產生新的影響：由於要支付宣傳廣告費用和其他流通費用，壟斷資本家的壟斷利潤比之前減少了；大量從事非生產性勞動的銷售工作者獲得了工資收入，有利於提高全

---

① 保羅・斯威齊. 資本主義發展論 [M]. 北京：商務印書館，1997：280-281.
② 保羅・斯威齊. 資本主義發展論 [M]. 北京：商務印書館，1997：299-301.

社會的消費率；新的中間階級出現，逐漸成為資本主義社會的支柱力量。①

### 4.1.3 中間階層規模的擴大與累積

馬克思在分析資本主義社會時，將資產階級和工人階級作為資本主義社會的兩大對立階級，並認為這兩個階級的對立和矛盾是資本主義社會不可調和的階級矛盾。儘管馬克思以階級二分法的邏輯框架來研究資本主義社會，但是他認為資本主義社會存在不止這兩個階級，因為還存在「中間階層」②。對中間階層的描述，馬克思曾使用過的類似的名詞包括「中等階級」「中間階級」「過渡階級」「中等階層」等，它們主要是指介於無產階級和資產階級之間的所有其他社會階層或利益集團，包括小生產者、小商人、自由職業者、律師、醫生、農民、科研人員以及政府工作人員等。在《共產黨宣言》中，馬克思和恩格斯指出：「以前的中間等級的下層，即小工業家、小商人和小食利者，手工業者和農民——所有這些階級都降落到無產階級的隊伍裡來了。」③同時馬克思又指出「無產階級的一部分上升為中等階級」④。可見，隨著社會分工和交換的發展以及社會利益的分化，這些「中等階級」的地位和數量將處於變化中。沒落的資本家可能淪落為工人或中等階級；而獲得資本並投資於再生產的中等階級的人可能成為資本家；中等階級的人也可能受到其他因素的侵擾而成為工人；一些工人則可以通過投資、教育或其他途徑而成為資本家或進入中等階級序列。

在馬克思所處的時代，鑒於「中等階級」革命的「搖擺性」，馬克思和恩格斯曾經把這些「中間階級」作為革命爭取的對象。馬克思在《1848年至1850年的法蘭西階級鬥爭》一文中指出：「在無產階級暫時被擠出舞臺而資產階級專政被正式承認之後，資產階級社會的各個中等階層，即小資產階級和農民，就不免要隨著他們境況的惡化以及他們與資產階級對立的尖銳化而愈益緊密地靠攏無產階級。」⑤ 其實，在資本主義社會中，「中間階級」不僅是無產階級革命爭取的對象，也是資產階級實現自身的累積而爭取的對象。資本家既需要這些「中間階層」中的學者、律師、政府官員等提供專業性服務和公共服

---

① 保羅·斯威齊. 資本主義發展論 [M]. 北京：商務印書館，1997：311.
② 在《馬克思恩格斯全集》第1~39卷中有83處論述了中間階級問題。詳見：蘭峻. 馬克思恩格斯中間階層思想及其現實意義 [J]. 中國南昌市委黨校學報，2007（1）：4.
③ 馬克思，恩格斯. 共產黨宣言 [M]. 北京：人民出版社，1963：34.
④ 馬克思，恩格斯. 馬克思恩格斯全集：第26卷第1冊 [M]. 北京：人民出版社，1973：651.
⑤ 馬克思，恩格斯. 馬克思恩格斯全集：第17卷 [M]. 北京：人民出版社，1963：30.

務，也需要這些「中間階層」的消費者來幫助他們解決「剩余商品」的消費問題。

隨著技術進步和社會化大生產程度的提高以及社會分工和交換的高度發達，資本主義社會中逐漸分化出了越來越多的中間階層，從數量上來看，這些中間階層的規模逐步超過資本家和工人的規模。資本主義社會正在形成一個新的社會結構：產業資本家、商業資本家和借貸資本家控制了全社會的主要財富，占據了社會的頂端；各行各業中分化出來的龐大的中間階層依靠自身的財產和技能獲得生存和發展的空間，居於這個社會結構的中間；龐大的工人階級依然要依靠出賣自身的勞動力給資本家來獲得貨幣工資，他們處於社會結構的底層。在這一社會結構中，中等階級的規模越來越龐大，他們的收入可以支持其過上很好的生活。

正是中等階級龐大的收入規模孕育了龐大的消費能力。資本家通過生產各類產品來滿足市場需求，並通過廣告等銷售手段不斷增強銷售能力，同時通過消費信貸等擴張中間階層的流動性約束，使得他們用未來的收入來消費。所有這些措施，都促進了全社會的消費能力。全社會消費能力的不斷擴張和提高，有助於資本家解決「產品剩余」問題，也有利於剩余價值的最終實現，也有利於加快資本循環，為資本家創造更多的剩余價值。

### 4.1.4 利潤率下降趨勢

在資本主義的生產過程中，剩余價值會最終轉化為資本家的利潤，以此來掩飾其剝削的內涵；剩余價值率也會轉換為利潤率。從形式上看，資本家追求的是利潤率，越高的利潤率對資本家的投資越有激勵作用。資本家投資於某一產業，總是希望能夠獲得超額的利潤率。當一個企業的利潤率超過行業的利潤率，資本家會獲得超額的利潤，但是也會吸引其他資本家來投資此行業。最終，這一行業的利潤率會趨於平均，出現行業平均利潤率。不過，一個行業的平均利潤率如果高於社會的平均利潤率，那麼這個行業還會繼續吸引資本家的投資。當這一行業的平均利潤率低於社會的平均利潤率後，資本家會逐漸撤出投資，尋找新的高於社會平均利潤率的行業或者是可以獲得壟斷利潤的行業。

馬克思提出，在資本主義的發展過程中存在「一般利潤率下降的趨勢」。他提出：「不變資本同可變資本相比的這種逐漸增加，就比如會有這樣的結果：在剩余價值率不變或資本對勞動的剝削程度不變的情況下，一般利潤率會

逐漸下降。」①「一般利潤率下降趨勢」是資本主義的生產方式下特有的一種規律或表現。因為，資本主義生產方式下，一定量的「活勞動」（可變資本）所推動的「物化勞動」（不變資本）的量，如機器設備和廠房等越來越多，在「活勞動」創造的價值量一定的情況下，「物化勞動」（不變資本）的量越大，其每一份額所分配到的價值量越小。更加直接的說明就是，隨著越來越多的機器被廣泛採用，以及越來越多的工人被機器替代，機器設備、固定資產和原材料在生產過程中的總量會逐漸上升，在剩餘價值率不變的情況下，「資本有機構成」的提高，即不變資本與可變資本比值的增加會降低平均利潤率。

以下因素會影響「一般利潤率」的下降：勞動剝削率會影響一般利潤率。資本家通過延長工人的勞動時間來增加絕對剩餘價值的量，或者通過採用先進的技術和設備來提高勞動生產率進而增加相對剩餘價值的量。在資本主義的生產過程中，剩餘價值是由勞動者創造的被資本家無償佔有的那部分價值。剩餘價值與可變資本的比值（或比率）稱為「剩餘價值率」，又叫「剝削率」。而利潤率是指利潤額與預付資本的比率。一定條件下，剝削率越高，利潤率可能會越高。因此，可以說「剩餘價值率的提高是決定剩餘價值量從而決定利潤率的一個因素」②。不變資本價格的變動也會影響利潤率。隨著資本主義的發展，一些不變要素的價格越來越便宜，這使得不變要素的量增加，但是其價值（或價格）總額或保持不變，或出現較小的變化。這種情況下，不變資本要素價格的便宜化會影響利潤率。一個社會的「相對過剩人口」越少，其在市場競爭中勞動價格就越高，資本家對其支付的工資就越多，從而會減少資本家獲得的剩餘價值。剩餘價值轉化為利潤後，最終會降低其利潤額，在其他條件不變的情況下，其利潤率也會降低。股份公司的股息和利息等因為需要參與剩餘價值的分配，最后會導致產業資本家所獲的剩餘價值減少，進而會出現利潤率下降的問題。

當代的馬克思主義經濟學家，對利潤率下降規律做了進一步的研究。除了考慮「資本有機構成」提高和「剝削率」兩大因素外，學者們還考慮了「勞動生產率」「真實工資率」「非生產性勞動和生產性勞動的比例」「人口統計學因素」「累積的社會制度體系」等對利潤率的影響。③ 在資本主義生產過程中，如果資本家支付給工人的工資率的增長速度超過勞動生產率的增長速度，

---

① 馬克思, 恩格斯. 馬克思恩格斯全集: 第25卷 [M]. 北京: 人民出版社, 1972: 236.
② 馬克思, 恩格斯. 馬克思恩格斯全集: 第25卷 [M]. 北京: 人民出版社, 1972: 260.
③ 劉燦, 韓文龍. 利潤率下降規律研究述評——當代西方馬克思主義經濟學研究的新進展 [J]. 政治經濟學評論, 2013（4）: 165-177.

就會出現利潤率的下降趨勢。因為，工資支出的擴大擠壓了資本家的利潤空間。如第二次世界大戰后的美國，隨著真實工資率的提高，企業的利潤率出現了一個同步的變化趨勢。① 另外，如果保持真實工資率，同時維持勞動者的收入份額與淨產出的比例不變，那麼資本規模的擴大也會導致資本所獲得的利潤率下降。② 資本累積的過程中，參與累積的勞動被分化為生產性勞動和非生產性勞動，其同樣獲得工資支付，但是非生產性勞動不創造價值。如果非生產性勞動相對於生產性勞動的比率增加，那麼意味著更多非生產性勞動會參與工資支付活動，剩餘價值的量會變小，從而導致利潤率出現下降。③ 資本主義的發展過程中，人口結構也在發生變化。典型的表現之一就是人口的低出生率，這一人口學現象在發達資本主義國家表現得尤為突出。人口的低出生率使得人口的再生產水平低於一個社會擴大再生產所需的最優人口規模，出現勞動力尤其是青壯年勞動力的短缺，進而引起工資的上漲，最終會由於支付高工資而壓低資本家的利潤率水平。④ 影響利潤率的因素，除了技術、工資率和勞動生產率以及人口因素外，制度性因素也是重要的因素。一個國家的政治、經濟和文化等制度性體系，尤其是其中爆發的矛盾和衝突性因素會影響資本累積的可持續性和利潤率。⑤

儘管學者們從多個角度來分析影響利潤率下降規律，但是現實中的利潤率是上升了還是下降了？這需要用實證檢驗來進一步證實。有些學者認為利潤率下降規律是成立的。如 Moseley（1986）的實證研究發現，當「資本有機構成」增長的速度快於「剩餘價值率」增長的速度時，就會出現利潤率下降的趨勢。⑥ Cockshott、Cottrell 和 Michaelson（1995）利用英國的統計數據測度了利潤率規律，發現在資本的累積率為正時，「資本有機構成」會增加，同時利

---

① E WOLFF. The Rate of Surplus Value, the Organic Composition, and the General Rate of Profit in the U.S. Economy, 1947—1967: Reply [J]. American Economic Review, 1988, 78 (1): 304-306.

② F MOSELEY. The Rate of Profit and the Future of Capitalism [J]. Review of Radical Political Economics, 1997, 29 (4).

③ F MOSELEY. The Rate of Profit and the Future of Capitalism [J]. Review of Radical Political Economics, 1997, 29 (4).

④ A COTTRELL, P COCKSHOTT. Demography and the Falling Rate of Profit [J]. Indian Development Review, 2006, 4: 39-59.

⑤ S BOWLES, D GORDON, E WEISSKOPF. Power and Profits: the Structure of Accumulation and the Profitability of the Postwar U.S. Economy [J]. Review of Radical Political Economics, 1986, 18 (1/2): 132-167.

⑥ FRED MOSELEY. The Rate of Surplus Value, the Organic Composition, and the General Rate of Profit in the U.S. Economy, 1947-1967: A Critique and Update of Wolff's Estimates [J]. American Economic Review, 1988, 78 (1): 298-303.

潤率會出現下降趨勢。① Deepankar 和 Panayiotis（2010）利用美國 1948—2007 年的數據發現，從長期趨勢來看利潤率下降規律可以得到印證。② 不過也有一些學者認為利潤率下降規律是不存在或不確定的。Gyun（2009）利用美國等七個國家的製造業的數據分析得出的結果是這些國家的製造業部門的利潤率是上升的，主要原因之一是高的剝削率，即高的「剩餘價值率」導致的。③ Wolff（1979，1988）研究了美國的利潤率下降問題，發現其利潤率出現了不確定的變化，如 1947—1958 年，美國的利潤率出現了下降，1958—1963 年其利潤率又上升了，1963—1967 年利潤率略微下降，1967—1976 年其利潤率又出現了快速下降。④

### 4.1.5 資本累積的金融化趨勢

在金融壟斷資本主義時代，資本家的資本累積不僅通過產業資本和商業資本來實現，而且越來越借助金融資本來實現。尤其是全球金融市場的形成，使得資本獲得了全球性投資和投機的舞臺。世界正在被金融化的浪潮淹沒。從宏觀和微觀層面來看，金融化的內涵是不一樣的。從宏觀層面來看，金融化是指金融部門利潤的獲取、地位的上升和業務範圍的擴張對宏觀經濟的影響。從以下幾位學者的論述中，我們可以感知宏觀層面的金融化的含義。金融化可以定義為利潤通過金融渠道而不是產品生產和貿易渠道進行累積的模式。⑤ 以前，資本家通過產品生產和貿易佔領國內市場和國際市場，進而獲得超額壟斷利潤，而這種累積模式逐漸被新的模式取代。在全球化和信息化時代，資本主義國家的大企業，尤其是金融企業通過全球化的金融市場控制國內和國外其他企業的所有權進而獲得利潤收入，同時也通過在全球性金融市場上的投資組合而獲得資本性收益。愛博斯坦將金融化定義為金融創新、金融市場、金融部門和

---

① P COCKSHOTT, A COTTRELL, G MICHAELSON. Testing Marx: Some New Result from UK Data [J]. Capital & Class, 1995, 55.

② B DEEPANKAR, T PANAYIOTIS. Is There a Tendency for the Rate of Profit to Fall? Econometric Evidence for the US Economy, 1948—2007 [R]. Working Paper, 2010.

③ G GYUN. The Dynamics of Manufacturing Profit Rates in Seven Industrialized Countries [R]. Working Paper, 2009.

④ E WOLFF. The Rate of Surplus Value, the Organic Composition, and the General Rate of Profit in the U. S. Economy, 1947—1967: Reply [J]. American Economic Review, 1988, 78 (1): 304-306.

⑤ GRETA R KRIPPNER. The Financialization of the American Economy [J]. Socio-Economic Review, 2005, 3 (2): 173-208.

金融機構在國內和國際經濟中發揮越來越重要的作用。① 在新經濟時代，金融業內的部門分類不斷擴張，金融業中從業者的規模越來越龐大，金融業務範圍深入到了社會和經濟生活的各個方面，金融產品創新的種類也在信息技術時代越來越龐雜，金融部門獲得的利潤占全社會總利潤的比重越來越大。

總之，金融業對現代社會發揮了越來越重要的作用。菲利浦斯認為金融化就是收入和債務證券化，股票和證券市場逐漸取代傳統的商品市場成為新商業時代的核心。正如他所言：「1970—2000年的30年中，證券業取代銀行業成為美國最重要的金融部門，極大地提升了金融業在美國經濟中的地位，這種地位與19世紀末製造業在美國經濟中的地位極為相似。」②

從微觀層面來看，金融化主要是指股東價值最大化和公司治理結構改變對現代非金融性公司的影響。弗勞德等認為以股東價值為導向的公司治理結構是金融化過程的重要組成部分。③ 在現代公司治理結構中，對於依靠買賣財務指標來生存的金融諮詢顧問而言，股東價值僅僅是其追求有回報和有目的的管理活動的一種產品和承諾，而大多數公司管理層並不能兌現對金融諮詢顧問的承諾和滿足金融市場的要求。如果期望收益和實際產出結果之間存在持久性的差異，那麼管理層會採取一些短期和短視的行為，如財務作弊、減少計劃性投資以及投資市場上的金融資產以期獲得短期收益。管理者的這些行為最終會破壞公司的長遠發展。股東價值最大化原則可能會給公司和經濟的可持續發展帶來負面影響。④ 因為在股東價值最大化原則下，公司注重給股東創造價值，而不願意投資未來的產品研發和市場開拓等，逐漸會喪失公司持續增長的動力。自20世紀70年代中期資本和勞動之間越來越大的收入差距，以及90年代末期就業形勢好轉後這種差距的縮小，這些轉變都與公司治理結構的變化有關。⑤ 在兼併和收購浪潮中，資本市場中，越來越多的公司所有權被機構投資者掌握。機構投資者手中的金融資產越來越集中的同時，工會化率卻在下降。機構投資

---

① GERALD A EPSTEIN. Financialization and the World Economy [M]. Cheltenham: Edward Elgar Publishing, 2006.

② 轉引自：徐丹丹, 王芮. 產業資本金融化理論的國外研究述評 [J]. 國外理論動態, 2011 (4).

③ FROUD J, HASLAM C, JOHAL S, et al. Shareholder Value and Financialization: Consultancy Promises, Management Moves [J]. Economy and Society, 2000, 29 (1): 80-110.

④ LAZONICK W, O'SULLIVAN M. Maximizing Shareholder Value: a New Ideology for Corporate Governance [J]. Economy and Society, 2000, 29 (1): 13-35.

⑤ BIVENS J, WELLER C. Institutional Shareholder Concentration, Corporate Governance Changes and Diverging Fortunes of Capital and Labor [Z]. Mimeo, 2004.

者有動力，也有能力將公司資源傾斜於資本，如再分配股票回購收益和派息額，而不是增加生產性投資和給勞動力支付較好的工資。這種傾斜與金融資本的分配方式嚴重剝奪了生產性資本和勞動者的收益。

金融化是資本主義社會進入金融壟斷資本主義階段的典型表現。其具體表現在以下三個方面：

金融資本越來越多地佔有世界核心體系和邊緣體系中生產部門創造的利潤。以美國為例，2004 年金融部門創造的利潤是 3,000 億美元，非金融部門創造的利潤是 5,240 億美元，金融部門利潤占總利潤的 40% 左右，而這一比例在 40 年前僅僅為 2%。① 目前，金融部門利潤占總利潤的比重仍然具有不斷增加的趨勢。在 2008 年金融危機中，美國暴露出來的產業「空心化」問題就是製造業萎縮，金融等服務行業不斷擴大，削弱了社會經濟基礎，最終形成了高失業率，增加了經濟波動。不過美國政府提出的「再工業化」戰略，一方面體現了製造業穩定經濟增長的重要性，另一方面也體現了美國開始調整金融等第三產業過高的產業結構比例。

政府、私人和企業債務增加，財務杠杠率被不斷擴大。在簡單的資本主義累積體系中，政府主要依靠稅收來累積財政資金，企業主要依靠累積基金擴大再生產，家庭主要通過獲得財產性和工資性收入來支持消費。在複雜的資本主義累積和金融壟斷資本主義並存的時代，發達資本主義國家可以通過國內和國際債券市場發行債務獲得資金以彌補財政赤字；企業則可以通過銀行信貸獲得債務性融資，並通過國內和國際資本市場獲得股權性融資；家庭則可以通過銀行獲得消費信貸。無論在經濟擴張階段還是收縮階段，政府、企業和家庭都可能增加對銀行和資本市場的依賴性，其債務規模不斷攀升。約翰·B. 福斯特等指出美國家庭和企業債務占 GDP 的比重從 1970 年的 110% 上升到了 2007 年的 293%。②

在過去幾十年，非金融企業進行的金融資產投資在不斷增加，同時其物質資本品的累積卻在下降。非金融企業內部，無論是資產規模還是利潤來源，金融資本都逐漸取代產業資本成為主要力量。有研究表明，20 世紀 60 年代，美國非金融公司中，金融資本資產與產業資本資產的比例是 40%，而 2001 年已

---

① 威廉·K. 塔布. 當代世界資本主義體系面臨四大危機 [J]. 國外理論動態，2009 (6).
② 約翰·B. 福斯特，羅伯特·麥克切斯尼. 壟斷金融資本、累積悖論與新自由主義本質 [J]. 國外理論動態，2010 (1).

經上升到了90%左右。① 從公司資產組合收益與現金流的比例來看，1950—2001年美國非金融類公司從金融相關領域獲得的收入的份額在不斷增多。②

金融化的過程實質是金融資本脫離產業資本而逐漸獨立化的過程。金融壟斷資本主義階段，金融資本的累積模式正從「金融資本—產業資本—金融資本」的雙循環逐漸過渡到「金融資本—金融資本」的單循環。金融資本借助於國內和國際上的資本市場，正逐步脫離產業資本的支持，形成獨立的循環體系。「金融資本—產業資本—金融資本」的雙循環中，金融化的作用機制主要表現在以下四個方面：第一，非金融企業過度依賴金融部門，讓渡產業利潤給金融資本。金融化的過程就是將收入從實體部門轉向金融部門的過程。第二，金融企業通過資本市場控制非金融企業所有權，獲取資本性收益。現代金融業成熟的標誌之一是資本市場規模越來越大。在資本市場，尤其是股權交易市場，金融企業通過收購具有發展潛力的非金融企業的股票，參股或者是控股非金融企業，來獲得資本性收益。第三，非金融企業利用內部金融資產控制其他的企業和資產，獲得資本性收益。在金融化的時代，不僅金融企業通過資本市場等控制非金融企業的所有權，而且大型非金融企業逐漸建立自己的金融公司以增加金融資產，或投資和控股其他企業的所有權。以通用電氣為例，2002年通用金融公司對整個通用集團的淨利潤貢獻率為40%，到達36億美元。③第四，現代公司的治理結構實際上是助推金融化的一種制度設計。股東價值最大化理念和企業控制權市場上的制度設計，使得非金融企業高層管理者的薪酬激勵和外部股權投資者的利益一致，這會激勵高層管理有動力給股東和自己分紅。同時為了實現高的股東回報率，現代公司的治理制度又會逼迫高層管理人員投資於金融領域去獲得短期收益回報股東。

另外，「金融資本—金融資本」的單循環金融化趨勢越來越明顯。①金融資本在國內資本市場和金融市場的循環。隨著國內資本市場和其他金融市場的完善以及金融技術的創新，金融企業通過創造各類金融產品在金融市場上交易，獲得資本性收益，而不需要直接參與產業資本的生產過程。一個國家的金融市場的規模越大，金融資本獨立循環的空間就越大。②金融資本在國際資本市場和金融市場的循環。全球資本市場和金融市場的形成，為金融資本的跨國

---

① GERARD DUMENIL, DOMINIQUE LEVY. Capital Resurgent [M]. Cambridge：Harvard University Press, 2004.

② GRETA R KRIPPNER. The Financialization of the American Economy [J]. Socio-Economic Review, 2005, 3（2）：173-208.

③ 張宇, 蔡萬煥. 金融壟斷資本及其在新階段的特點 [J]. 中國人民大學學報, 2009（4）.

循環提供了國際舞臺。大型的國際金融企業，可以在全球金融市場上買入和賣出各類金融產品來分散投資風險，獲得利潤。有學者指出，從國外獲取利潤正成為一些大型金融企業利潤增加的主要策略。[1] 壟斷金融時代，一些大的跨國金融集團，不需要直接參與具體的生產性投資，只需要利用巨額的資本在各國金融市場上進行金融套利行為就可以獲得巨額的收益。國際金融發展的趨勢是，機構投資者和套利者正逐步取代傳統的跨國實業性投資，成為國際投資和國際金融的主角。確實，全球金融市場的形成以及各個國家金融市場的差異性為跨國金融資本的套利行為提供了客觀的條件。借助於現代金融工具和信息技術，大的跨國金融企業已經逐步脫離實體經濟，通過在不同金融市場上套利就可以獲得超額的收益。他們正逐步獨立為新的食利者階層。

## 4.2 累積的制度體系

### 4.2.1 累積的國內制度體系

資本主義的累積不僅需要依靠擴大再生產獲得「剩餘價值」來進行，需要依靠資本的集中和壟斷來獲取超額剩餘價值來實現，它還需要累積的國內和國際制度體系。資本主義累積的國內制度體系可以概括為四個方面：工廠雇傭制度、私有產權制度、貨幣信用制度、物質主義和消費主義價值理念。

資本主義制度是以工廠雇傭制度為特點的生產方式。在工廠雇傭制中，佔有生產資料的資本家通過支付貨幣工資來購買工人的勞動力，獲得工人創造的剩餘價值。工廠雇傭制僅僅是資本主義生產制度的元制度，即最基本的制度而已。這一元制度的表現形式，即資本主義累積的生產形式卻在不斷地變化。

資本主義累積的生產形式，在資本主義發展的早期階段是以作坊等為特徵的簡單雇傭制。在作坊式的雇傭制中，一個資本家或者是一個家庭作坊雇傭幾個或十幾個工人進行生產。隨著生產規模的逐漸擴大，生產作坊發展成為資本主義企業，越來越多的工人被雇傭。如何管理這些工人，並提高組織和生產效率呢？泰勒制成為一種流行的安排工廠生產的方式。泰勒制的目的是用科學的管理體系來消滅工人「磨洋工」的現象，形成井然有序的生產秩序，提高單位勞動的產量或勞動生產率。泰勒制的主要內容包括「定額工資制」「挑選最

---

[1] GRETA R KRIPPNER. The Financialization of the American Economy [J]. Socio-Economic Review, 2005, 3 (2): 173-208.

好的工人」「採用標準化生產和管理」「通過計件工資來激勵工人的生產積極性」「要求雇主和工人的協作」「計劃與執行職能並重」「加強職能工長的作用」「例外原則在管理過程中的應用」等。可見，泰勒制推崇「管理科學化」「生產標準化」。泰勒制的採用，極大地提高了資本主義企業的勞動生產率，為資本主義創造了豐富的產品剩余。不過，泰勒制把工人當作生產流水線上的一個「裝置」。工人不僅需要忍受枯燥的和單調的工作內容，而且要接受資本家的重重剝削，使得工人越來越走向資本家的對立面。因此，泰勒被工人稱為「野獸般殘忍的人」。

随著工人破壞機器設備和罷工等的出現，以及泰勒制與社會化大生產的不適應，泰勒制的局限性逐漸顯現出來。隨後，適應社會化大生產的新的生產體系——福特制出現，並廣泛採用。福特制堅持了泰勒制的「科學管理」和「標準化生產」的精髓，同時又強調專業化和分工，並且將大規模生產和大規模消費結合起來，形成了資本主義累積的新體制。簡單來說，福特制的特徵可以歸納為以下四個方面[1]：首先，福特制強調在自動化和專業化生產的基礎上進行大規模生產，以此來提高勞動生產效率。其次，福特制強調良好的勞資合作關係，通過工會談判形成工人的工資，同時保持工人工資的增長率與勞動生產的增長率一致。這樣做的實質是將大規模生產和大眾消費結合起來，以此來形成資本主義生產和消費的合適比例關係，解決資本主義的「產品剩余」問題。再次，實行國家干預主義政策，國家通過財政和稅收政策參與社會總需求和總供給的管理，規制資本主義的過度競爭，形成以社會保障和養老為核心的社會福利制度。最后，在國際上形成以布雷頓森林體系為主題的穩定的國際貨幣體系，以及以「關貿總協定」為核心的世界貿易體系，這都為資本主義的累積提供了穩定的國家環境。

福特制助推了資本主義的發展，但是在20世紀70年代發生的「滯漲危機」，使得福特制的生產形式遭到了挑戰。為了應對危機和適應新的生產條件，資本主義國家對制度系統進行了調整，隨後進入了后福特主義時代。后福特主義時代主要以小批量生產和及時生產為主，強調生產的靈活性和及時性；以中小企業為創新的主體，形成了以信息技術為標志的技術革命；工會的力量被逐漸削弱，市場在形成工人工資的過程中發揮越來越重要的作用，工人的工資被逐漸壓低，消費和生產的比例逐漸失調；政府的自由經濟政策使得企業之間的競爭越來越激烈，受到自身財務能力的限制，政府逐漸削弱了教育、醫療

---

[1] 胡海峰. 對法國調節學派及其理論的分析 [J]. 教學與研究，2005 (3)：79-84

和社會保障等方面的公共支出；布雷頓森林體系的崩潰使得美元本位制瓦解，新的多元化的貨幣制度和自由兌換的匯率制度形成，越來越多的金融危機發生了，越來越多的不穩定因素衝擊著經濟增長率。①

　　私有產權制度是資本主義生產方式的制度基礎。私有產權制度保障了資本家可以通過生產資料的私人佔有關係來雇傭勞動工人和剝削工人創造的「剩餘價值」。由於財產佔有的不平等，資本家和工人之間出現了人與人之間的不平等，這種不平等主要表現為資本家對工人的剝削。資本主義的私有制主要是維護資產階級的統治，是為資本家服務的。這種私有制不僅通過憲法等法律體系予以確認和保護，而且「私有產權神聖不可侵犯」的信條已經深入資本主義社會每個人的頭腦裡。資本主義的制度體系和信仰價值體系無時無刻不在維護私有產權制度。私有產權制度在保障資本家可以通過生產資料的私人佔有來剝削無產階級的同時，也激勵了資本家投資更多的生產資料，來生產更多的剩餘價值，以此獲得巨額的財富。因為私有產權是「神聖不可侵犯的」，是受到憲法等法律體系和價值體系保護的，這使得擁有私人財富的安全性提高了。這激勵人們出於累積巨額財富的目的而不斷擴大再生產，不斷獲取剩餘價值。

　　支持資本主義累積的第三個制度體系是貨幣信用制度。現代意義上的貨幣，主要指紙幣和信用貨幣。資本主義社會的發展已經超越了「以貨易貨」的簡單商品經濟階段，進入了以貨幣為仲介進行交換的複雜商品經濟階段。貨幣的出現，尤其是貴金屬貨幣參與商品的交換和流通，大大節約了交換和流通的成本。紙幣的出現更是降低了保存和持有貨幣的成本，也便利了流通，降低了交易費用。隨著信息技術的發展，在企業之間以及企業和銀行之間的往來計算中紙幣逐步被信用貨幣，如支票、匯票、本票以及電子貨幣等代替。信用貨幣和電子貨幣的出現極大節約了交易的成本，為加速資本主義的商品流通、節約流通時間提供了支持。

　　銀行、證券、股票、基金等金融機構在資本主義社會中的地位越來越重要。除了貨幣制度以外，完善的金融信用體系對資本主義的累積提供了很多支持。

　　（1）提高了資金的可獲得性，降低了企業的融資成本。債權和資本市場的發展，可以為需要資金的企業提供債券融資和股權融資，為企業規模的擴張提供資金支持。同時，在競爭性的金融市場，企業可以獲得低成本的資金，降

---

① 胡海峰. 福特主義、后福特主義與資本主義累積方式——對法國調節學派關於資本主義生產方式研究的解讀 [J]. 馬克思主義研究，2005（2）：63-69.

低融資成本。津加萊斯認為一個國家的金融發展與其人均收入的增長率之間具有正相關的關係，因為金融業的發展降低了公司外部融資的成本。[1] 金融仲介能夠促進經濟增長，是因為其能夠給資本帶來高的回報，同時可以實現低成本的融資結構。[2]

（2）提高經濟效益。金融仲介主要通過提高經濟效益來促進經濟增長。[3] 現代金融市場的形成、發展和完善，提高了資金的配置效率。同時，企業可以通過銀行和資本市場較快地獲得融資，提高融資效率。企業在獲得外部融資後，在還本付息的壓力下，以及現代公司治理結構下，會不斷提高經營效率和業績，客觀上可以促進經濟產出的增加。

（3）分散經營風險。宏觀經濟的波動性和不穩定性會給企業利潤帶來負面影響，而企業選擇投資金融資產則可以降低這種負效應。[4] 在風險社會中，企業為了面對未來的不確定性，投資一定的金融資產，可以降低未來的經營風險。

（4）其他效應。有學者也指出通過風險管理功能、信息揭示功能、公司治理功能、動員儲蓄功能、便利交換功能等，現代金融可以促進經濟增長。[5] 不過，隨著金融化和自由化的出現，資本主義社會中，越來越多的財富被金融機構創造，越來越多的實體經濟創造的財富為金融機構所佔有。過度的金融化正在逐步削弱資本家對實體經濟的投資，也正在威脅就業和經濟增長的穩定性。

物質主義和消費主義的文化滲透了資本主義價值體系的方方面面。物質主義和消費主義的文化使得資本主義社會的個人以滿足物質需求為生活的主要價值追求，同時崇尚消費帶來的享受和快樂。為什麼物質主義和消費主義的文化在資本主義社會如此流行？這是資本主義的生產方式決定的。在資本家私人佔有生產資料並以獲得剩餘價值和累積財富為特徵的社會中，生產的最終目的是消費，累積的最終目的也是消費和享樂。資本家將獲得的剩餘價值除了投資於

---

[1] R G RAJAN, L ZINGALES. Financial Dependence and Growth [J]. American Economic Review, 1998, 88 (3): 559-586.

[2] JEREMY GREENWOOD, BOYAN JOVANOVIC. Financial Development, Growth, and the Distribution of Income [J]. The Journal of Political Economy, 1990, 98 (5): 1076-1107.

[3] GREGORIO JOSE, E GUIDOTTI. Financial Development and Economic Growth [J]. World Development, 1995, 23 (3): 433-448.

[4] FIRAT, DEMIR. Financialization and Manufacturing Firm Profit Ability Under Uncertainty and Macroeconomic Volatility: Evidence from an Emerging Market [J]. Review of Development Economics, 2009, 13 (4): 592-609.

[5] 周立. 金融發展促進經濟增長的理論綜述 [J]. 經濟學動態, 2003 (9).

擴大再生產外，還要盡情地消費和享受，如購買奢侈品、私人飛機、遊艇等。在資本家自己崇尚物質主義和享樂主義的同時，也在塑造全社會的價值觀，要求全社會的所有人都加入追求物質主義的過程中來。「消費，消費」，是資本家向全社會的吶喊。因為，只有全社會形成大規模的消費，才能解決資本家的「商品剩餘」問題。全社會消費得越多，「商品剩餘」的量會越少，資本家實現「剩餘價值」的量越大。所以，資本主義的累積，必然要求全社會不斷地消費，物質主義和消費主義文化則是助推社會消費的「軟性制度」。

### 4.2.2 累積的世界體系

資本主義發展的初期，其資本的來源除一部分是依靠工廠雇傭制來剝削工人取得外，相當一部分的資本還是依靠圈地運動等掠奪農民獲得的。① 除了依靠工廠雇傭制和圈地運動來獲得累積資本外，早期資本主義的殖民貿易和對外的殖民統治也是其進行資本累積的主要途徑。當資本主義制度直接或間接地控制了整個國家的生產方式時，整個國家就已經是資本主義制度了。他們為了獲得更多的資本和財富，開始了海外殖民掠奪。不過，與本國的情況不同，殖民地的居民有自己的生產方式，他們依靠自己的方式來養活自己，並使得自己富裕起來。這種以自我勞動為主的生產方式是與資本主義的雇傭勞動生產方式相互衝突的。在有宗主國做后盾的背景下，資本家就開始使用武力和暴力來消除這些以自我勞動為基礎的生產和佔有方式。② 資本家迫使殖民地的農民等出讓土地，離開其土地，被動地流入雇傭勞動大軍的行列，有些甚至被奪去了生命。

在資本主義發展的初期，除了赤裸裸的殖民統治外，資本家還通過貿易將本國先進的工業產品銷售到其他國家。如西班牙、荷蘭、葡萄牙和英國等老牌的資本主義國家相繼利用堅船利炮打開美洲、東印度（今印度尼西亞）、非洲和亞洲等地，建立了殖民地，搜刮殖民地的財富，同時把本國大量的工業製品銷售給殖民地的民眾，獲得巨額的財富。

---

① 十四、十五世紀，新興的工業資本家正逐步戰勝落后的封建貴族和地主階級，形成新時代的領導者。要發展資本主義工業，他們需要土地、資本，也需要勞動力。為了解決這些難題，以掠奪農民和小地主的私有土地，以及搶佔公有土地的圈地運動開始了。雖然當時的封建國王頒布了不少法律來禁止對租地農民和小農土地的剝奪，但是這些法律如同虛設，仍然沒有阻擋其土地被剝奪的命運，他們的勞動資料被迫淪為資本家的生產資料，自身也被迫淪為依靠出賣勞動力為生的工人——馬克思，恩格斯. 馬克思恩格斯全集：第23卷［M］. 北京：人民出版社，1975：787-788.

② 馬克思，恩格斯. 馬克思恩格斯全集：第23卷［M］. 北京：人民出版社，1975：834.

资本主义的发展进入帝国主义阶段后，帝国主义阶段的世界经济具有显著的特点：主要发达资本主义国家在世界商品（主要是工业品）市场上佔有了主要地位；壟斷资本是资本统治世界的主要形式；壟斷资本的输出是世界经济的一个主要特征；世界市场上的壟斷竞争加剧，出现了既竞争又合作的局面；主要帝国主义列强瓜分和分割世界上弱小或不发达的国家和地区。[①] 帝国主义时代，资本利益之间的衝突，越来越转化为帝国主义国家之间以及帝国主义与民族国家之间的衝突。因为，代表不同资本利益的国家通过对外政策来帮助其代理人寻求利益空间，而当这些不同利益主体的利益空间相互重合时就会出现衝突和对抗。帝国主义阶段，利益衝突的最突出形式就是军事衝突和武力干预，这种形式也被称为军国主义。

军国主义具有很深远的经济后果：它为军火制造商创造了利润空间；军费支出虽然扩张了军火性消费，但是却挤压了大众的普通消费；军费支出和对外战争的扩张也给资本家尤其是军火商提供了有利的发财和投资的机会。[②] 在帝国主义阶段，主要发达资本主义国家不仅想要佔领不发达和非工业化的国家和地区，而且想要侵佔其他资本主义国家和地区的市场。为什么？因为为了资本和财富的累积，他们需要寻找新的原材料市场和新的产品市场，一切可以被资本和商品「佔领」的国家和地区他们都会通过军事的或者是商业的行为去佔领。

第一、二次世界大战是帝国主义（或军国主义）之间的矛盾达到极致的表现。尤其是第二次世界大战的规模是空前的，战争的结果也是非常具有破坏性的。第二次世界大战以后，主要资本主义国家开始战后重建，发展经济成为其主要目标。世界范围内的民主和民族独立运动使得越来越多的不发达国家摆脱了殖民地和半殖民地而成为独立的国家，发展也成为主要的目的。

第二次世界大战后，「发展，发展」成为响彻世界的声音。但是，这种发展是非均衡的发展。发达资本主义国家通过国际贸易佔领发展中国家的产品市场，通过国际投资控制发展中国家的资源和主要行业，通过技术壟斷封锁发展中国家的技术进步进程。在发达国家与不发达国家之间的贸易过程中，存在著不平等的交换关系。发达国家向发展中国家高价销售工业制成品和技术，而发展中国家仅以低价的原材料或初级产品与其进行交换。这种交换关系有利于发达国家的资本家进行累积，因为以低价进口发展中国家的原材料，然后以制成

---

① 保罗·斯威齐. 资本主义发展论 [M]. 北京：商务印书馆，1997：332.
② 保罗·斯威齐. 资本主义发展论 [M]. 北京：商务印书馆，1997：334-335.

品的形式高價再賣給他們，可以獲得巨額的中間差價，這就是超額的利潤。

發達國家的資本家還通過直接的資本輸出來獲得更高的利潤。當本國的投資機會減少，資本利潤率降低後，發達國家的資本家會將「剩余資本」轉移或投資到其他國家，尤其是一些不發達國家。使用不發達國家廉價的原材料和勞動力，降低了生產成本，同時可以直接將生產的產品在這些國家的市場上進行銷售，規避了關稅，可以獲得更高的利潤。除了依靠國際貿易和資本輸出等獲得累積的機會外，資本家尤其是發達國家的資本家還通過國際金融市場的投資來獲得利潤。國際化的股票、證券、基金、保險等金融市場，為持有「剩余資本」的資本家提供了投資獲利的機會。他們只需要將自己「剩余的資本」投資於國際金融市場，就可以獲得可觀的收入。一些金融大鱷如索羅斯等，為了獲得投機暴利還組織金融力量來襲擊一國或地區的貨幣，通過搞亂一國的金融秩序來獲得投機暴利。這種最無恥的掠奪行為越來越成為一種累積的手段。國際金融資本不僅通過在國際金融市場上的循環獲得利潤，還通過控制一國有利可圖的企業的股權或者是參與大型跨國企業的兼併等獲得壟斷性利潤。

## 4.3　本章小結

資本家進行擴大再生產是為了獲得更多的「剩余價值」。而要獲得更多的「剩余價值」，資本家就必須進一步擴大再生產。為了擴大再生產，資本家不僅需要依靠「剩余價值」的累積，而且需要通過借貸或股份制等形式實現資本的集中。現在的信用形式和金融市場的形成已經為資本的集中提供了便利條件。如果資本家投資於一個企業可以獲得超額利潤，那麼就會有更多的資本家在此行業投資，直到這一行業的平均利潤率開始下降，這種投資才會停止。馬克思認為，在資本主義社會，由於「資本有機構成」的提高，在剩余價值率不變的情況下，會出現利潤率下降的趨勢。這個命題后來得到了不同學者的論述——儘管沒有取得一致的意見。但是，利潤率下降趨勢理論是研究資本主義累積問題和結構變遷不可缺少的理論假設。

隨著資本主義社會的發展，除了資本家和工人階級兩大階級以外，中間階層的規模越來越大，已經成為當代資本主義社會消費的支柱，以及政治民主化進程的主要參與力量。不過，除了中間階層規模的擴大外，當代資本主義累積的另一個顯著特徵就是經濟金融化趨勢的加強。經濟的金融化具體表現為金融壟斷資本在社會生產生活中占據主導地位，且金融部門已經超過實體部門成為

利潤率最高的部門，且利潤總額占 GDP 的比重正逐步超過實體部門的利潤總額占 GDP 的比重。

　　資本主義的累積是依靠國內和國外兩大累積體制來幫助資本家完成資本累積的。在國內，以雇傭制為基礎的剝削制度是資本家累積的主要制度體系。儘管，大規模生產和大規模消費相互匹配的「福特制」一度調整了資本主義的累積模式，使得消費和生產之間的矛盾得到了緩解，但是，在新自由主義時代，以「自由化」「私有化」「市場化」為核心形成的累積體制加劇了消費和生產的矛盾，進一步激化了資本主義的基本矛盾。就累積的世界體系而言，沃勒斯坦提出的「中心—外圍」理論仍然具有生命力。處於核心地位的發達資本主義國家可以通過國際投資、國際貿易、國際金融和國際技術轉讓等途徑控制不發達國家的經濟，進而以不平等的方式從不發達國家獲得超額利潤。這是資本主義累積的世界體系的典型表現。

# 5 資本主義的貨幣和信用

## 5.1 貨幣與貨幣制度

### 5.1.1 貨幣形態的演化與職能

在馬克思的論述中，貨幣是「充當一般等價物的商品」。貨幣是特殊的商品，它在交換中充當一般等價物，來促進商品買和賣的實現。貨幣是在商品的交換過程中發展起來的，為了簡化交換流程和降低交易費用，交換過程中的某一商品或物品逐漸「沉澱」下來作為一個地區或一定範圍內大家公認的「一般等價物」，這就是貨幣的雛形。起初，充當一般等價物的商品或物品主要是貝殼、獸骨等簡單的貨幣形式。隨著生產技術的提高，金屬貨幣，如鐵、銅、銀、金等逐漸取代了簡單的貨幣形式，成為最重要的貨幣形式。貨幣的出現和使用改變了商品的交換形式，以「商品—貨幣—商品」的交換形式取代了以前的物物交換，大大節省了交換的時間和費用，促進了商品流通的進一步發展。無論是貝殼、獸骨等簡單的貨幣形式，還是鐵、銅、銀、金等金屬貨幣形式，它們都是實物貨幣。實物貨幣在交換過程中執行「價值尺度」的職能，即貨幣用來衡量和表現其他商品的「價值量」的大小。實物貨幣還是商品交換和流通過程中執行「流通手段」職能，即貨幣自身充當兩個商品或不同商品交換的「媒介」。

起初，貨幣僅僅是由一個原始部落或一個區域的人們共同「定義」某一物品或商品來充當貨幣，來執行「價值尺度」和「流通手段」的職能。隨著國家的出現，國家開始壟斷鑄幣權，即開始規定一國國內貨幣的形式，以及貨幣的發行量。鑄幣在開始時是足值的貨幣，但是隨著流通中磨損的出現，其變成了不足值的貨幣。但是，這並沒有影響鑄幣執行「價值尺度」和「流通手段」的職能。這樣，鑄幣，尤其是金銀鑄幣的存在與它們內含的價值量開始

分離，「金銀貨幣記號」逐漸替代了足值的金銀來執行「流通手段」的職能。金銀等「鑄幣記號」的金屬含量的多少則可以由具有鑄幣發行權的國家來規定。

紙幣的出現，完全實現了貨幣存在與價值實體之間的分離，僅僅作為一種記號而發揮作用。紙幣，是一種貨幣記號或符號。紙幣一般是由一個國家或國家聯盟壟斷發行的在一國或一定區域內可以流通的貨幣記號。紙幣主要執行「流通手段」的職能。紙幣的出現，極大地降低了人們持有貨幣，以及參與商品買賣和交易的成本。紙幣是以國家信用為依託的信用貨幣。除了紙幣以外，銀行匯票、商業匯票等其他具有信用功能的企業信用票據也是信用貨幣的主要形式，不過這些信用票據是由銀行和商業企業以自身信用做擔保做出的「支付承諾」。這些信用票據主要在工業和商業領域流通。當信用票據的承兌方見到符合信用條件的票據會按照要求無條件進行承兌。除了工商業領域廣泛使用的信用票據以外，由銀行等金融機構向私人開具的活期和定期存單，以及其他形式的單據也是信用票據的形式，且在個人金融領域發揮了越來越重要的作用。在現代社會，信用票據越來越成為大額支付的主要形式。信用票據為什麼能夠在現實生活中廣泛使用？一是這些信用票據是以企業和個人信用為條件開具的，具有支付的功能；二是信用票據是受到法律保護的，當出現信用違約時，受害方可以提出法律訴訟，獲得相應的賠償；三是作為大額的支付票據，方便攜帶和使用，有利於降低交易的成本。

技術進步對貨幣形式的影響越來越重要。尤其是信息技術的發展，產生了電子貨幣。在某些領域，電子貨幣借助於信息網路技術，正逐步取代傳統的紙幣和部分信用票據，成為支付的主要手段。支付電子化，已經成為銀行業努力的方向之一。同時電子商務的發展也為各類企業通過電子貨幣支付來降低交易費用提供了便利。在電子貨幣時代，無論是個人還是企業等組織，以個人在銀行的貨幣信用為基礎，可以通過銀行的電子支付系統或通過專門的電子商務支付平臺等操作支付和結算業務。另外，通過現代的借記卡和信用卡，私人和企業可以在消費的終端機器上進行現場支付，而不再需要攜帶大量的紙幣。「無紙幣化」已經越來越成為人們參與商品買賣和交易的主要趨勢。

從原始社會到現代社會，貨幣形式的發展經歷了簡單的實物貨幣（如貝殼和獸骨等）、金屬貨幣（如金、銀、銅等）、信用貨幣等形式，其中信用貨幣又包括了紙幣、信用票據和電子貨幣等形式。這些貨幣形式是生產力發展的不同階段的產物，肩負著不同的貨幣職能。貨幣，更準確地說應該是貨幣形式執行了哪些貨幣職能呢？「價值尺度」和「流通手段」是貨幣最原始的職能，

也是實物貨幣階段簡單的實物貨幣就具備的兩種職能。貨幣的「價值尺度」用來衡量和計量某一商品對象的價值量的大小；貨幣的「流通手段」則是指貨幣在商品的買和賣的交易過程中充當交易的媒介。貨幣，除了執行「價值尺度」和「流通手段」的基本職能外，還演化出了「支付手段」「貯藏手段」和「世界貨幣」三種職能。「支付手段」是指貨幣可以用來償還債務、支付政府稅收、支付租金和支付工資等。現代的信用貨幣，如紙幣、信用票據和電子貨幣等都是執行「支付手段」職能的主要貨幣形式。金屬貨幣，尤其是金銀貨幣是可以貯藏的，故金銀貨幣可以執行貨幣的「貯藏手段」職能。不過，現代社會中，貨幣的自身存在和價值已經出現了分離，即貨幣形式化后，用來「貯藏」的金銀貨幣越來越少。受到國家法律保護的紙幣和信用票據被逐步賦予了「信用存儲」的功能，個人和企業可以將自身擁有的財富以貨幣或票據的形式存入銀行等金融機構，等待需要使用的時候再提取或直接通過交易平臺進行交易。「世界貨幣」是貨幣作為一般等價物在世界範圍內使用時所發揮的作用。早期的金銀貨幣作為世界貨幣，在世界範圍內發揮價值尺度的作用，是國際支付、國際購買和國際財富轉移的主要貨幣形式。不過，在資本主義時代，一些發達國家的貨幣，主要是紙幣，如英鎊、美元等被用來作為國際支付和購買的手段。現代社會，在國際支付和交易過程中，美元、歐元和英鎊等是主要的國際支付手段。不過，貨幣的區域化形式已經或正在形成，如在歐盟，歐元已逐步取代各個成員國的貨幣成為區域性的貨幣。

### 5.1.2 流通中的貨幣與貨幣的內生性

關於流通中的貨幣運動形式和流通量，馬克思作了詳細的論述。在「商品—貨幣—商品」的交換模式中，商品是交換的起點，經過貨幣這一媒介的連接作用，兩類商品在商品市場上順利實現了交換。這一交換過程中，如果原來的賣者仍然持有剛剛得到的貨幣，那麼貨幣的流通就到此終止了。只有「為買而賣」的交換才能實現貨幣從它原來的持有者手中「掙脫」出來，參與新的交換過程。可見，貨幣的運動形式參與商品的流通過程后，貨幣就會不停地在不同的持有者手中「進入」和「出去」。「貨幣從一個商品所有者手裡轉到另一個商品所有者手裡」[1]，就是一次貨幣流通。商品流通總是不間斷進行的、反覆進行的。在商品的交換和流通過程中，商品從賣者的手中轉移到買者的手中，而貨幣則從買者的手中轉移到賣者的手中。這並沒有結束，貨幣會被

---

[1] 馬克思，恩格斯. 馬克思恩格斯全集：第23卷 [M]. 北京：人民出版社，1972：134.

賣者拿來購買新的商品，進而貨幣又會進入下一個賣者的手中，如此反覆，流通中的貨幣總是不斷地循環著。

在流通領域，貨幣不間斷地參與流通，那麼流通中到底需要多少貨幣呢？在商品買賣的世界中，一頭是商品，一頭是貨幣，正常情況下，貨幣的價值量必須等於商品的價值量，但是在現實世界中，商品的價值和價格之間往往有差異，故用於交換的貨幣的量要等於商品的價格總額。如果商品價格總額隨著商品的價格和數量而波動，那麼流通中貨幣的量也會出現波動。現實中，商品的流通不僅僅是一種或兩種商品在參與交換，而是無數的商品在參與交換。在這龐雜的交換過程中，貨幣的運行是有時滯的，即一些貨幣還在買者的手中，一些貨幣已經處於交割過程中，一些貨幣已經處於賣者的手中。正因為貨幣運行的時滯問題，貨幣在一段時間內參與交換和流通的次數是不一樣的。比如一些貨幣可以在一定時間內反覆參與商品交換過程。此時，可以發現，同一貨幣參與流通的次數越多，在一段時間內流通中需要的貨幣總量就會減少。從以上的分析可以得到流通中貨幣需求量的總公式：流通中的貨幣需求量 $Q_m$ =（商品價格×商品數量）÷同名貨幣參與流通的次數＝商品價格總額÷同名貨幣參與流通的次數。其中，同名貨幣的總流通次數可以表示貨幣的流通速度。這樣，流通中貨幣的需求量就由商品價格、商品數量和貨幣的流通速度共同決定了。

馬克思從貨幣的生產、形式的演化、流通中的貨幣量以及貨幣的資本化等多個方面論述了貨幣問題。馬克思關於貨幣理論的論述，被后來的馬克思主義學者稱為內生的貨幣理論。[①] 馬克思主義的「內生貨幣理論」主要包括三個方面：

（1）貨幣的生產內生於商品經濟。在自然經濟時期，人類的物品交換主要以物物交換為主，而在商品經濟時期，人類的商品生產和商品交換都要借助於貨幣這一媒介來完成，即出現了「商品—貨幣—商品」的交換形式。貨幣，是應商品交換的需要出現的，是商品經濟發展的必然產物。不同形式的商品經濟，由不同形式的貨幣與之對應。在簡單商品經濟階段，貨幣主要以簡單的實物貨幣為主，如貝殼、獸骨等；在相對複雜的商品經濟階段，貨幣主要以金屬貨幣為主，如銅、金、銀等鑄幣；在發達的商品經濟，即高級市場經濟階段，伴隨著科技進步，貨幣則以信用貨幣為主，如紙幣、信用票據和電子貨幣等。可見，貨幣以及貨幣形式都是內生於商品經濟的，不同的商品經濟階段有不同的貨幣形式出現，並發揮重要的作用。商品經濟越發達，貨幣的形式越複雜。

---

① 任力. 西方馬克思主義貨幣理論分析 [J]. 國外社會科學，2011（3）：4-11.

(2) 貨幣制度是內生的。簡單的貨幣形式階段，某一實物成為貨幣主要依賴於這個實物本身的特質，如材質良好、容易獲得等，同時依賴於交易範圍內得到的認同度。只有那些被成員認同的實物才能成為貨幣。國家出現后，鑄幣成為最主要的貨幣形式。國家或國家授權的組織才有權鑄造貨幣，且鑄幣的規格大小、重量、兌換和標記等必須符合國家關於鑄幣的規定。紙幣的出現，使得貨幣的管理成為國家的主要職能之一。國家機構中，逐步分化出了管理貨幣的專門機構，專門負責紙幣的發行、流通和管理等。隨著現代市場經濟的發展，貨幣的形式越來越多樣化，為了更好地管理貨幣，就需要越來越完善的貨幣制度。貨幣形式和流通過程越複雜，貨幣制度的內涵就越龐雜。可見，貨幣制度也是內生於商品經濟發展過程中的，並隨著商品經濟的發展以及貨幣形式的變化而不斷地調整。

(3) 流通中貨幣的數量是內生的。馬克思主義的內生貨幣理論認為，貨幣是商品經濟發展的產物，是伴隨商品的「物—物」交換向「商品—貨幣—商品」的轉化過程中出現的。貨幣是內生於商品生產和商品交換的「社會經濟關係」中的。流通中所需的貨幣量是怎麼決定的呢？現代西方馬克思主義經濟學者借鑑現代貨幣理論，提出了內生的貨幣需求理論，即流通中的貨幣需求量 $M$ 是由商品的平均價格 $p$ 和總產量 $Y$，以及商品交易量 $q$ 三個關鍵性要素決定的，用公式表示為 $M = pY/q$[①]。從公式可以看出，保持其他條件不變，商品的平均價格上升，或總產量上升都會增加流通中的貨幣需求；同樣，保持其他條件不變，每一次商品交易量的增加，商品交易的速度和貨幣週轉的速度會增加，進而流通中需要的貨幣量會相應降低。

### 5.1.3 通貨膨脹與緊縮

馬克思在其論著中沒有提出系統的通貨膨脹理論，但是從其在價格理論的論述中可以發現現代通貨膨脹理論的思想淵源。[②] 首先，在金銀貨幣流通的時代，商品的價格既取決於商品本身的價值，也取決於金銀貨幣的價值。當金銀的價值保持不變，商品的價值量減少，它的價格一般會降低；當商品的價值量

---

[①] POLLIN ROBERT. Marxian and Post Keynesian Developments in the Sphere of Money, Credit and Finance: Building Alternative Perspectives in Monetary Macroeconomics [M] //Mark Glick (eds). Competition, Technology, and Money: Classical and Post Keynesian Perspectives. Cheltenham: Edward Elgar Publisher, 1994.

[②] 徐秋慧. 馬克思通貨膨脹思想解讀 [J]. 河北經貿大學學報（綜合版），2011 (1): 10-13.

保持不變，金銀的價值量減少，完成一次商品交換和流通所需的金銀貨幣的量會增加，商品的價格也會有所上升。其次，在紙幣的發行和流通過程中，如果國家發行的紙幣超過了流通中所需的等價值量的金銀貨幣要求的量，就會出現貨幣貶值。貨幣貶值的結果之一就是物價上漲。再次，生產成本上升導致價格上升。在商品經濟或市場經濟中，商品的價格要受到價值規律的作用，商品的價值是決定商品價格的基礎性力量，但是商品的價格也會受到市場供求矛盾和競爭的影響而圍繞商品價值上下波動。正如馬克思所言：「價值規律支配著價格的運動，生產上所需的勞動時間的減少或增加，會使生產價格減低或提高。」① 可見，商品的價值主要是由生產商品的社會必要勞動時間決定的。商品的成本價格形成之後，剩余價值轉化成利潤，平均利潤率形成以後，商品是按「成本價格」加「平均利潤」之和形成的「生產價格」出售。商品的生產價格，如機器設備和原材料等不變資本的成本上升，或平均利潤提高等都會提高商品的價格。最後，市場需求與價格上升。如果市場上出現供不應求的情況，需求的擴張也會拉高某一商品的價格。如馬克思所言：「需求超過了供給，那麼，在一定的限度內，一個買者就會比另一個買者出更高的價錢，這樣就使這種商品對全體買者來說都昂貴起來，提高到市場價值以上，另一方面，賣者卻會共同努力，力圖按照高昂的市場價格出售。」② 不過，這種由供給和需求矛盾導致的商品價格的上升，不會一直持續。隨著需求被滿足，或新的供給出現，商品的價格會逐漸降下來。除了市場需求外，投資需求也會拉升一些商品的價格。一些投資於基礎行業，或者是投資週期長的項目，會使得這種投資對某種生產資料的價格不斷上升，這就是投資需求導致的商品價格上升。正所謂：「有支付能力的需求將會增加，而這種需求本身不會提供任何供給要素。因此，生活資料和生產資料的價格都會上漲。」③

馬克思在論述流通中貨幣的需求量時提出了貨幣需求量（或貨幣流通量）的一般規律：執行流通手段職能的貨幣量＝商品價格總額÷同名貨幣的流通次數④。其中，商品的價格總額等於商品的價格乘以商品的數量。如果用 $M$ 表示流通中貨幣的需求量，$V$ 表示同名貨幣流通的次數，$P_i$ 表示某種商品的價格水平，$Y_i$ 表示某種商品的量，可以得到貨幣的一個流通公式：$\sum P_i Y_i = MV$。

馬克思在計算商品的價格總額時用小麥、麻布、《聖經》和燒酒為例，計

---

① 馬克思，恩格斯. 馬克思恩格斯全集：第 25 卷 [M]. 北京：人民出版社，1972：200.
② 馬克思，恩格斯. 馬克思恩格斯全集：第 25 卷 [M]. 北京：人民出版社，1972：216.
③ 馬克思，恩格斯. 馬克思恩格斯全集：第 24 卷 [M]. 北京：人民出版社，1972：351.
④ 馬克思，恩格斯. 馬克思恩格斯全集：第 23 卷 [M]. 北京：人民出版社，1972：139.

算出了 1 誇脫小麥（2 磅）、20 碼麻布（2 磅）、1 本《聖經》（2 磅）和 4 加侖燒酒（2 磅）的價格總額是 8 磅。① 此時，可以看出馬克思所講的某種商品的價格 $\bar{P}_i$ 等於這種商品的價值量 $P_i$。如果某種商品的價值量和價格不相等，假設某種商品的價格 $\bar{P}_i$ 與其價值量 $P_i$ 之間存在如下的關係：$\bar{P}_i = \delta P_i$，其中 $\delta$ 為調整系數。這樣，流通中貨幣需求量的公式就變為：$\sum \delta P_i Y_i = MV$，令 $P_i Y_i = \bar{Y}_i$，則有 $\sum \delta \bar{Y}_i = MV$，或者是 $\delta \bar{Y} = MV$，其中 $\bar{Y}$ 為實際 GDP，$\delta$ 為表示價值和價格偏差的調整系數，也可說是一個通貨膨脹因子。$\delta > 1$ 可表示通貨膨脹，$\delta < 1$ 可表示通貨緊縮。由以上的分析可以得出，通貨膨脹水平的變化與 $\bar{Y}$、$M$ 和 $V$ 的變化有關。其他條件不變，流通中的貨幣量增加，通貨膨脹水平會上升；同名貨幣週轉的速度加快，也會導致通貨膨脹水平上升；流通中實際 GDP 的減少也會導致通貨膨脹水平上升。反之，則可能出現通貨緊縮。

繼馬克思之後，當代的西方馬克思主義學者又發展出了新的通貨膨脹理論，如壟斷資本導致的通貨膨脹、分配衝突導致的通貨膨脹以及貨幣超發導致的通貨膨脹。② 巴蘭與斯威齊（Baran & Sweezy）等提出並發展了壟斷資本通貨膨脹理論，認為在壟斷資本主義階段，為了支持基礎設施建設、實施社會保障政策和促進就業與企業創新戰略等，政府需要大量的資金支持來完成上述目標。在稅收無法滿足籌資要求的時候，大規模的財政赤字和政府債務規模的擴大會導致爬行式的通貨膨脹。③ 波迪與克羅蒂（Boddy & Crotty）等提出的衝突型通貨膨脹理論認為資本主義社會資本家和工人的利益分配衝突是通貨膨脹的主要來源，這種通貨膨脹是利益分配需求量、價格和工資變動頻率以及資本利用率等的正函數，是勞動生產率的負函數，且這種利益衝突性通貨膨脹具有一定的慣性。④ 薩德—費洛（Saad Filho）等提出的多余貨幣通貨膨脹理論則認為在資本主義私有制下，資產階級為了解決產出過剩和有效需求不足而實施的一些政策措施會使得流通中的貨幣量和產出價值量之間產生差異，而這種差異可能會導致貨幣多余，產生貨幣貶值，引發通貨膨脹。⑤

---

① 馬克思，恩格斯. 馬克思恩格斯全集：第 23 卷 [M]. 北京：人民出版社，1972：139.
② 任力. 西方馬克思主義貨幣理論分析 [J]. 國外社會科學，2011（3）：4-11.
③ E BARAN, E SWEEZY. Monopoly Capital [M]. London: Penguin, 1966.
④ R BODDY, J CROTTY. Class Conflict and Macro-Policy: The Political Business Cycle [J]. Review of Radical Political Economics, 1975, 7: 1-19.
⑤ SAAD FILHO A. Concrete and Abstract Labour in Marx's Theory of Value [J]. Review of Political Economy, 1997, 4: 457-477.

### 5.1.4　貨幣制度與中央銀行

資本主義的發展經歷了金屬本位制和紙幣等不可兌換的信用貨幣本位制兩種重要的貨幣制度。在金屬本位制中，貴金屬貨幣，如金銀貨幣是其中最主要的貨幣形式。在金銀本位制下，貨幣可以自由兌換，起初是由私人或國家經營的，后來就逐漸被國家壟斷了。鑄造貨幣，逐漸成為國家的職能。紙幣的出現打破了金銀貨幣的壟斷，使得紙幣可以逐漸在流通領域使用，並逐步替代了金銀貨幣而成為現代社會的主要貨幣形式。紙幣，一開始就主要由一些商業銀行或代表國家行使貨幣管理職能的中央銀行等發行的，如1661年瑞典銀行發行的紙幣，以及1694年英國蘇格蘭銀行發行的銀行單，以及后來逐步形成的印刷體銀行單等。而紙幣的便利性使得它在流通領域逐漸「驅逐」了金銀貨幣成為主要的貨幣形式。而發行紙幣，也逐漸由代表國家履行貨幣發行和管理職能的中央銀行來實施了。紙幣，僅僅是一種不可兌換的流通中的貨幣符號。隨著信用形式的創新，商業匯票和銀行匯票等也逐漸成為商業領域最廣泛使用的信用貨幣形式。因為作為記載大額資金的信用記號，它們不僅比紙幣更方便，而且可以通過背書等形式擴張信用。隨著現代信息技術的發展，通過電子銀行和電子商務平臺使用的電子貨幣越來越成為人們喜歡的另一種貨幣形式。

從金屬本位制到不可兌換的信用貨幣本位制，資本主義的貨幣制度是適應資本主義商品經濟尤其是市場經濟的需要而不斷演化的。那麼從馬克思主義經濟學的視角來看，資本主義的貨幣制度有哪些特點呢？狄拉德（Dillard）從比較分析馬克思和凱恩斯經濟學的視角概括了資本主義的貨幣制度[1]：資本主義的貨幣制度是與商品經濟密切聯繫的貨幣制度，是商品經濟發展的必然產物，且在資本主義經濟中越來越占據關鍵地位。資本主義的貨幣制度是與再生產密切聯繫的。資本主義的再生產需要借助貨幣信用的擴張，尤其是股東公司和銀行的興起，為貨幣信用制度發揮作用提供了廣闊的空間。現代貨幣和信用制度，已經成為影響企業生存和發展的決定性因素之一。資本主義的貨幣制度是由國家控制和壟斷的貨幣制度。國家可以控制貨幣的發行量，調整基準利率，進行其他貨幣政策的調整，以干預國民經濟，使經濟和金融處於安全運行的狀態。以私有產權為基礎的資本主義貨幣制度會限制生產方式的進一步發展。因為，當投資回報率低於預期的回報率，且無法償還借貸利息時，就會出現投資

---

[1]　D DILLARD. Keynes and Marx: A Centennial Appraisal [J]. Journal of Post Keynesian Economics, 1984, 6 (3): 421-424.

的停滯，甚至是生產的停滯。如果投資回報率一直低，那麼就會投資不足，投資不足又會導致就業不充分。以信用貨幣制度為基礎的金融創新，雖然可以給資本家增加額外的收益，但是會累積越來越多的系統性風險，一旦某一關鍵性風險因素被觸發，就有可能出現金融危機，進而影響就業和經濟增長率。

　　信用以及信用制度在資本主義的再生產過程中發揮著重要的作用。馬克思從利潤率的平均化、流通費用的節約、再生產過程的加速以及股份公司的形成和發展四個方面來論述資本主義信用。[1] 在資本主義生產的利潤率規律中，利潤率平均化是其主要的趨勢之一。當一個行業的利潤率高於社會平均利潤率時，會有大量的投資投入這一行業。如何實現資本的迅速集中呢？借助信用制度，資本家可以迅速籌集到大規模投資所需的資金，並且投入到利潤率高的行業。新投資的進入會逐漸拉低高利潤行業的利潤，最后該行業的利潤也會向平均利潤率靠攏。在這一過程中，信用和信用制度發揮了關鍵的作用，因為它加速了資本的集中，平抑了利潤率。信用和信用制度的發展有利於節約流通中的費用。作為流通中的工具，各種各樣的信用形式大大節約了流通中所需的貨幣量，也有利於加快商品流通速度，節約商品流通時間。資本家通過利用商業信用和銀行信用，可以及時地籌集所需的資金，同時可以實現「賒銷」等或通過延遲付款等形式獲得生產資料和週轉資金，有利於促進資本主義的擴大再生產。以信用制度為基礎的股份公司，成為資本主義組織生產和銷售的最主要的組織形式，它聯合了分散的個人資本，形成了龐大的股份公司，有利於資本主義的再生產。

　　在馬克思的信用和信用制度理論中，銀行信用是最關鍵的一環。銀行信用是借貸資本家通過集中起來的貨幣資本向產業資本家和商業資本家提供借貸的一種信用形式。銀行資本家一方面需要將社會上閒散的資本集中起來，付給利息，同時將集中起來的貨幣資本貸給需要資金的其他職能資本家或個人，並收取相應的利息。借貸利息的差額就是銀行資本家獲得收入的主要來源。可見，銀行資本家在資本主義社會中發揮著「仲介人」的作用。最初的資本主義銀行，僅僅經營貨幣的借貸業務，后來銀行也逐漸涉足其他信用領域，如證券、股票等。正如馬克思所言，「一旦借貸的職能和信用貿易同貨幣經營業的其他職能結合在一起」，銀行就成為「溝通」貨幣資本家和產業資本家以及商業資本家等職能資本家的信用組織形式。

---

[1] 趙旭. 馬克思關於銀行信用理論與中國現代銀行制度的建立 [J]. 當代經濟研究，2001 (1)：35-38.

銀行的發展，為資本主義提供了較好的信用服務。銀行，主要向借貸人提供存款、信用貸款、抵押貸款、銀行匯款等服務。隨著其銀行信用規模越來越龐大，銀行對整個社會的影響力也越來越大。社會中經常會出現由擠兌等產生的銀行破產和銀行業危機問題。為了干預銀行業對經濟社會的影響，保障良好的經濟秩序，由政府控制的中央銀行登上了歷史的舞臺，發揮最終貸款人和經濟干預的作用。作為國家權力機關的一部分，中央銀行受到國家相關法律的限制。馬克思也提到「蘇格蘭銀行作為一個受到國家保護並賦有國家特權的公共機關，是不可能像私人企業那樣肆無忌憚地利用自己的權力」[①]。隨著銀行業規模和業務形式不斷擴張，中央銀行作為「銀行中的銀行」，在日常經濟生活中的作用也越來越大。它到底會發揮什麼作用呢？中央銀行是商業銀行的最終貸款人，如果某一商業銀行發生了擠兌問題，它可以憑藉在中央銀行的「存款」來取得貸款平抑擠兌。中央銀行是貨幣政策的制定者。中央銀行對基本利率以及匯率予以規定或一定的指導，並規定商業銀行的法定準備金率、再貼現政策等。中央銀行依法行使貨幣尤其是紙幣的發行，對流通中的貨幣存量進行監測，並依據宏觀經濟和貨幣需求規模適時調整貨幣供給量等。中央銀行逐漸成為商業銀行行為和業務的監管者，而其監管的依據就是各類金融監管法案。中央銀行還會為一國政府代發政府債券，參與國際上的金融活動。可見，中央銀行在資本主義發展尤其是金融業的發展中發揮了重要的作用。

### 5.1.5　國際貨幣體系

　　在資本主義發展的過程中，不僅形成了本國的貨幣體系，而且形成了國際性的貨幣體系。在資本主義發展的不同時段，存在不同的國際貨幣體系。大體來說，國際貨幣體系經歷了三次較大的演變，分別是「國際金本位體系」「布雷頓森林體系」「牙買加體系」。

　　金本位體制是在 19 世紀中期和末期形成的。在這一階段，黃金作為主要的貨幣形式，發揮了貨幣的五大職能，成為當時世界上通用的貨幣。在這一階段，最發達的資本主義國家是英國。在 1821 年前後，英國最先採用金本位制。19 世紀 70、80 年代，歐洲的其他資本主義國家以及美洲的美國等國也陸續採用了金本位制。這樣，國際金本位制基本形成了。金本位制的形成是與英國等歐洲主要資本主義國家的強國地位相互聯繫的。通過工業革命強大起來的英國，成為國際資本的主要供給者，而倫敦也成為當時最繁榮的金融城。金本位

---

① 馬克思，恩格斯. 馬克思恩格斯全集：第 25 卷 [M]. 北京：人民出版社，1972：616.

制的特點是，黃金鑄幣成為當時最通用的國際結算貨幣，金幣可以自由鑄造和兌換，且金幣的面值和實際價值是一致的。正因為金幣的價值和面值是一致的，國際匯率保持了穩定。不過，隨著流通中貨幣需求量的增加，金幣並不能完全滿足人們的需求。具有強勢地位的「英鎊」開始逐漸代替金幣執行世界貨幣的職能。由於當時的英國是最強大的資本主義國家，英鎊在國際結算中廣泛使用，同時一些國家央行的儲備貨幣用英鎊替代金幣。所以，一些學者又將第二次世界大戰之前的國際貨幣體系稱為「英鎊本位制」。在「英鎊本位制」時期，金本位制度已經從「金幣本位制」和「金塊本位制」發展到了「金匯兌本位制」。最終由於黃金生產量不能滿足金幣的需求、黃金財富分配和佔有的不均等以及第一次世界大戰等原因，金本位制逐步「奔潰」了。而新的國際貨幣體制又逐漸誕生了。這就是以美國為首的新霸權國家實行的美元金本位制。

在第二次世界大戰后，美國一躍成為全世界最強大的國家，同時也是全世界最大的債權人，其黃金儲備是全世界最多的。美元金本位制就誕生了。美元金本位體制建立的主要標志是布雷頓森林體系的建立。所以，美元金本位體系又稱為布雷頓森林體系。布雷頓森林會議確立了新的國際經濟和貨幣體系，成立了「國際貨幣基金組織」和「國家復興開發銀行」等組織來協調各國的貨幣制度，保障美元金本位制的國際地位；同時簽訂了相關的貨幣協議，來幫助各國加強國際金融監管、國際匯率以及國際貨幣儲備等問題。

布雷頓森林體系在第二次世界大戰后的恢復重建以及保持國際匯率的穩定等方面發揮了重要的作用，但是布雷頓森林體系仍然是以美國經濟霸權和美元強勢地位為核心建立的世界經濟和貨幣體系。美國是這一體系的最大受益人。不過，美元金本位制還是需要美元和黃金之間有相對固定的兌換關係，以保持國際匯率的穩定。但是，隨著德國、日本等資本主義國家經濟的發展，美國的黃金儲備不能滿足國際匯兌的需要，同時越南戰爭等使得美國的經濟陷入困境，其黃金儲備越來越少，不能按照規定的國際匯率來兌換黃金。最終，美國單方面宣布美元對黃金的匯率實行貶值，並停止國外機構和政府以美元兌換黃金的承諾，取消固定匯率制度，實行浮動匯率制度。至此，布雷頓森林體系瓦解了。

布雷頓森林體系崩潰后，新的國家貨幣體系，即牙買加體系形成了，並一直沿用至今。1976 年，國際貨幣基金組織（IMF）通過了《牙買加協議》，確定用浮動匯率制度來替代美元與黃金掛勾的固定匯率制度，並強調國際支付的「多邊主義」原則。牙買加體系的出現標志著美國經濟實力和美元霸權地位逐漸削弱，以及日元、英鎊、歐元等多國貨幣在國際支付中的作用強化。具體來

說，牙買加體系主要包括了以下內容：黃金與各國貨幣，尤其是美元脫鉤，不再實行黃金與主要貨幣之間的固定匯率制；美元、日元、英鎊和歐元等多國貨幣成為國際儲備的主要貨幣；各國開始實行貨幣之間匯率的浮動制，這些浮動匯率一般由匯率市場形成，不過也會受到各國中央銀行的干預；建立了國際貨幣基金組織（IMF）等多種調節機制來保持國際貨幣秩序的穩定。雖然這種多元貨幣體系使得國際貨幣市場的選擇多元化，但是國際貨幣體系是由主要的發達國家把持的。發達國家仍然是這一體系的主要受益者。

總之，資本主義的不同發展階段，形成了不同的國際貨幣金融體系，但是這些體系的主導力量都是在經濟、政治和軍事上最為強大的「頭號」資本主義強國主導的，也是服務於它們自己的。比如，金本位制和英鎊本位制，主要是由工業革命獲得成功，並成為當時最強大國家的英國主導的國際貨幣體系，其主要是為英國及其他主要資本主義國家服務的。第二次世界大戰以後，在經濟和軍事上取得優勢地位的美國，成為資本主義世界新的「霸主」，布雷頓森林體系是美國主導的並為美國利益服務的新的國際貨幣體系。其後的牙買加國際貨幣體系，雖然實現了貨幣的多元化，但是美元仍然占主導地位，且主要的國際貨幣仍然是發達資本主義國家的貨幣。可見，資本主義時代，國際貨幣體系主要是由當時最發達的資本主義國家主導的服務於自身利益的國際體系，而廣大的發展中國家卻處於弱勢地位，受到不平等的對待。

## 5.2　貨幣信用

馬克思認為貨幣是「交換發展的必然結果」[①]。貨幣是人類特殊的勞動價值的體現，是特定生產關係中社會權力的物質載體。貨幣資本化有利於資本主義的累積，也有利於資本家追求更多的剩餘價值。貨幣的形式在不斷發生變化。貨幣信用形式的擴張拓寬了貨幣資本化的渠道，便利了資本家追求更多的剩餘價值。本小節的研究主要以美國為對象，研究「貨幣供給」「利率」和「國際匯率」三個方面的貨幣信用，以此揭示當代資本主義經濟體系中貨幣信用的發展特徵和趨勢。

### 5.2.1　貨幣供給

馬克思主義經濟學中貨幣是內生的。這種內生性取決於交換的商品經濟。

---

[①] 元晉秋. 馬克思的貨幣思想演進探析 [J]. 上海財經大學學報, 2013 (2)：16-22.

商品經濟發展的不同階段，貨幣的形式是不斷發生變化的。流通中的貨幣量也是內生的，與總產量、價格和商品交易量相關。① 如果流通中的貨幣多於實際需要的貨幣量就會產生通貨膨脹，反之則會產生通貨緊縮。當代資本主義國家中，代表國家行使貨幣職能的中央銀行負責貨幣的發行和供給。貨幣供給量不僅受到實際需求量的調節，而且與貨幣供給量相關的貨幣政策已經成為中央銀行對宏觀經濟進行調控的主要手段。

圖 5-1 描述了 1959—2012 年美國三類貨幣層次 $M_0$、$M_1$ 和 $M_2$ 的變化趨勢。② 從 20 世紀 70 年代初期開始，三者都呈現出不斷上升的趨勢，不過 $M_0$ 和 $M_1$ 緩慢上升，而 $M_2$ 則快速上升。90 年代中期，$M_2$ 具有加速上升的趨勢。從月均貨幣存量規模來看，1959 年 $M_0$ 的月均存量為 310.86 億美元，2012 年增加到了 11,130.46 億美元，增加了大約 35 倍；1959 年 $M_1$ 的月均存量為 1,400.38 億美元，2012 年增加到了 23,120.03 億美元，增加了大約 16.5 倍；1959 年 $M_2$ 的月均存量為 2,930.24 億美元，2012 年增加到了 100,140.72 億美元，增加了約 34 倍。③

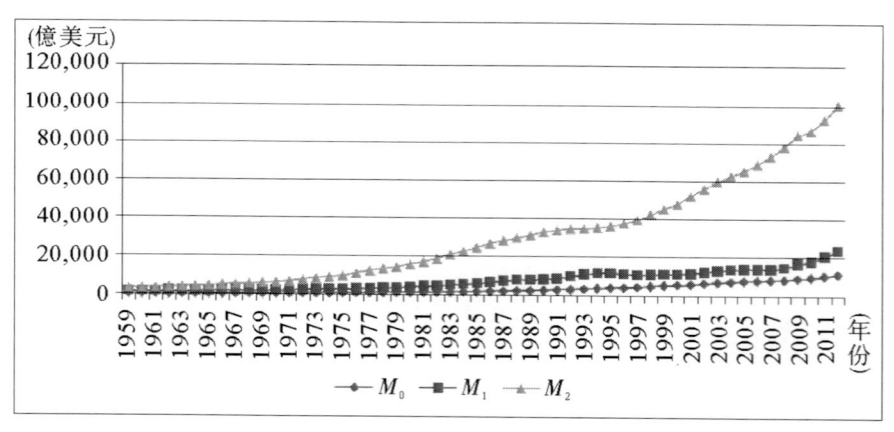

**圖 5-1　1959—2012 年美國各類貨幣的月均存量**

數據來源：Economic Research & Data—Board of Governors of the Federal Reserve System, USA

---

① 保持其他條件不變，總產量上升或商品的平均價格上升會增加流通中的貨幣需求；同樣保持其他條件不變，商品交易量的增加會增加商品交易的速度和貨幣週轉的速度，進而流通中需要的貨幣量會相應降低。

② 美國的貨幣層次中，$M_0$ 是基礎貨幣，主要是指現金等通貨；$M_1$ 主要指「通貨+活期存款+其他支票存款」；$M_2$ 主要指「$M_1$+小額定期存款+儲蓄存款+貨幣市場存款帳戶+貨幣市場基金份額（非機構所有）+隔日回購協議+隔日歐洲美元+合併調整」。

③ 月平均貨幣存量是將 12 個月的月度貨幣存量平均后得到的。

$M_0$ 和 $M_2$ 的月均存量是增長最快的。如圖 5-2 所示，1960—2012 年，三類貨幣的月均存量增長率都是波動的，有些年份高些，有些年份低些。53 年間，$M_0$ 的月均存量增長率為 6.96%，$M_1$ 的月均存量增長率為 5.51%，$M_2$ 的月均存量增長率為 6.92%。三者的增長率並沒有顯示出完全的一致性來，有些年份是基本吻合的，一些年份則是相反的。這說明為了滿足真實貨幣需求和調控經濟增長，美聯儲利用了差異化的貨幣調控政策。

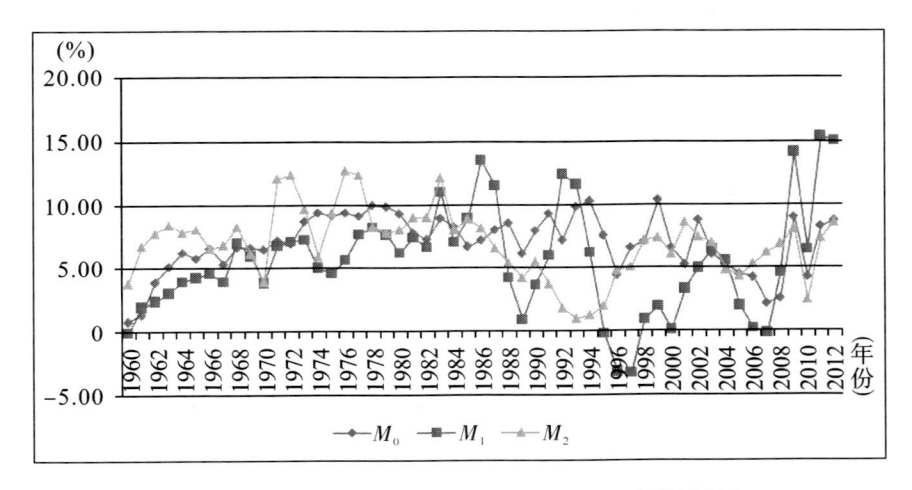

圖 5-2　1960—2012 年美國各類貨幣的月均存量增長率

數據來源：Economic Research & Data—Board of Governors of the Federal Reserve System, USA

從一個國家和地區貨幣供給量占 GDP（國民生產總值）的比例可以更加清晰地看出貨幣供給量的變化趨勢。如圖 5-3，1960—2012 年，美國 $M_2$ 占 GDP 的比例保持在 60% 以上，均值為 70.92%，且呈現了一個緩慢上升的趨勢；準流動性負債與 GDP 的比例均值為 50.18%，也呈現了一個緩慢上升的趨勢。從這兩項可以看出，與 GDP 相比，美國的貨幣供應量在不斷地上升。貨幣供給的增加部分源於真實需求增加而產生的增加，部分源於美聯儲使用增加貨幣供給刺激經濟增長的結果。

總體來說，1960—2012 年美國的貨幣供給量呈現了大幅度增加趨勢。尤其是 20 世紀 90 年代以後，貨幣供給量增加的規模較大，增速較快。這是與美國對內和對外的貨幣政策分不開的。對內，美國通過增加貨幣供給來刺激經濟。對外，美國利用國際美元的霸主地位，通過增加貨幣供給實行對外貨幣貶值攫取他國財富。如 2008 年金融危機後，美國先後實施了四輪量化寬鬆貨幣

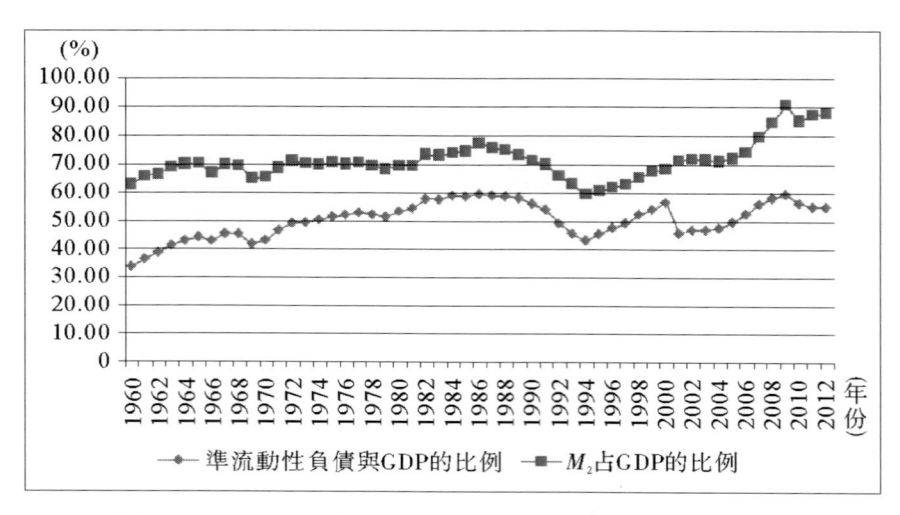

圖 5-3　1960—2012 年美聯儲準流動性負債和 $M_2$ 與 GDP 的比例

數據來源：世界銀行數據庫

政策來穩定金融市場、刺激經濟增長和降低失業率。① 這樣的貨幣政策有利於美國恢復經濟增長，但是卻使得其他國家購買的美元資產（尤其是國債）大幅度縮水。

### 5.2.2　利率

利率（主要是基準利率）是由中央銀行控制，並對經濟進行宏觀調控的重要貨幣工具之一。利用利率的經濟杠杠作用可以收縮和擴張社會信用，進而達到調控經濟的目的。當經濟過熱和通貨膨脹預期增加時，需要提高利率，緊縮信貸規模，反之則降低利率，擴展信貸規模。利率的變動會影響投資、消費和資產價格進而會影響經濟增長率。

圖 5-4 描述了 1960—2012 年美國實際利率、貸款利率和貸款的風險溢價的變化趨勢。除個別年份外，實際利率與貸款利率具有相似的變化趨勢，不過貸款利率要遠高於實際利率，貸款的風險溢價從 1983 年起開始緩慢上升。實際利率的均值為 3.92%，貸款利率的均值為 7.58%，高出實際利率 3.66 個百分點。1981 年美國的貸款利率飆升到了 18.87%，實際利率也上升到了

---

① 韓文龍，崔祥龍. 美國第四輪量化寬鬆政策的實施背景、影響及中國的對策 [J]. 經濟與管理，2013（4）：42-48.

8.72%。1981年前后利率的巨大波動，也導致了經濟的巨大波動。1979年美國經濟的實際增長率為3.2%，1980年下降到了-0.2%，1981年恢復到了2.6%，1982年又下降到了-1.9%，1983年又開始恢復了正增長率，為4.6%。股票和債券等金融市場對實際利率具有很強的敏感性，比如美國的實際利率提高，國際資金就會流向美國。實際利率越高的國家，說明它的貨幣信用度越好。自1980年後，美國的實際利率和貸款利率呈現了一定的波動性，具有緩慢下降的趨勢。這說明美元的信用度在逐漸降低。這與近些年來美元不斷貶值是密切相關的。

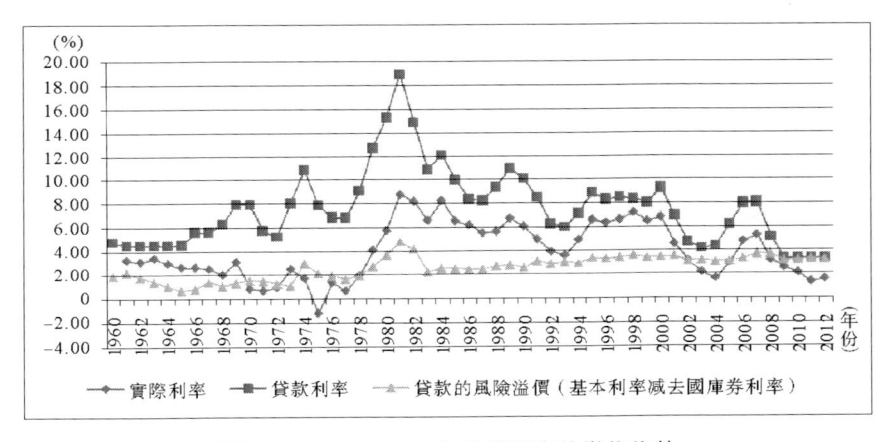

**圖5-4　1960—2012年美國利率的變化趨勢**

數據來源：世界銀行數據庫

　　實際利率和貸款利率的變化對經濟有很大的影響。以2008年的金融危機為例，為了刺激經濟增長和幫助中低收入者解決住房問題，從2000年起，美聯儲開始實行低的實際利率政策，實際利率一度降到了2004年的1.56%，貸款利率也降低到4.34%。低利率政策有利於中低收入者採用按揭的方式買房，房地產開始重新繁榮起來。隨著通貨膨脹預期的出現，美聯儲開始加息，實際利率逐漸走高，2007年達到了5.26%，貸款利率達到了8.05%。高利率增加了中低收入者的按揭貸款償還負擔，無力支付貸款的人不得不違約。大面積的違約引發了房地產次級債券大幅度的貶值，最終演變成了次貸危機和金融危機。2008年金融危機以後，為了刺激經濟增長和降低失業率，美聯儲又開始實行低利率政策。

### 5.2.3 國際匯率

在資本主義的發展過程中，國際貨幣體系大致經歷了三個體系：國際金本位體系—布雷頓森林體系—牙買加體系。國際金本位體系時代，英鎊取代金幣成為主要的國際貨幣；布雷頓森林體系時代，美元取代英鎊成為主要的國際貨幣；牙買加體系時代，美元的霸權地位削弱，國際貨幣的多元化趨勢漸現。當前，儘管美元的國際貨幣地位在削弱，但是它仍然是最主要的國際貨幣。國際匯兌和結算主要通過美元完成，美元在國際金融、國際貿易和國際投資等領域發揮了重要作用。另外，美國還經常利用美元匯率的變化攫取其他國家創造的財富。

國際交換關係中，真正發揮作用的是實際匯率。名義匯率是兩國貨幣在國際貨幣市場上進行交換的「市場匯率」，而實際匯率則是對名義匯率進行價格水平調整后的匯率。[1] 實際匯率的變化受到國際收支狀況、國內經濟增長率和失業率以及國際重大事件等的影響。實際匯率可以真實地反應一個國家的商品競爭力和國際經濟影響力。美國是目前世界上唯一的超級大國，因此美元實際匯率的變化不僅可以反應美國國內經濟情況，而且可以反應其國際影響力。

以 2005 年為基期，圖 5-5 繪製了 1975—2012 年美國實際有效匯率指數的變化情況。[2] 美元的有效匯率指數呈現了波動性，並有下降的趨勢。實際有效匯率指數的均值為 106.71%。如圖 5-5 所示，美元的實際有效匯率指數在 20 世紀 70 年代初期開始走強，后逐步下降，1980 年跌到了 96.37%；80 年代初期開始逐步上升，達到 1985 年的 136.36% 這個峰值後又開始下降，下降到 1995 年的 92.10% 后開始回升；2001 年的 113.89% 又是一個峰值，后又開始下降，最低下降到了 2011 年的 86.95%。美元的實際有效匯率指數與美國的經濟狀況密切相關。當經濟繁榮、失業率低時，美元的實際有效匯率指數開始走強，反之則走弱。近十幾年來，隨著美國國內經濟不景氣和國際貨幣的多元化發展，美元的國際貨幣霸權地位被逐漸削弱，相應地，美元的實際有效匯率指數在逐漸降低。這說明美元對主要國家的貨幣在不斷貶值。美元貶值一方面說明美國的國內經濟不景氣，國際影響力在不斷降低；另一方面美元貶值使得中國等債權國購買的以美元計價的資產價值不斷縮水，造成了嚴重的財富損失。

---

[1] 實際匯率可以直接用兩個國家商品的相對價格來表示。
[2] 實際有效匯率指數是將本國的成本指標或價格水平與主要國家的成本指標和價格水平進行幾何加權平均后的比率與名義有效匯率指數相乘得到的乘積。它可以反應一國貨幣真實價值的變化。

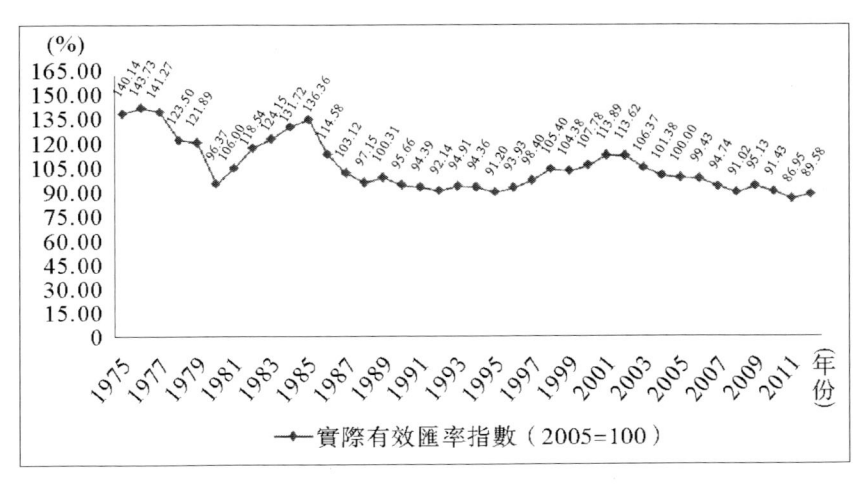

圖 5-5　1975—2012 年美元的實際有效匯率指數

數據來源：世界銀行數據庫

## 5.3　借貸信用

馬克思在論述當時資本主義信用時，提到了貨幣信用、銀行信用、股份有限公司信用等信用形式。這些信用形式是當時資本主義發展出的最新信用形式。在資本主義的擴大再生產過程中，這些信用形式都發揮了重要的作用。尤其是有利於資本集中的信用形式，更是加快了資本集中的速度，擴大了資本集中的規模，極大地促進了資本主義的擴大再生產。在資本主義發展的新階段，傳統的信用形式繼續發揮著作用，而以借貸信用為主的信用形式在經濟、社會中發揮了越來越重要的作用。無論從個人（或家庭）依靠借貸來維持消費，以及企業依靠債務融資來維持生產，還是國家依靠發債和財政赤字來維持日常運轉，借貸信用形式的多樣化和規模的巨型化都已經成為當代資本主義信用社會發展的最突出的特徵。

### 5.3.1　家庭信用

資本主義的再生產要持續進行，就必須順利地完成商品的生產和消費兩個重要環節，即完成完整的資本循環。在資本主義財產私有制下，資本家通過剝削勞動者創造的「剩餘價值」而獲得財富以及再生產的資本。由於低工資，

越來越多的工人處於相對貧困狀態，由於機器對工人的排擠，越來越多的工人處於失業狀態。相對貧困和失業，使得勞動者無法購買消費品來滿足自身再生產和家庭的消費需要。同時，資本家是一群佔有社會巨額財富但是數量有限、邊際消費傾向低的群體，他們不可能消費掉他們自己生產的產品。由於受到收入限制，勞動者無力購買過多的消費品，資本家又具有較低的邊際消費傾向，最終的結果就是形成了資本主義社會龐大的「商品剩余」。

如何解決「商品剩余」問題？可以通過提高勞動者的工資，讓勞動者獲得更多的商品購買力。如「福特主義」時代，與大規模生產相互對應的大規模消費，就是通過提高勞動者的工資，來形成新的社會購買力，以此來解決大規模商品生產帶來的「商品剩余」問題。但是，隨著外部競爭的加劇，福特制逐步解體了。在新自由資本主義時代，如何解決「商品剩余」問題？通過創新金融制度，來形成支持家庭和個人依靠借貸來消費的金融體系。通過消費信貸，個人或家庭可以預支未來的錢來滿足今天的消費需求。這樣，消費信貸成為解決「商品剩余」的武器。

以美國為例，美國的消費信用體系主要包括「個人借貸」「零售信用」「銀行信用卡信用」以及「分期付款信用」等。個人借貸主要是個人以未來的工資收入或財產等為抵押向銀行等貸款人申請獲得一定額度和期限的貸款，在未來約定的時間內予以償還。零售信用則相當於短期的賒銷，不過，只有那些信用記錄良好的人才會獲得零售信用。信用卡信用則是以個人信用為基礎，在一定的時間內可以透支一定的信用額度，然后在未來的時間段內予以償還。分期付款主要適用於大額的商品，在規定的時間內分多次來償還價款，最終償還完后可以獲得商品的產權。目前，這些消費信用形式在商品零售、房租購買和租賃、汽車購買和租賃、電子產品的購買、醫療保健、律師服務以及旅遊和娛樂等領域廣泛存在，並逐漸成為主要的消費模式。

依靠消費信貸來購買商品，已經成為美國等發達資本主義國家勞動者維持生存的主要手段。消費信貸的不斷擴張，使得美國等主要資本主義國家的家庭負債率快速增加。以美國為例，家庭和為家庭服務的非營利性組織的債務規模的擴張表現出以下特徵：

（1）債務規模越來越大。從圖 5-6 來看，50 多年來美國普通家庭的債務規模越來越大。從 20 世紀 70 年代中期開始，美國家庭債務規模開始快速上升，2006 年達到了歷史最高值，為 143,613 億美元，在經歷了 2008 年的金融危機后，雖然家庭債務規模有所下降，但是債務存量仍然很高，如 2012 年的債務規模為 136,268 億美元。

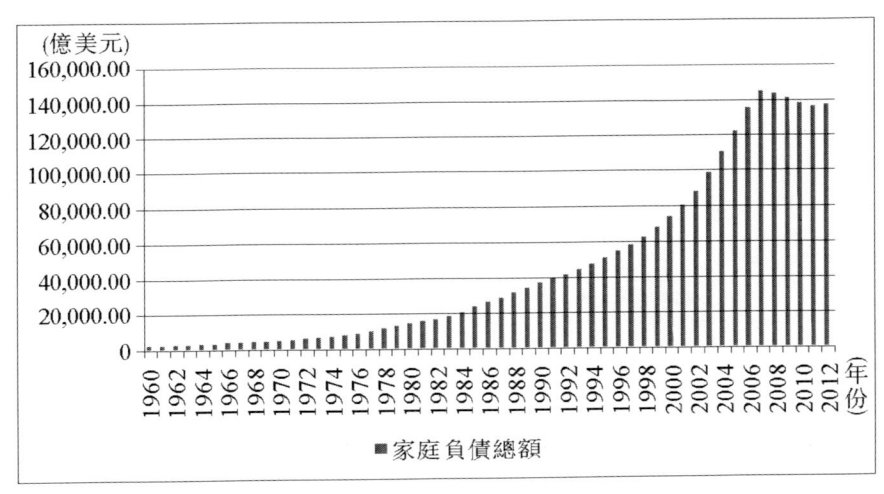

图 5-6　1960—2012 年美國家庭債務規模變動情況

數據來源：表 S. 3. a Households and Nonprofit Institutions Serving Households，Board of Governors of the Federal Reserve System，USA

（2）家庭的收入負債比例失衡。債務收入比用來衡量一個家庭的資產和負責情況，可以警示一個家庭的財務安全。如果家庭的收入水平增長率和債務水平增長率保持同步，或者是收入水平的增長大於債務水平的增長，那麼這個家庭的財務狀況就是安全的。如果債務水平的增長率超過了收入水平的增長率，且累積的債務總額非常高，那麼這個家庭的財產就處在不可持續的狀態。如果全社會的家庭債務激增，那麼整個社會的家庭債務就處於一個危機狀況。

近幾十年，越來越多的美國家庭的債務和收入比開始失衡。如圖 5-7，美國家庭收入負債比從 1960 年的 55.18% 不斷上升，於 2002 年超過了 100%，達到了 104.13%，此後收入負債比不斷攀升，2007 年達到了最高值，為131.60%。2008 年金融危機後，家庭的收入負債比有所下降，但是仍維持在110% 以上的水平。可見，家庭收入債務比已經出現了失衡，很多家庭的收入已經不能維持生存和生活需要，需要依靠借貸來維持家庭的支出。從家庭的資產負債率來看，美國家庭的資產負債率維持在 20% 以下的水平，但是近年來也出現了緩慢上升的趨勢。

（3）美國家庭的債務規模快速增長主要以貸款的快速增加為主。如圖 5-8，美國家庭債務分類變動項目中，貸款是最主要的負債項目。貸款規模從 1960 年的 2,199 億美元快速增加到了 2007 年的 139,054 億美元，達到最大值，然後略有下降。除了貸款以外，債券、保險和養老金和其他支付項目也是家庭負債

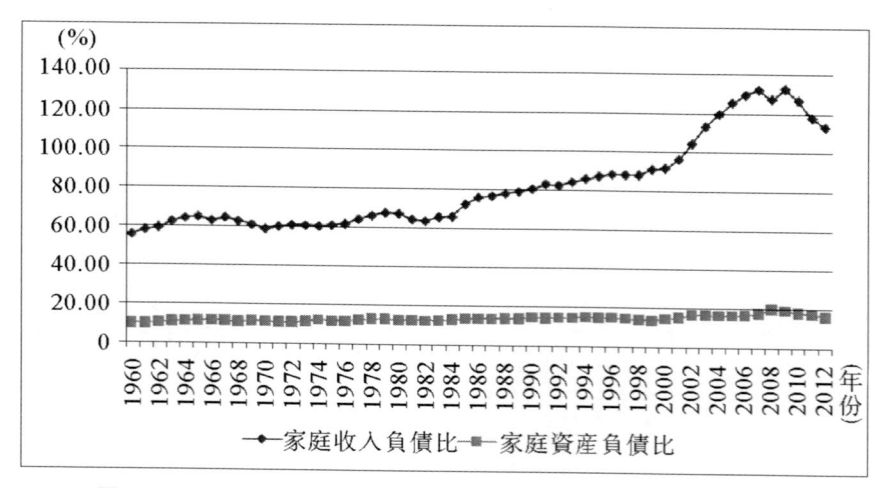

圖 5-7　1960—2012 年美國家庭收入負債比和資產負債比變動情況

數據來源：表 S.3.a Households and Nonprofit Institutions Serving Households，Board of Governors of the Federal Reserve System，USA

的主要內容。不過，其他三項的規模都相對較小。在貸款項目中，主要以長期的抵押貸款為主，如圖 5-9，長期貸款從 20 世紀 70 年代開始快速上升，於 2007 年達到最大值，為 108,154 億美元，后稍有下降。而長期抵押貸款主要用於購買住房，可見住房抵押貸款是導致其長期貸款不斷上升的主要原因。此外，雖然短期貸款增長的幅度小於長期抵押貸款的速度，但是短期貸款規模也不斷上升。如圖 5-10，短期貸款主要以消費信貸為主，其占了短期貸款項目的絕大部分。

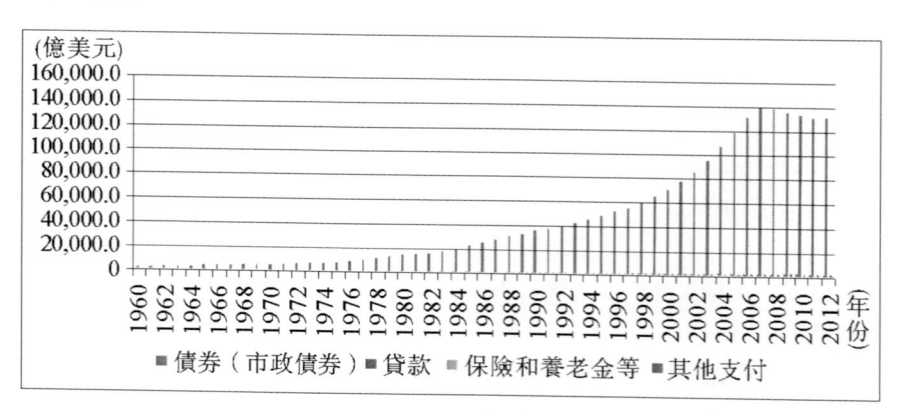

圖 5-8　1960—2012 年美國家庭債務分類變動情況

數據來源：表 S.3.a Households and Nonprofit Institutions Serving Households，Board of Governors of the Federal Reserve System，USA

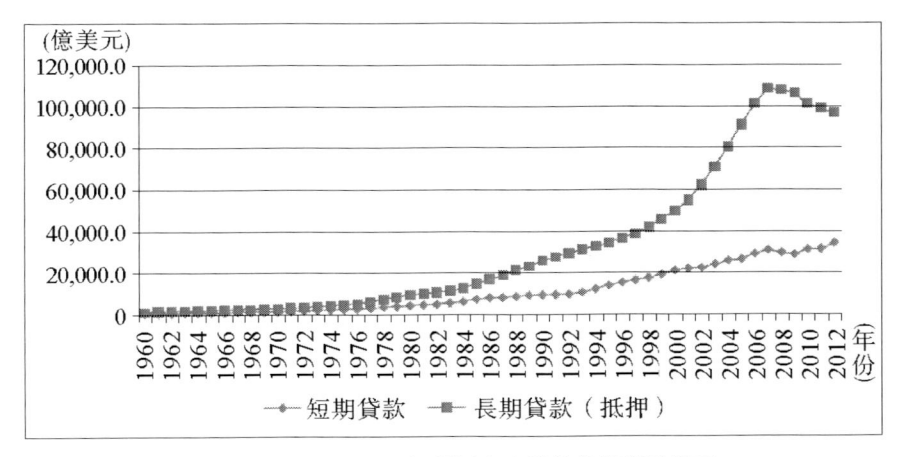

**圖 5-9　1960—2012 年美國家庭貸款分類變動情況**

數據來源：表 S. 3. a Households and Nonprofit Institutions Serving Households, Board of Governors of the Federal Reserve System, USA

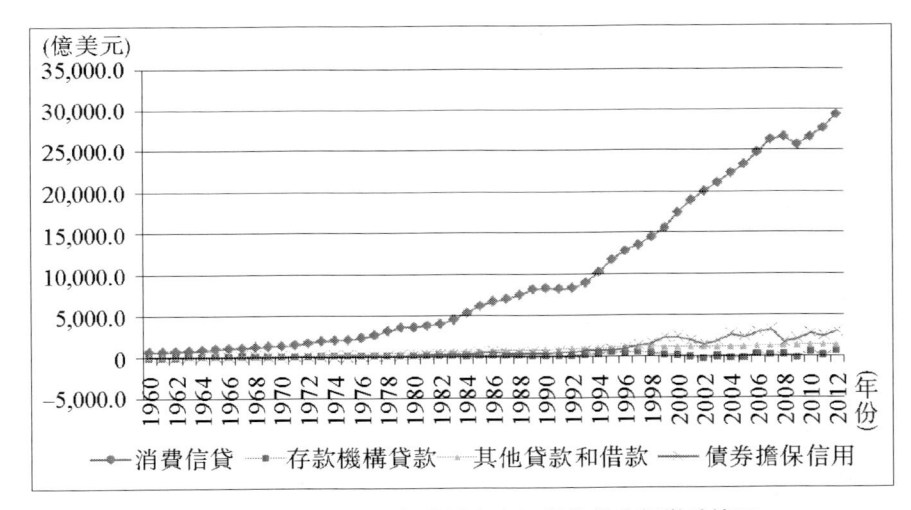

**圖 5-10　1960—2012 年美國家庭短期貸款分類變動情況**

數據來源：表 S. 3. a Households and Nonprofit Institutions Serving Households, Board of Governors of the Federal Reserve System, USA

（4）中青年負債較多。按照相關的數據，在美國負債的群體主要是 35 歲以下以及 35~44 歲的中青年人，而 65 歲以上的老年人的負債在逐漸減少。[①]

---

[①] 郭新華，伍再華. 美國家庭債務變動——一些發現及其解釋 [J]. 經濟·科學·社會，2007（4）：66-70.

這說明美國的中青年是消費信貸的主要群體，也是家庭債務的主要承擔者。

消費信貸和家庭債務規模的擴大，一方面部分解決了資本主義生產的「商品剩余」問題。通過擴張家庭信用，用勞動者未來的錢來購買和消費現在的商品，既滿足了勞動者的消費慾望，也幫助資本家完成了商品的生產和消費之間的再循環，保障了再生產的持續性，使得資本家獲得了越來越多的財富。不過，普通的勞動者則越來越成為背負巨額債務的「負翁」，需要接受資本家的剝削，通過更加努力的勞動來獲得工資以償還債務。因此，他們也成為這個消費主義社會中不得不被自己的消費慾望和資本家的財富慾望「奴役」的人。另一方面，消費信貸和家庭債務規模的擴大，也累積了越來越多的金融風險，過度的負債也影響到了經濟的增長性。因為，家庭負債的形成，主要是借助現代金融制度和工具創新進行的。金融創新，方便了人們獲得金融服務，但是也會累積越來越多的金融風險，尤其是借貸給那些償還能力較低的住房購買者，就會積聚大量的金融風險。一旦資產泡沫破滅，個人支付能力出現問題，就會形成金融危機，嚴重的還會導致經濟危機。2008年美國「次貸危機」引發的全球金融危機就是最好的例證。

資本主義社會中，家庭負債將會走向何方？如果不提高勞動者的報酬，不能實現充分就業，那麼會有越來越多的家庭進行負債生存，過度負債導致的金融不穩定和經濟不穩定，以及由此導致的週期性的金融危機將會成為常態化。

### 5.3.2　企業信用

在馬克思的論述中，資本的積聚和集中是資本主義企業形成再生產資本的主要手段。資本的積聚主要依靠「剩餘價值」的累積來完成，其實現的時間週期長，一般難於在短時間內形成龐大的規模。資本的集中則可以通過匯集閒置的產業資本和商業資本等在短時間內形成規模龐大的資本。股份公司是實現資本集中的最典型的形式。股份公司的實收資本是股東以現金、銀行存款或有形或無形資產評估作價后投資於公司的資本，是公司的資產，也是股東未來獲得股息收入的依據。實收資本會被分割為等額的股份，股東以其投入股份的多少獲得相應的投票決策權，同時也以股份的多少享受未來的紅利。不過，隨著現代股票市場的發展，除幾個大股東以外，很多中小股東都是投資於股票市場的投資者，他們依據某一公司的經營業績信息和其他相關信息判斷是否投資某只股票。股票市場為資本的集中提供了更加寬泛的平臺，使得超大額的資本集中成為現實。

除了依靠股份公司和股票市場等信用組織形式籌集再生產的資金外，現代的資本主義企業還依靠借貸信用，即向債權人，如借貸資本家、銀行等機構借

貸來形成投資基金、週轉基金和消費基金等。資本主義企業以企業資產等為抵押，向金融公司、銀行或者是大財團等借貸，獲得所需的資本，然后承諾以一定的利息作為回報，並到期還本付息。雖然現代股票生產很發達，但是股票市場的容量是有限的，且股票市場上發行股票是需要遵循嚴格的規定的，現代大多數企業仍然是以債務融資為主的。在債務融資過程中，銀行等金融機構是企業債務融資最重要的融資渠道。除了銀行信貸以外，企業間的商業信貸即企業之間在資金上的互相借貸、有資質的企業在債券市場上公開發行債券、向資產和設備租賃公司進行租賃等也是債務融資的主要途徑。

以美國為例，美國企業債務規模有不斷擴大的趨勢。如圖5-11，非金融企業的負債規模不斷增加，從1960年的5,956億美元增加到了2012年的310,403億美元，其中幾個峰值是值得關注的，如1996年和2001年，非金融企業的負債規模異常增加，而期間正是互聯網行業繁榮、投機盛行的時期，2001年「互聯網泡沫」破滅后，非金融企業的負債增長放緩了幾年。2003年開始，非金融企業的負債規模又開始快速上升，在2007年達到了另一個峰值，為286,468億美元。2003—2007年，正是房地產泡沫形成的時期。2008年金融危機后，非金融企業的負債繼續走高。以資產負債比率來衡量企業支付債務的能力，如圖5-12，除1995—2001年，資產負債比率超過了100%外，其余年份都處於相對安全的區域。那麼非金融企業的負債項目主要包括哪些呢？主要是債務證券、貸款、股權和投資基金股份以及保險和養老金等，見圖5-13。在這些項目中，股權和投資基金股份是非金融企業負債的主要內容，其占比較大。

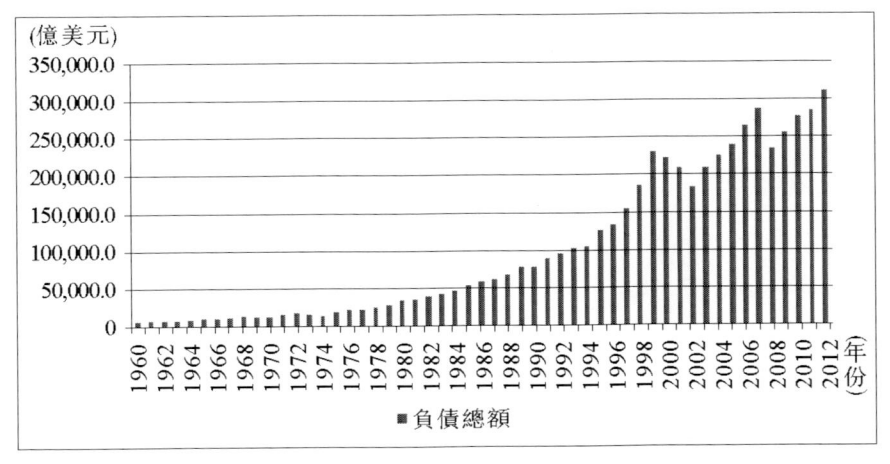

圖 5-11　1960—2012年美國非金融企業負債變動情況

數據來源：表 S.5.a Nonfinancial Corporate Business, Board of Governors of the Federal Reserve System, USA

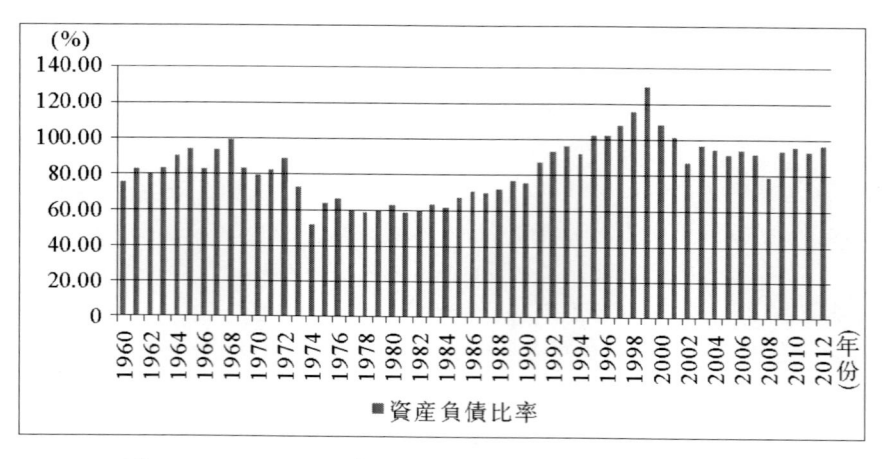

图 5-12　1960—2012 年美國非金融企業資產負債率變動情況

數據來源：表 S.5.a Nonfinancial Corporate Business, Board of Governors of the Federal Reserve System, USA

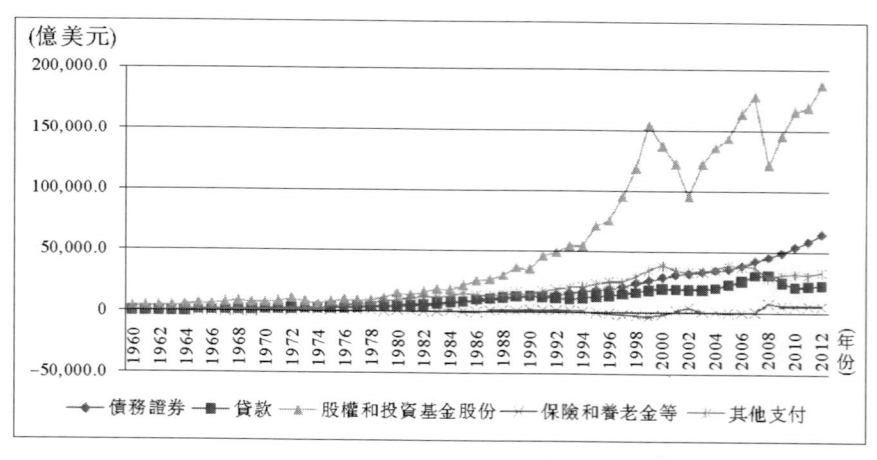

图 5-13　1960—2012 年美國非金融企業負債分類別變動情況

數據來源：表 S.5.a Nonfinancial Corporate Business, Board of Governors of the Federal Reserve System, USA

在美國，金融化現象很突出，所以具體分析金融企業的負債情況是必要的。如圖 5-14，金融企業的負債規模從 20 世紀 70 年代開始大幅度上升，並於 2007 年達到了 693,260 億美元，達到了一個峰值。2008 年金融危機後，金融企業的負債規模略有下降，不過最近幾年又開始大幅度上升。如圖 5-15，金融企業資產負債率一直處於變動中，不過有兩個時段是值得關注的：一是

20世紀60年代中期，金融企業的資產負債率超過了100%；二是1996—2007年，金融企業的資產負債率也超過了100%。這說明這兩個期間，金融企業已經出現了資不抵債的情況。而2007年爆發的金融危機，正好是由金融企業，如房地美和房利美等的抵押債券貶值引發的。如圖5-16，金融企業中，負債項目中，主要以債務證券、股權和投資基金股份，以及養老和保險金為主，三者都呈現了一個不斷上升的趨勢。

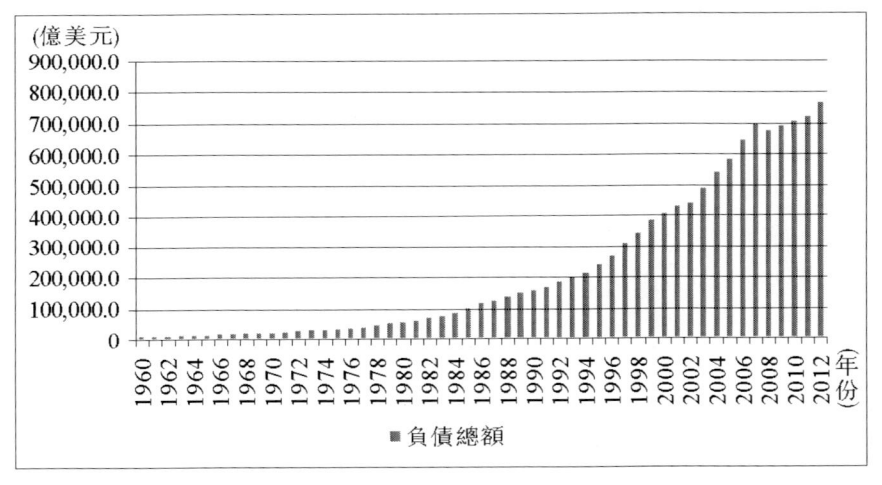

圖5-14 1960—2012年美國金融企業負債總額

數據來源：表S.6.a Financial Business, Board of Governors of the Federal Reserve System, USA

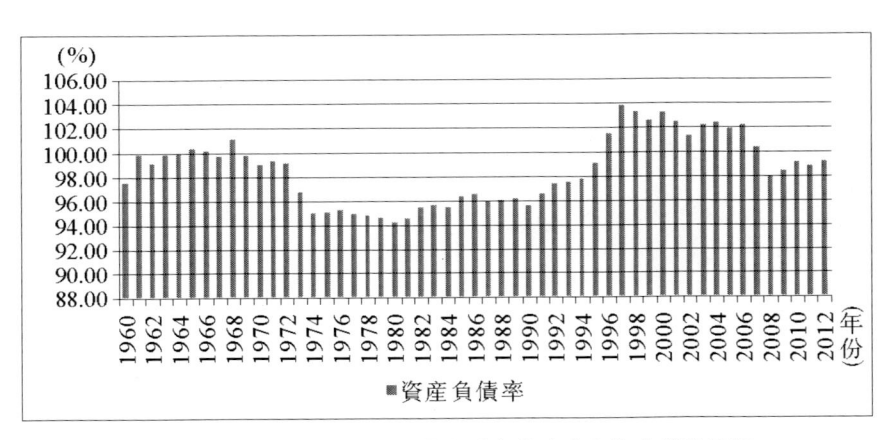

圖5-15 1960—2012年美國金融企業資產負債率變動情況

數據來源：表S.6.a Financial Business, Board of Governors of the Federal Reserve System, USA

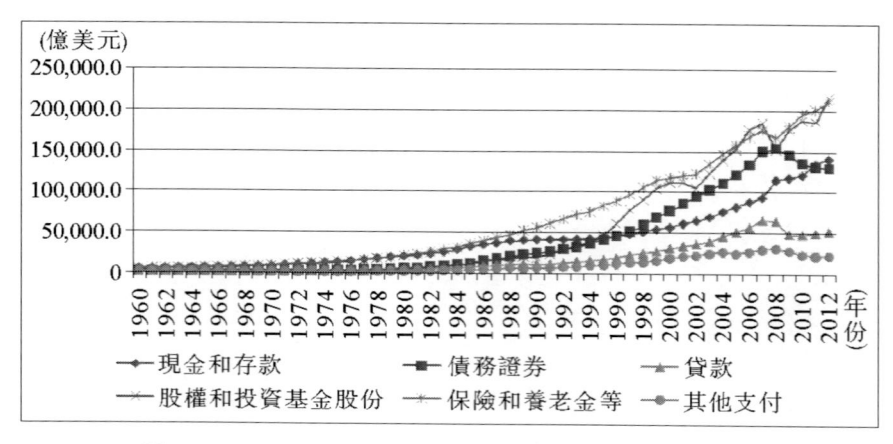

圖 5-16　1960—2012 年美國金融企業負債分類別變動情況

數據來源：表 S.6.a Financial Business，Board of Governors of the Federal Reserve System，USA

如果比較美國金融和非金融企業的資產與負債情況，會發現一個有趣的情況。如圖 5-17，1960—2012 年，美國金融企業與非金融企業的負債比一直大於 1，並逐漸開始大於 2；另外，金融企業與非金融企業的資產比也一直大於 1，並在近 20 年來一直大於 2。可見，美國已經是一個完全金融化的國家。因為，無論是金融企業的資產還是負債規模都超過了非金融企業的規模，且兩類企業之間的負債和資產比具有不斷擴大的趨勢。值得重視的是，金融企業負債規模的擴大更加增加了經濟的不穩定性。

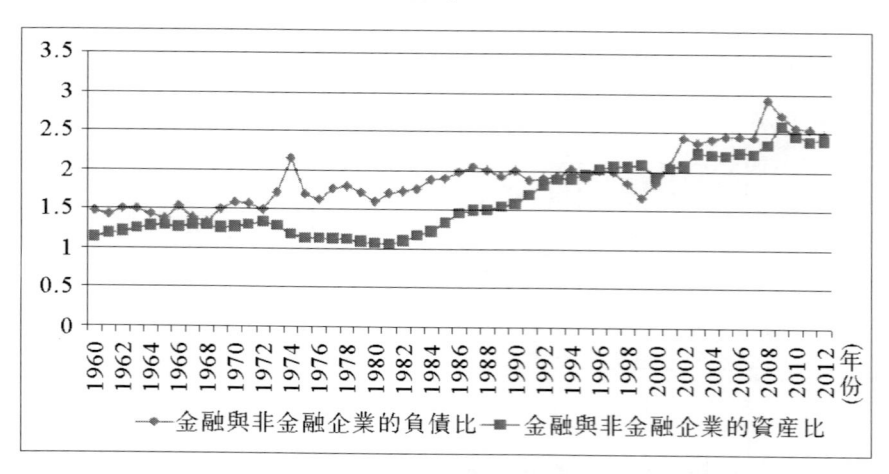

圖 5-17　1960—2012 年美國非金融與金融企業負債和資產比

數據來源：表 S.5.a Nonfinancial Corporate Business，表 S.6.a Financial Business，Board of Governors of the Federal Reserve System，USA

債務融資，有利於企業籌集到擴大再生產、銷售和研究開發的資金，也有利於通過引進外部人而優化公司的治理結構。但是，一個企業的債務規模過大，即資產負債超過一定的比例時，企業就會處於財務危機中。如果一個社會整體的經濟形勢不好，全社會的企業負債率就會增加。負債率越高，說明經濟越不景氣，經濟越不景氣，企業越需要通過借債來渡過難關。但是，如果一個社會大多數的企業都陷入債務困境，受到內外部衝擊，債務鏈條破解，進而引發連鎖反應，出現大面積的債務違約，整個社會就會陷入經濟危機。

### 5.3.3　國家信用

馬克思把國家定義為階級統治的工具，即一個階級對另一個階級進行統治的「暴力工具」。國家具有一定的地域性，有固定的可識別身分的公民，且通過完整的各級政府，以及軍隊、法院等提供統治和管理服務。而國家提供的這些統治和管理性服務，不是免費的，而是需要其管轄區內的公民、企業以及其他組織提供徭役或賦稅。在現在資本主義國家，政府主要通過從公民和企業組織手中收稅來籌集政府運轉的資金。代表國家行使職能的現代政府，通過收取稅收，向其管轄範圍內的人們提供國防安全、司法秩序、教育醫療以及公共基礎設施和公共服務等。雖然資本主義社會強調「有限政府」和「服務型政府」，但是隨著市場規模的擴張、社會經濟事務的複雜化，現代政府的規模正逐步擴大。政府要提供各種各樣的公共服務需要收稅。不過稅收是採取法定原則的，是不能隨意強徵的。因為，一方面，資本主義國家是為資產階級服務的，適度的稅收有利於為資本主義社會提供安全的國防、良好的公共秩序和公共服務，但是過度的稅收就會侵蝕資本家的利潤，損害資產階級的利益；另一方面，過度的稅收也會影響資本家的投資積極性。如果形成低迷的投資，那麼資本主義社會是不會繁榮發展的。所以，稅收法定原則和有效稅收原則是資本主義政府徵稅的主要原則。

隨著市場規模的擴大，以及資本主義社會的政治、經濟、軍事和外交等事務的增多，現代政府的規模越來越龐大。現代資本主義政府，既要提供傳統的國家職能，如軍隊、警察、司法、外交等服務，又要提供公共基礎服務，如公路、基礎設施等，還要提供公共服務，如教育、醫療、社會保障等。這些職能的履行，使得政府獲得的稅收常常不能滿足其開支。一國政府的財政支持超過其財政收入，就會出現財政赤字。

現在資本主義國家的財政赤字規模越來越大。如圖5-18，以美國為例，1960—2012年，美國政府的經常性支出出現了大幅度的增加，在大多數年份，

經常性支出都遠遠超過了經常性收入，其中 2012 年經常性支出達到了 56,216 億美元，經常性收入為 42,592 億美元，造成政府赤字 13,624 億美元。由圖 5-19 可見，近 30 年來，一方面是不斷增加的經常性支付，另一方面則是政府不斷增加的赤字。

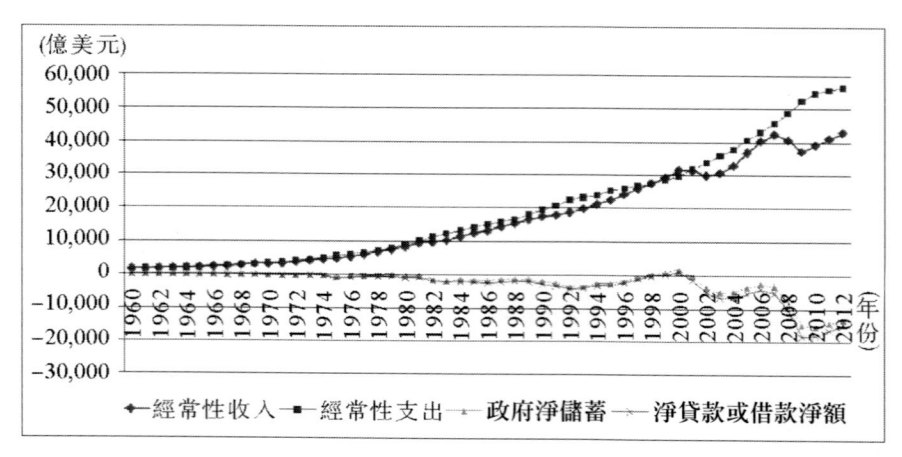

圖 5-18　1960—2012 年美國政府收入、支出和儲蓄情況

數據來源：NIPA 帳戶 –Table 3.1. Government Current Receipts and Expenditures, Bureau of Economic Analysis, USA

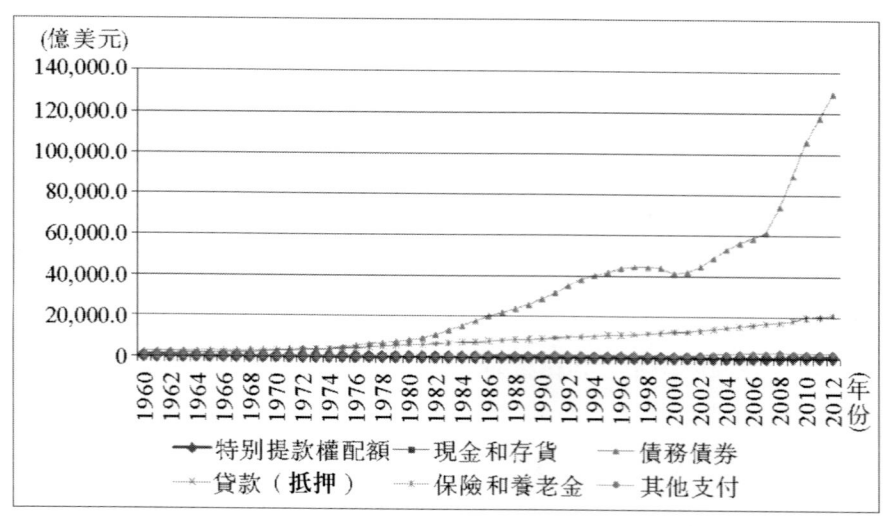

圖 5-19　1960—2012 年美國聯邦政府負債分類別變動情況

數據來源：表 S.7.a Federal Government, Board of Governors of the Federal Reserve System, USA

为了繼續維持政府的運行，履行政府的職能，通過國家信用，主要是國內信用和國際信用舉債是彌補財政赤字的主要方式。國內信用，主要是指國家通過向國內的大企業或銀行財團借款，或者是通過債券市場發行國債來籌集所需的資金。國外信用，則是一個國家向另一個國家或國際金融組織申請國際貸款，或者直接通過國家金融債券市場來發行國際債券，以此來獲得國際性的債務資金。不過，現在國家發行國債，不僅在本國市場上發售，而且在國際市場上發售。國家通過國家主權信用作為擔保來發行債務，可以獲得相當大規模的債務。不過，一國發行的國債是否被大家認同並認購，需要看一個國家的信用等級，而信用等級的評級是由一些國際性的信用評級機構完成的。一個國家的信用等級主要是與其經濟發展的質量和速度，以及社會穩定性、債務的安全性等來做出的綜合評價。如果一個國家的信用等級高，它在國內市場和國際市場上實現債務融資的規模就會越大，否則，它所能融通的資金就越少。目前，通過債務融資已經成為一些國家維持其政府運轉的主要方式。

美國政府負債的項目類型變化是怎樣的呢？如圖5-19，聯邦政府負債主要以債務債券為主，其債務債券規模自20世紀80年代開始快速上升，2012年已經達到了128,530億美元，占當年負債總額的84.30%。如圖5-20，州和地方政府的負債也以市政債券為主，近年來保險和養老金負債出現了較快增長。

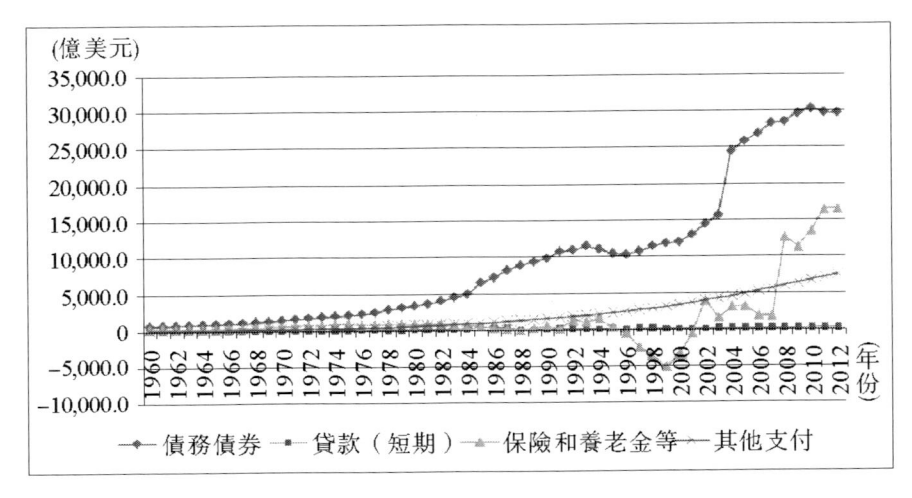

圖5-20　1960—2012年美國州和地方政府負債分類別變動情況

數據來源：表 S. 8. a State and Local Governments, Board of Governors of the Federal Reserve System, USA

5　資本主義的貨幣和信用 ｜ 125

以資產負債率來考察一個國家的負債安全性，如圖 5-21，自 1960 年以來，美國聯邦政府的資產負債率一直高於 100%，從 1982 年開始，聯邦政府的資產負債率不斷上升，已經超過了 200% 的水平，其中 2011 年和 2012 年超過了 300% 的水平，分別達到了 313.41% 和 329.51%。可見，美國聯邦政府一直處於高負債狀態。不過，在圖 5-21 中，美國州和地方政府的資產負債率一直低於 50%。那麼整個國家的資產負債率情況如何呢？加總聯邦政府、州和地方政府的資產和負債，得到了總的資產負債率，如圖 5-21，總的資產負債率也偏高，其平均值為 88.17%，2009 年以來，總的資產負債率超過了 100%。這說明，美國政府越來越成為「負債國家」。在圖 5-22 中，考察美國聯邦政府、州和地方政府的淨資產情況，可以發現，州和地方政府的淨資產在增加，而聯邦政府的淨資產則已經成為負數，並在 2012 年達到了 106,190 億美元的水平。加總聯邦政府、州和地方政府的資產可以看出，自 2009 年起，美國政府的資產已經進入了負資產狀態。2013 年美國聯邦政府出現的「政府停擺」事件也進一步證明了美國政府已經到了資不抵債的「危險邊緣」。

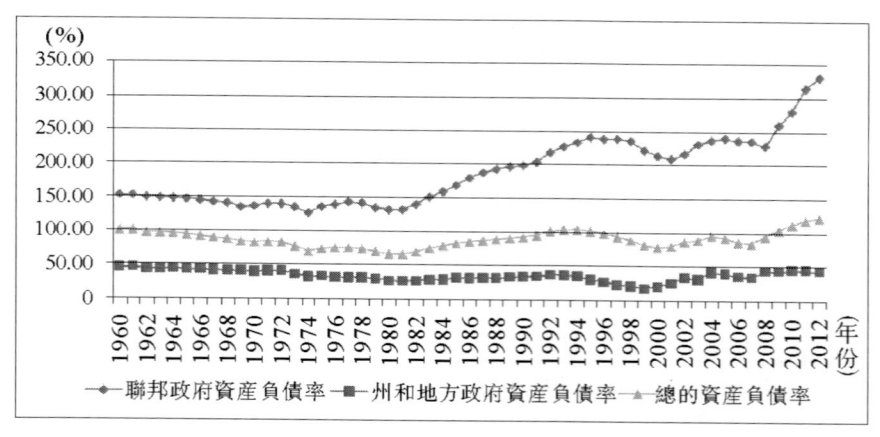

圖 5-21　1960—2012 年美國聯邦和州政府資產負債率

數據來源：表 S.7.a Federal Government，表 S.8.a State and Local Governments, Board of Governors of the Federal Reserve System, USA

債務融資是國家信用融資的主要方式之一，但是債務規模過大也會引發很多的問題：債務的償還風險可能引發債務危機和社會危機。如果一個國家或地區政府的經濟增長和收入增加不能在預定的期限內支付應該償還的債務，它要麼借新債補舊債，要麼出現債務違約。一旦一個國家出現債務違約，不僅其國家信用會受損，而且由於債務風險，以及國內基本財政支付的縮減而影響到其經濟的發展以及普通大眾的社會福利，進而會引發經濟危機，甚至是社會危

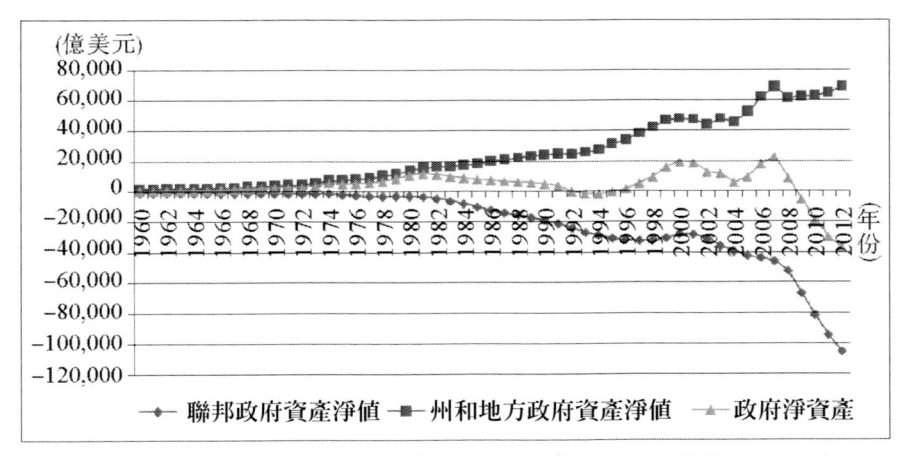

图 5-22 1960—2012 年美國聯邦和州政府資產淨值

數據來源：NIPA 帳戶－表 S.7.a Federal Government，表 S.8.a State and Local Governments, Board of Governors of the Federal Reserve System, USA

機。20世紀60~90年代，巴西出現的三次大的債務危機，最終導致了嚴重的經濟衰退。2008年，希臘、葡萄牙等歐洲國家爆發的主權國家債務危機，使得這些國家不僅陷入了經濟危機，而且陷入了社會危機。過度依靠借債有可能喪失一個國家的經濟主權。尤其是有些不發達國家，通過向發達國家大規模舉債，最終淪為其「經濟殖民地」。即使是發達國家之間的舉債，也存在基於債務問題的政治壓力，所以，過度的國際舉債並不是最明智的選擇。

除了依靠國家信用舉債外，通過貨幣貶值來收取「通貨膨脹稅」也是一些國家為財政赤字籌資的方式之一。國家通過中央銀行超發貨幣來滿足財政籌資需求具有兩面性：一方面超發貨幣可以籌集到部分財政資金；另一方面超發貨幣會引起通貨膨脹，嚴重的通貨膨脹不僅會傷害經濟增長，而且會影響居民的生活，進而會導致社會的不穩定。所以，徵收「通貨膨脹稅」是國家籌資的下下策。一個正常國家是不會輕易動用這一手段的。不過，資本主義的霸權國家，如美國借助美元的世界貨幣地位，啟用「量化寬鬆貨幣」政策來刺激本國的經濟，而將這一政策的成本和風險通過國際資本市場和經常項目等途徑轉嫁給中國、日本等美國的債權國。這種經濟霸權主義行為則是由美國的超級大國地位和不平等的國際經濟、政治秩序決定的。

## 5.4　本章小結

　　當代資本主義的發展過程中，貨幣的力量是非常強大的。商品的貨幣化已經是一個不爭的事實。不僅是紙幣，而且電子貨幣越來越成為經濟生活中必不可少的媒介。資本主義社會中，貨幣的流通是要遵循一定的規律的，總體來說，流通中的貨幣量是由商品數量、商品價格和貨幣的平均流通速度決定的。流通中的貨幣數量與商品量和商品價格成正比例關係，而與貨幣的流通速度成反比例關係。如果流通中的貨幣量超過了實際的貨幣需求量就會出現通貨膨脹，具體表現為物價上漲等；否則則表現為通貨緊縮，具體表現為物價下跌。當然，為了應對通貨膨脹或通貨緊縮，以及履行貨幣發行和監管的職能，中央銀行制度發揮了越來越重要的作用。在全球化的時代，必然要求一種或多種貨幣作為世界貨幣，而真正能充當國際貨幣的現代貨幣主要是發達資本主義國家的貨幣。比如，現在的美元、英鎊、歐元、日元等具有國際貨幣的功能，當然，美元是當今最為重要的國際貨幣。

　　當代資本主義信用的發展和膨脹也是一大趨勢。不僅信用形式已經種類繁多，而且主要主體的信用規模也日漸龐大。以美國為例，其貨幣信用、家庭債務、企業債務和國家債務規模都在不斷膨脹。家庭債務中，汽車和房屋消費的比重比較大，大學生學費借貸等比例也正在上升。企業債務規模的上升則表現為部分行業資產負債率的走高；國家債務規模的擴張則表現為政府赤字擴張，隨之而來的則是政府債務規模的擴大。

# 6 綜合性經濟危機：
# 模型分析與實證檢驗

## 6.1 模型分析

與 Weisskopf（1979）以分解利潤率為核心的綜合性經濟危機理論不同，綜合性經濟危機理論是以 Basu（2013）提出的帶有時間滯后項的資本循環模型為基礎，以資本主義體系的增長率和利潤率為核心展開理論模型分析。[1][2]

在資本循環模型中，貨幣資本流 $C_t$、產成品流 $P_t$ 和商品銷售流 $S_t$ 在 $t$ 時刻的表達式為：

$$P_t = C_{t-T_t^a} \tag{1}$$

$$\begin{aligned}
S_t &= (1+q_t)P_{t-T_t^a} \\
&= P_{t-T_t^a} + q_t P_{t-T_t^a} \\
&= S'_t + S''_t \\
&= \frac{S_t}{1+q_t} + \frac{q_t S_t}{1+q_t}
\end{aligned} \tag{2}$$

$$C_t = S'_{t-T_t^c} + p_t S''_{t-T_t^c} \tag{3}$$

將 $C_t$ 進一步分解為：

$$\begin{aligned}
C_t &= S'_{t-T_t^c} + p_t S''_{t-T_t^c} \\
&= \frac{S_{t-T_t^c}}{1+q} + \frac{pq S_{t-T_t^c}}{1+q}
\end{aligned}$$

---

[1] WEISSKOPF T. Marxian Crisis Theory and the Rate of Profit in the Postwar U. S. Economy [J]. Cambridge Journal of Economics, 1979, 3 (4): 341-378.

[2] D BASU. Comparative Growth Dynamics in a Discrete-time Marxian Circuit of Capital Model [J]. Review of Radical Political Economics, 2013 (9).

$$= \frac{(1+pq)S_{t-T^s}}{1+q}$$

$$= \frac{(1+pq)}{1+q} \times (1+q)P_{t-T^s-T^R} \qquad (4)$$

$$= (1+pq)C_{t-T^s-T^R-T^p}$$

令 $C_t = C_0(1+g)^t$，其中 $g$ 為系統的增長率。將 $C_t = C_0(1+g)^t$ 帶入式（4）可以得到：

$$C_0(1+g)^t = (1+pq)C_0(1+g)^{t-T^s-T^R-T^p}$$

整理后可得：

$$(1+g)^{T^s+T^R+T^p} = 1+pq \qquad (5)$$

對式（5）兩邊同時取對數，

$$\ln(1+g) = \frac{\ln(1+pq)}{T^F + T^R + T^p} \qquad (6)$$

又 $\ln(1+g) \approx g$，$\ln(1+pq) \approx pq$，則式（6）可化簡為：

$$g = \frac{pq}{T^F + T^R + T^p} \qquad (7)$$

按照 Foldy（1986b）的論述，成本利潤率 $q = ek$，其中 $e$ 為生產的勞動剝削率，$k$ 為可變資本與總資本的比例。[①] 在某一時間點 $t$，$T^F$、$T^p$ 和 $T^R$ 分別表示貨幣資本流、產成品流和商品銷售流的時間滯后項，那麼 $T^F + T^R + T^p$ 則可以表示一次完整的資本循環的時間，可用 $T$ 表示。式（7）可以改寫為：

$$g = \frac{pek}{T} \qquad (8)$$

由式（8）可知，增長率 $g$ 主要是由剩餘價值轉化為再生產資本的比例 $p$、剝削率 $e$、可變資本占總資本的比例 $k$ 以及資本的總循環時間 $T$ 決定的。

接下來用資本循環模型來推導利潤率 $r$ 的表達式。令 $P_t = P_0(1+g)^t$，$C_{t-T^p} = C_0(1+g)^{t-T^p}$，則式（1）可以表示為：

$$P_0(1+g)^t = C_0(1+g)^{t-T^p} \qquad (9)$$

在期初，將 $C_0$ 標準化為 1，由式（9）可得到：

$$P_0 = \frac{C_0}{(1+g)^{T^p}} = \frac{1}{(1+g)^{T^p}} \qquad (10)$$

同理，式（2）可以寫為：

---

[①] D K FOLEY. Understanding Capital：Marx's Economic Theory [M]. Cambridge：Harvard University Press，1986.

$$S_0 = (1+q)\frac{C_0}{(1+g)^{T^v+T^u}} = \frac{1+q}{(1+g)^{T^v+T^u}} \quad (11)$$

結合式（2）和（11）可以得到：

$$S'_0 = \frac{1}{(1+g)^{T^v+T^u}} \quad (12)$$

$$S''_0 = \frac{q}{(1+g)^{T^v+T^u}} \quad (13)$$

考慮資本循環的三種形態的存量，生產資本的存量為：

$$\Delta N_{t+1} = N_{t+1} - N_t = C_t - P_t \quad (14)$$

商業資本的存量為：

$$\Delta X_{t+1} = X_{t+1} - X_t = P_t - \frac{S_t}{1+q_t} = P_t - S'_t \quad (15)$$

貨幣資本的存量為：

$$\Delta F_{t+1} = F_{t+1} - F_t = S'_t + p_t S''_t - C_t \quad (16)$$

令 $\Delta N_{t+1} = N_0(1+g)^{t+1}$，$C_t = C_0(1+g)^t$，$P_t = P_0(1+g)^t$，則式（14）可以化為：

$N_0(1+g)^{t+1} = C_0(1+g)^t - P_0(1+g)^t$，整理后得到：

$$N_0 = \frac{1-P_0}{g} \quad (17)$$

結合式（10）和式（17），可得

$$N_0 = \frac{1}{g}\left[1 - \frac{1}{(1+g)^{T^v}}\right] \quad (18)$$

同理可得：

$$X_0 = \frac{1}{g(1+g)^{T^v}}\left[1 - \frac{1}{(1+g)^{T^u}}\right] \quad (19)$$

$$F_0 = \frac{1}{g}\left[\frac{1+pq}{(1+g)^{T^v+T^u}} - 1\right] \quad (20)$$

在 $t=0$ 時刻，在穩態增長路徑上，社會資本的利潤率可以表示為：

$$r_0 = \frac{S''_0}{N_0 + X_0 + F_0} \quad (21)$$

結合式（13）、式（18）、式（19）和式（20），式（21）可化簡為：

$$r = \frac{g}{p} \quad (22)$$

又因 $g = \dfrac{pq}{T^F + T^R + T^P}$，式（22）可變為：

$$r = \dfrac{q}{T^F + T^R + T^P} \tag{23}$$

同樣，成本利潤率 $q = ek$，$T^F + T^R + T^P$ 可以表示一次完整的資本循環的時間用 $T$ 表示，則有：

$$r = \dfrac{ek}{T} \tag{24}$$

由式（24）可知，利潤率 $r$ 主要是由剝削率 $e$、可變資本占總資本的比例 $k$ 以及資本的總循環時間 $T$ 決定的。

在經濟學意義上如何解釋式（8）和式（24）？資本主義累積體系的變化一方面會影響剝削率進而影響經濟增長率；另一方面會影響利潤率進而影響經濟的穩定性。利潤率的波動，會與其他因素一起影響經濟的穩定性。資本主義體系中，信用擴張是與資本循環時間密切相關的。一般情況下，資本週轉時間縮短是有利於利潤率和經濟增長率的增加的。私人信用的適度擴張有利於解決「產品剩餘」問題，企業信用的適度擴張有利於幫助企業解決生產資本問題，這都會縮短全社會的資本循環時間，但是過度的信用擴張又會延長全社會的支付鏈條，累積風險，最終會增加全社會的資本循環時間。信用擴張可以通過影響資本週轉時間而影響資本主義部門的經濟利潤率和經濟增長率。大的經濟波動，從中長期來看就是一次經濟危機。可見，資本主義的危機是與資本累積和貨幣信用擴張相聯繫的綜合性經濟危機。

## 6.2 主要變量的測度

### 6.2.1 剩餘價值率

在馬克思的論述中，剩餘價值率，即剝削率 $e = s/v$，其中 $s$ 為剩餘價值，$v$ 為可變資本。那麼資本主義社會中的剩餘價值率是怎麼變化的？一些學者做了一些實證研究。如 Wolff（1975）計算了波多黎各 1948 年和 1963 年的剩餘價值率，其分別為 0.972,9 和 0.932,8[①]；Wolff（1979）估計了美國 1947—1967

---

① EDWARD N WOLFF. The Rate of Surplus Value in Puerto Rico [J]. Journal of Political Economy, 1975, 83（5）: 935-950.

年的剩余價值率，其中1947年的剩余價值率為1.009，1967年的剩余價值率為1.112[1]；Moseley（1987）區分了生產性勞動和非生產性勞動，並估計了美國1975—1985年的利潤份額和剩余價值率，發現非金融部門的利潤份額相對穩定，而剩余價值率具有上升的趨勢。[2] 由於不同學者採用的方法不一樣，故估計結果也不一樣。本書主要採用Moseley（1985，1988）使用過的方法來估計剩余價值率。[3][4] 具體來說，直接用公式$e = s/v$來計算，其中可變資本$v$是包括對生產工人的補償的總和，包括各類補貼和收益等，新價值用國民收入和生產帳戶中企業部門的淨產值來表示，剩余價值$s$則是新價值和可變資本的差值。

本書主要測度非金融私人企業部門（以下部分簡稱NFCB）以及製造業部門（以下部分簡稱Manufacturing）的剩余價值。[5] 在測度非金融私人企業部門的剩余價值時，首先，從美國國民收入和生產帳戶（簡稱NIPAs）得到非金融私人企業部門增加值總額（GVA）、存貨價值調整（IVJ）、固定資本的耗費總額（CFC）、固定資本耗費調整（CPJ）和雇員報酬（EC），用GVA + IVJ - CFC - CPJ - EC得到新增淨價值（NV）。新增淨價值（NV）可以稱為剩余價值$S_1$，是由非金融企業部門的所有勞動者創造的剩余價值。對非金融企業部門可變資本的測度，在美國國民收入和生產帳戶（簡稱NIPAs）找到非金融企業部門的雇員報酬數據，包括工資和薪水，以及除工資和薪水以外其他補償，相加就可以得到可變資本。對於製造業部門剩余價值率的測度，我們運用了類似的方法。

剩余價值率是剩余價值和可變資本的比例。圖6-1顯示了美國1929—2012年非金融企業部門的剩余價值率$e_1$的變化趨勢。1933年的剩余價值率為-0.17，處於最低點。此時段，美國正處於大蕭條時期，經濟衰退，企業利潤

---

[1] EDWARD N WOLFF. The Rate of Surplus Value, the Organic Composition, and the General Rate of Profit in the U. S. Economy 1947—1967 [J]. The American Economic Review, 1979, 69 (3): 329-341.

[2] FRED MOSELEY. The Profit share and the Rate of Surplus Value in the US Economy, 1975—1985 [J]. Cambridge Journal of Economics, 1987, 11 (4): 393-399.

[3] FRED MOSELEY. The Rate of Surplus Value in the Postwar US Economy: A Critique of Weisskopf's Estimates [J]. Cambridge Journal of Economics, 1985, 9 (1): 57-79.

[4] FRED MOSELEY. The Rate of Surplus Value, the Organic Composition, and the General Rate of Profit in the U. S. Economy, 1947—1967: A Critique and Update of Wolff's Estimates [J]. American Economic Review, 1988, 78 (1): 298-303.

[5] 美國的NIPAs中，把銀行、保險和房地產等歸為一類，本書把除去這三者之外的私人企業部門稱為非金融私人企業部門。

率下降，剩余價值率也在下降。此后，剩余價值率開始逐漸上升，1942年達到最高點，為0.53，此階段正是二次世界大戰中期，美國通過向歐洲戰場提供軍需物資和軍火，在外部市場需求的拉動下，經濟快速增長，企業利潤率也不斷上漲，同時剩余價值率也在增加。20世紀50和60年代，美國非金融企業部門的剩余價值率雖有小幅波動，但是一直維持在0.4左右的水平。70年代以后，非金融企業部門的剩余價值率開始緩慢下降，於2001年達到一個新的低點，為0.29。此后，又開始逐步上升，在2008年金融危機前后，剩余價值率有所下降，2010年又開始恢復上升趨勢。

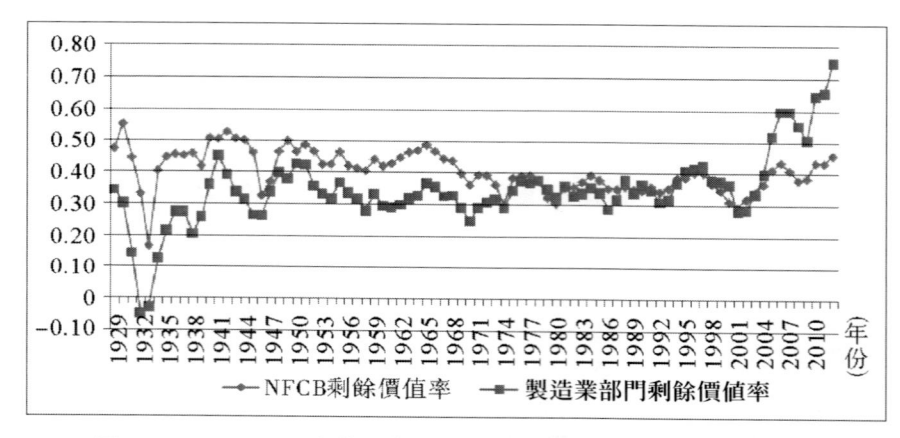

圖6-1　1929—2012年美國非金融企業部門和製造業部門剩餘價值率

數據來源：GDP and the National Income and Product Account—Bureau of Economic Analysis, USA

如圖6-1所示，1929—2012年製造業部門的剩余價值率與非金融企業部門的剩余價值率具有相似的變化趨勢。不過，在1978年以前，製造業部門的剩余價值率一直低於非金融部門的剩余價值率。1978—2003年，兩類部門的剩余價值率大致相同，不過製造業部門的剩余價值率從2004年超越了非金融部門的剩余價值率，呈現了一個快速上升的趨勢。就平均值來說，非金融部門的剩余價值率為0.40，製造業部門的剩余價值率則為0.35。製造業部門的剩余價值率低於非金融部門，主要原因是美國的製造業部門是資本密集型的，需要更多不變資本的投入；同時相對於信息技術等知識密集型的產業，製造業部門的附加值相對較低，其總的剩余價值會比知識密集型行業低一些。

### 6.2.2　可變資本與預付總資本之比

可變資本與總預付資本比可以衡量預付總資本中可變資本的比例，以此可

以觀察資本構成結構的變化。為了測度可變資本與預付總資本比，首先需要測度可變資本和不變資本。在美國國民收入和生產帳戶（簡稱 NIPAs）找到非金融企業部門和製造業部門的雇員報酬數據（包括工資和薪水，以及除工資和薪水以外的其他補償），兩者的和可以作為可變資本。不變資本由兩部分組成：固定資本和原材料等投入。具體來說，用 NIPAs 中當期的非住宅固定資產投資來表示固定資本，包括裝備、建築物和知識產權產品；用當期的存貨與存貨價值調整之和來表示原材料等投入。將可變資本和不變資本加總就可以得到預付總資本。

如圖 6-2，美國非金融部門和製造業部門的資本有機構成，即不變資本與可變資本之比具有先上升后下降，持續平滑后又略微上升的趨勢。不過總趨勢是資本有機構成在下降。不過，在 1994 年之前，製造業部門的資本有機構成均低於非金融部門的資本有機構成，1994 年以後，製造業部門的資本有機構成逐漸超過了非金融部門。1929 年開始，非金融部門的資本有機構成開始逐漸上升，1933 年為 22.88，后開始逐漸下降，20 世紀 70 年代時已經下降到了 3 左右的水平，后繼續下降到了 2~3 的水平。製造業部門的資本有機構成也經歷了類似的變化，不過其最高的資本有機構成為 1932 年的 11.21。就平均值而言，非金融部門的資本有機構成為 5.17，製造業部門的僅為 3.20。

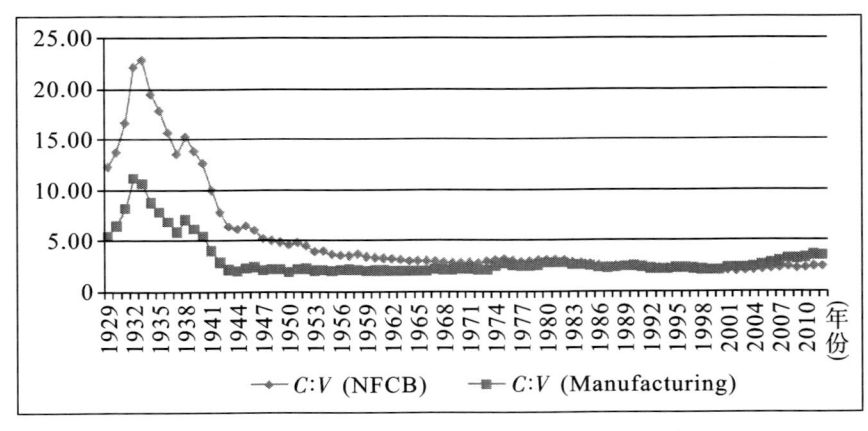

圖 6-2　1929—2012 年美國非金融企業部門和製造業部門資本有機構成

數據來源：GDP and the National Income and Product Account—Bureau of Economic Analysis, USA

為什麼資本有機構成呈現了短期上升后保持持續下降的趨勢？美國不斷上升的勞動力成本拉高了可變資本的規模；而隨著勞動生產率提高和技術進步，機器設備等資本品的價值卻在不斷下降。高技術和高知識需求性的行業，如互

聯網、信息技術、生物工程等,對人力資本的要求越來越高。相對於生產和試驗設備等,公司等需要為高質量的人力資本支付巨額的工資,其人力資本成本在不斷提高。反應到資本有機構成中,就是可變資本比例的提高。美國經濟出現的金融化,使得越來越多的資本投到了金融等非生產性領域,對生產性領域的投資越來越少。如近些年來,通用製造等傳統的製造業巨頭的資產一半是金融資產,而利潤一半以上來源於金融和與金融相關的銀行。產業轉移導致了美國的製造業從美國本土轉移到了勞動力成本低廉和稅收優惠的其他國家。比如,雖然美國是嚴重依賴汽車的國家,但是目前除豐田等日本車企在美國設廠生產外,通用、福特等汽車企業的生產線都逐漸轉移到了智利、阿根廷等國家。通過自由貿易區和低廉的勞動成本,美國人可以享受非常廉價的汽車。產業轉移已經使得美國出現了產業空心化的問題,導致本土的投資不足,就業不足。

如圖6-3,非金融部門和製造業部門中可變資本與預付總資本比都呈現了逐漸上升的趨勢。非金融部門中,1932年和1933年可變資本與預付總資本的比僅為0.04,后逐漸上升,並於2000年達到了0.30,后出現了一些下降。製造業部門中可變資本與預付總資本的比,1932年為0.08,后快速上升,1943年為0.31,至20世紀70年代初,這一比例一直維持在0.30左右的水平。這一時期,正是第二次世界大戰後美國經濟增長的最好階段,工人的工資也是增速最快的階段。20世紀70年代后期,這一比例開始下降,后略微回升后又開始下降。2012年,製造業部門中,這一比例已經下降到了0.22的水平。20世紀70年代開始的新自由主義政策主張削弱制工會,削減工人的工資和福利待遇。由於工會和工人主要存在於製造業部門,製造業部門中可變資本與預付總資本的比例出現了下降趨勢。

### 6.2.3 利潤率

對利潤率進行測度一直是西方馬克思主義學者進行實證研究的主要內容。不同的學者用不同的方法進行研究,得出的結論也是不一樣的。劉燦、韓文龍(2013)對此進行過詳細的介紹和概括。① 在此處,我們主要簡單介紹美國利潤率的變化情況,然后選擇一種利潤率測度方法進行測度。

利潤率是美國經濟的主要指示性指標,當利潤率上升時,經濟繁榮,企業投資增加,失業率相對降低,工人的生活水平變好;當利潤率下降時,經濟由

---

① 劉燦,韓文龍.利潤率下降規律研究述評——當代西方馬克思主義經濟學研究的新進展[J].政治經濟學評論,2013(4):165-177.

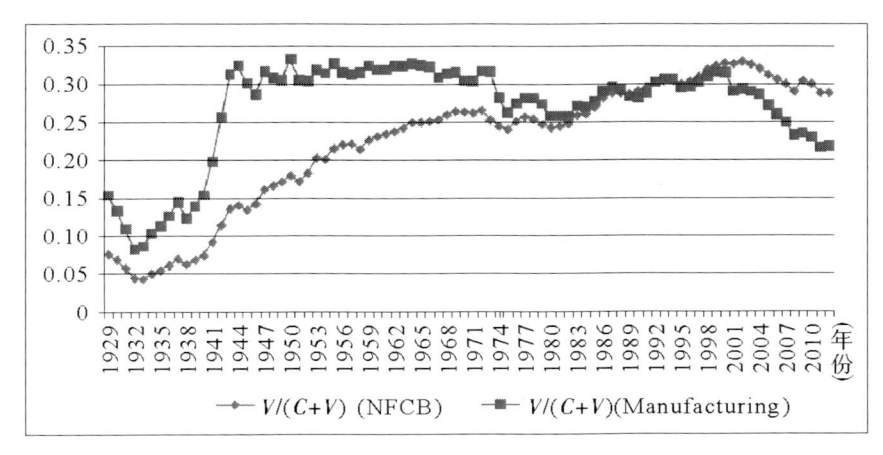

图 6-3　1929—2012 年美國非金融企業部門和製造業部門可變資本與預付總資本比

數據來源：GDP and the National Income and Product Account—Bureau of Economic Analysis, USA

繁榮走向停滯或蕭條，企業投資降低或停滯，失業率升高，工人的生活水平下降。Moseley（2003）估算了第二次世界大戰後美國的利潤率情況，第二次世界大戰後，1947 年的利潤率為 0.22，此後開始下降，到 1957 年的 0.18，為一個最低點，后又逐步上升到了 1967 年的 0.21，又開始逐步下降到了 1980 年左右的 0.10，后逐步上升，到 1997 年為 0.18，后又開始下降，到 2000 年左右為 0.14。[①] 1947—2002 年，美國的利潤率經歷了很多波動，但是總體而言利潤率呈現下降趨勢，因為后來的幾個波峰值多小於 1947 年的 0.22。

在本書中，筆者主要測度非金融部門和製造業部門的兩種利潤率：一是馬克思所說的「利潤率」，具體表示為 $\frac{剩余價值}{預付總資本}$；二是經濟利潤率，具體表示為 $\frac{稅前利潤＋利息等調整項}{固定資產投資＋存貨＋存貨等調整項}$。在「利潤率」的測度過程中，剩余價值用 6.2.1 小節中測度出來的新增淨價值（NV），預付總資本用 6.2.2 小節中測度出來的數據。如圖 6-4，非金融部門和製造業部門的利潤率經歷了相似的變化趨勢，即先增長，后維持平穩，最后又開始上升。就均值而言，非金融部門的平均利潤率為 8.81%，製造業部門的平均利潤率為 9.45%。非金融部門的利潤率一直為正，而製造業部門的利潤率在大蕭條期間的 1932 年和

---

[①] MOSELEY FRED. Marxian Crisis Theory and the Postwar U.S. Economy [R]. Working Paper, 2003.

1933年為負數。1939—1959年的21年內製造業部門的利潤率超過了非金融部門的利潤率。這個階段正是美國製造業發展的黃金階段。從1960年起，美國製造業部門的利潤率保持了與非金融部門基本一致的趨勢，但是大多數時候略微低於非金融部門。2007年前後，製造業部門的利潤率開始超越非金融部門的利潤率，趨於上升。近幾年，美國的「再工業化」政策推動了製造業部門的發展，有利於利潤率的提升。

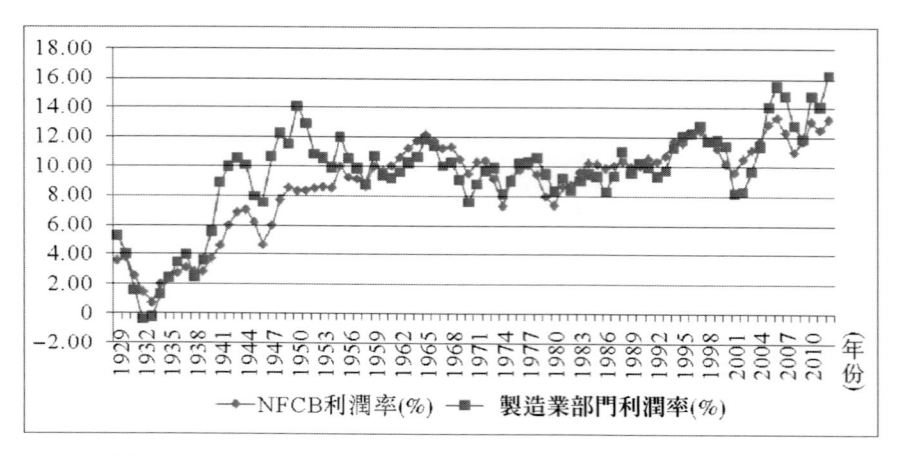

**圖6-4 1929—2012年美國非金融企業部門和製造業部門利潤率**

數據來源：GDP and the National Income and Product Account—Bureau of Economic Analysis, USA

對非金融部門和製造業部門經濟利潤率的測算中，稅前經濟利潤為私人企業部門經過存貨價值和資本耗費調整的稅前經濟利潤，利息調整項為稅前利息支付，兩者相加可以得到總利潤。固定資產投資為非住宅固定資產投資，包括裝備、建築物和知識性產品三類；存貨為當年的存貨，並加入存貨價值調整項。將三者相加就可以得到資本總額。用利潤總額除以資本總額就可以得到經濟利潤率。如圖6-5，1929—2012年，美國製造業部門和非金融部門的稅前經濟利潤率經歷了類似的波動趨勢。大蕭條期間，尤其是1933年左右，兩者的經濟利潤率都出現了大幅度下降，製造業部門還出現了負利潤率。大蕭條後，兩者的利潤率又開始上升。1934—1965年，製造業部門的經濟利潤率出現了較快的增長，最高達到了1950年的高峰值13.15%，並遠遠高於非金融部門的經濟利潤率。1966年起，製造業部門的經濟利潤率出現了緩慢的下降趨勢，並低於非金融部門的經濟利潤率。2001年和2008年是兩個低谷，這兩年分別是互聯網泡沫破裂和金融危機發生的一年。這兩次低谷以後，經濟利潤率又開

始緩慢上升。1929—2012 年，非金融部門和製造業部門的稅前經濟利潤率的均值分別為 7.65% 和 7.58%。美國非金融部門和製造業部門稅前經濟利潤率的長期變化趨勢是緩慢上升，不過是波動中的緩慢上升。

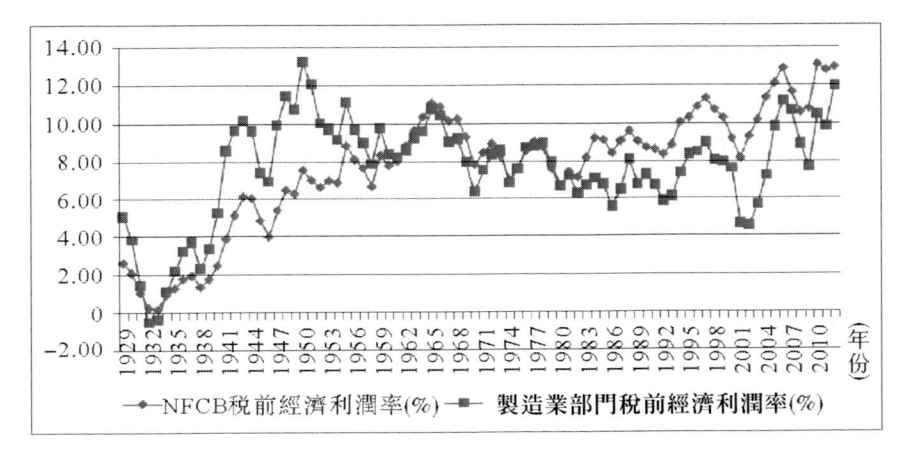

**圖 6-5　1929—2012 年美國非金融企業部門和製造業部門經濟利潤率**

數據來源：GDP and the National Income and Product Account—Bureau of Economic Analysis, USA

雖然測度的稅前經濟利潤率均值在 7% 以上的水平，但是稅後經濟利潤率（包括利息支付）和稅後純經濟利潤率（扣除利息支付）卻低得多。以非金融部門為例，稅後經濟利潤率的均值僅僅為 5.35%，稅後純經濟利潤率為 3.94%。如果扣除非金融部門中信息技術行業等新興行業的利潤率，非金融部門的利潤率更低。這就可以解釋為什麼越來越多的企業開始從事金融業務、美國經濟過度金融化和產業空心化的原因了。

### 6.2.4　剩餘價值轉化為再投資的比率

在資本主義生產過程中生產的剩餘價值，一部分用來供資本家消費，以及作為非生產性工人的工資和政府部門的稅收等，另一部分則用來進行再投資。剩餘價值用於再投資的比例越高，資本家在未來獲得更多剩餘價值的可能性就越大，同時整個資本主義經濟體系由投資帶動經濟增長的可能性就越高。那麼剩餘價值轉化為再投資的比例如何計算呢？由於統計數據中很難區分資本家的消費等，故測度剩餘價值轉化為再投資比例時，筆者僅僅用一個近似估計數來替代。具體的做法是，直接用一個變量來近似表示再投資的規模。筆者採用了滯後一年（即下一年）的資本耗費來替代剩餘價值中再投資的規模。然后用

滯后一年的資本耗費與前一年的剩余價值之比來近似表示剩余價值與再投資的比例。

如圖 6-6，從總體趨勢來看，剩余價值轉化為再投資的比例有緩慢上升的趨勢。不過，在大蕭條期間，製造業部門的這個比例快速下降，並降為負數，后又上升再下降。大蕭條以後，製造業部門的剩余價值轉化為再投資的比例具有明顯的上升趨勢。就均值而言，製造業部門剩余價值轉化為再投資的比例為 52.56%。不過，一些年份，如 2002 年和 2003 年，這個比例超過了 100%。這說明製造業企業不僅利用自身的資本累積或本行業內的資本累積，而且通過向金融等行業大規模舉債來完成投資。這些年份也是美國的企業部門負債率高企的年份。在大蕭條期間，非金融部門剩余價值轉化為再投資的比例先上升後急速下降，經歷了長達 10 左右的下降趨勢后，又開始緩慢上升，不過其上升的幅度遠遠小於製造業部門。非金融部門剩余價值轉化為再投資的比例一般是小於 50% 的，其均值為 47.71%。在 2008 年金融危機前後，兩類部門的這一比例都出現了快速下降。可見，危機對投資比例的影響還是非常大的。

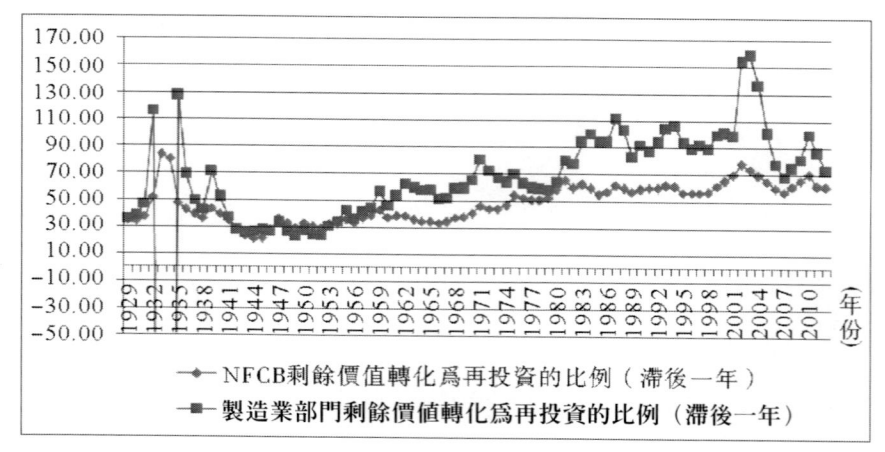

**圖 6-6　1929—2012 年美國非金融企業部門和製造業部門剩余價值轉化為再投資的比例**
數據來源：GDP and the National Income and Product Account—Bureau of Economic Analysis, USA

為什麼非金融部門和製造業部門剩余價值轉化為再投資的比例都出現了上升的趨勢（尤其是製造業部門的這個變化趨勢更明顯）？筆者認為可以解釋為：第一，資本家的財富累積越多，其邊際消費傾向越低，其用於消費部分就相對減少，進而會增加投資的比例。第二，政府的減稅政策也可以促使投資比例的增加。如小布什在其任期內多次實施減稅政策，有利於企業部門的投資。

第三，現代化的規模生產要求更多的資本投入，才能形成規模優勢，進而形成生存和競爭優勢。第四，現代信用體系，尤其是金融業的發展可以幫助實體企業在本行業以外融資，滿足大規模投資的需要，這一定程度上可以超越依靠自身累積來完成投資的局限性，可以實現大規模的生產性投資。

### 6.2.5 經濟增長率

經濟增長率主要測度一個經濟體增長的速度。本書主要採用美國經濟分析局公布的經濟增長率數據，這個數據是經過了季度性調整的，以前一期為基數的實際 GDP 增長率。

如圖 6-7，美國的實際 GDP 增長率在大蕭條時期出現了劇烈的波動，增長率從 1929 年前的正增長下跌到了負增長，最低增長率為 1932 年的 -12.90%，1934 年開始恢復到正常，1938 年又出現了負增長。這說明此階段，大蕭條對經濟的影響是非常大的，同時蕭條以後經濟增長率的恢復並不是很穩定。在第二次世界大戰之初，美國並不是參戰國，主要向歐洲交戰國出口軍備物資和武器，「珍珠港」事件後，美國開始參戰。在戰爭需求的拉動下，1939—1944 年，美國保持了連續六年年均 13.07% 的高速增長。第二次世界大戰後，受到戰爭破壞影響，經濟增長連續幾年出現了負數。不過，從 20 世紀 50 年代初期至 70 年代初期，美國經濟增長率相對穩定，除 1958 年出現負值外，基本保持了 5% 左右相對穩定的增長率。70 年代至 90 年代初期，經濟增長率有多次大的波動，出現了 5 次負增長。1992—2000 年，美國經歷了一個短暫而穩定的經濟增長，其增長率均值為 3.84%。這一階段正好是克林頓執政時期，也是信息技術革命和應用在美國發展最快的時期，新技術對經濟增長的貢獻率具有重要的作用。2001 年，「互聯網泡沫」破滅，當年的經濟增長率僅為 1%。隨后幾年，經濟增長率開始逐漸恢復。2008 年爆發的金融危機嚴重影響了經濟增長率，2008 年和 2009 年兩年，美國的經濟增長率為負數，后逐漸恢復正增長，不過增長率相對較低。如 2013 年的增長率僅為 1.9%。1930—2012 年，就均值而言，美國實際的經濟增長率為 3.41%。

除了考慮美國 GDP 的增長率，還需要考慮非金融企業部門增加值的增長率。如圖 6-8，從長期趨勢來看，1929—2012 年，非金融企業部門增加值的增長率與 GDP 的增長率具有一致的趨勢，即穩中有降的趨勢。因為兩種趨勢圖的波峰是逐漸下降的，每一階段增長率的均值也是逐漸下降的。就均值而言，非金融企業部門增加值增長率為 6.65%，高於實際 GDP 增長率 3.41%，對 GDP 的貢獻率為 51.29%，對 GDP 的拉動作用為 1.79（拉動作用意味著

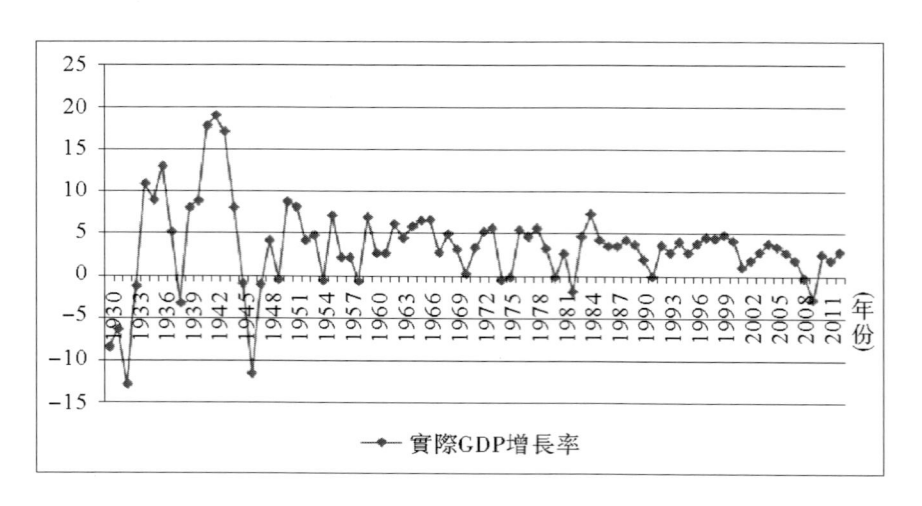

图 6-7　1930—2012 年美國經濟增長率

數據來源：GDP and the National Income and Product Account—Bureau of Economic Analysis, USA

GDP 平均增長率 3.41 中，1.79 是由非金融企業部門拉動的）。可見，非金融企業部門對 GDP 增長率的作用是非常大的。①

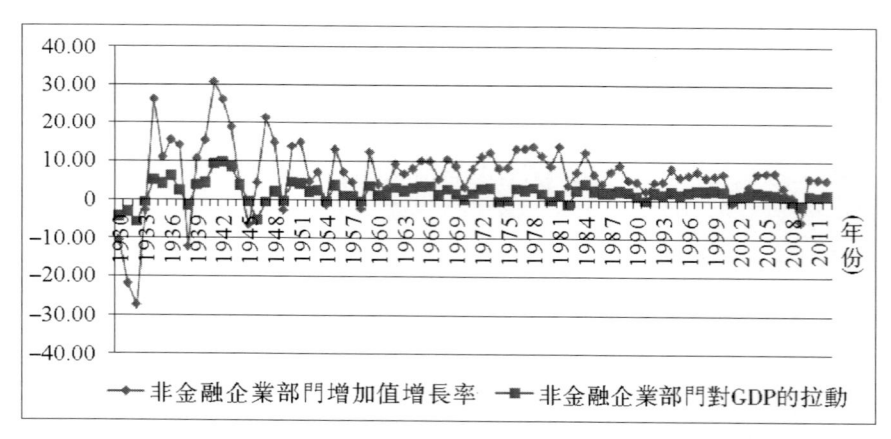

图 6-8　1930—2012 年美國非金融企業部門增加值增長率及對 GDP 的拉動

數據來源：GDP and the National Income and Product Account—Bureau of Economic Analysis, USA

---

① 除非金融企業部門以外，金融企業部門、私人家庭和非營利性社會機構、政府部門等都會對 GDP 的增長率產生作用和影響。

製造業部門增加值的增長率及對 GDP 的拉動又是怎樣的呢？製造業部門的相關統計數據是 1997 年以后的，其他的分析數據在時間上並不一致。由於時間較短，如圖 6-9，其並沒有顯示出明顯的趨勢。不過，1998—2012 年，就均值而言，製造業部門增加值增長率為 2.64%，對 GDP 的貢獻率為 13.36%，拉動作用為 0.32。可以看出，近些年來，製造業部門對美國 GDP 增長率的作用已經非常小了。

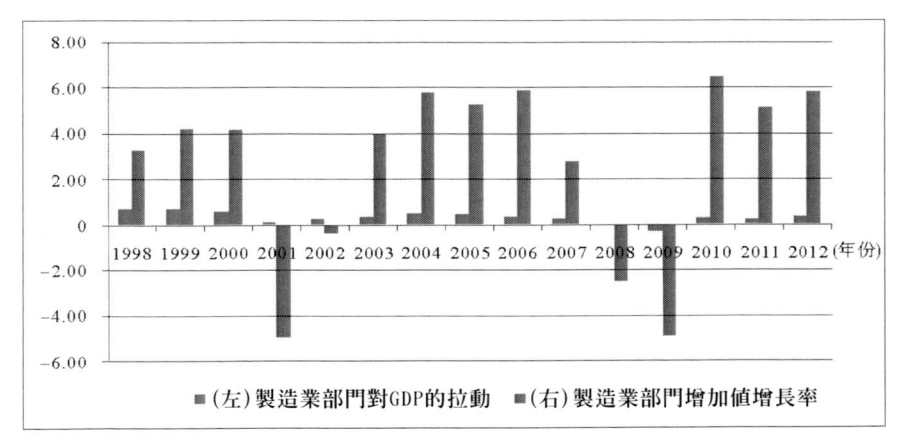

**圖 6-9　1998—2012 年美國製造業部門增加值增長率及對 GDP 的拉動**

數據來源：GDP and the National Income and Product Account—Bureau of Economic Analysis, USA

### 6.2.6　資本總循環時間

單個資本的循環時間很難測度，可以將三種資本的總循環時間作為一個整體來測度。馬克思在論述流通中的貨幣量時給出了一個公式：$M = Y_c/Q_c$，$M$ 為流通中的貨幣量，$Y_c$ 為商品價格總額，$Q_c$ 為同名貨幣參與流通的次數。如果知道 $Y_c$ 和 $M$ 就可以計算出 $Q_c$，即 $Q_c = Y_c/M$。在某一時間段 $T_p$ 內，貨幣的流通時間 $T_m = T_p/Q_c$。資本循環的過程就是以貨幣為起點，經過循環又回到新起點的過程。所以，資本的總循環時間和貨幣的流通時間是一致的，即 $T = T_p/Q_c$。

對美國資本總循環時間的測度主要利用基礎貨幣 $M_0$、狹義貨幣 $M_1$ 和廣義貨幣 $M_2$，以及國民生產總值（GDP）得到。在具體測度時，先用國民生產總值（GDP）和貨幣供應量的數據得到不同類型貨幣參與流通的次數，然后利用 365 天除以不同的流通次數就可以得到資本總循環時間 $T_0$、$T_1$ 和 $T_2$。

如圖 6-10，$T_0$ 的資本循環時間最短，其平均資本循環時間為 19 天，$T_1$ 次之，其平均資本循環時間為 57 天，$T_2$ 的最長，其平均資本循環時間為 198 天。這說明，流動性越高的貨幣參與資本循環時資本循環的速度越快。

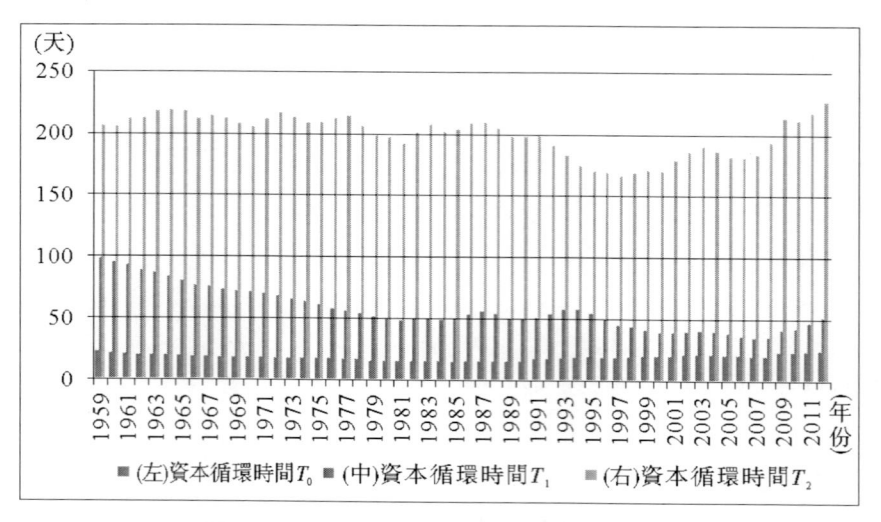

**圖 6-10　1959—2012 年美國資本總循環時間**

數據來源：GDP and the National Income and Product Account—Bureau of Economic Analysis; Economic Research & Data—Board of Governors of the Federal Reserve System, USA

## 6.3　實證檢驗

### 6.3.1　模型設定

利潤率下降是導致危機發生的主要原因。但是，導致利潤率下降的因素又是多元化的。按照式（24）的分解，剝削率、可變資本占比以及資本循環的時間等都會影響利潤率。經濟增長率停滯或下降是危機的主要表現。那麼什麼因素會導致經濟增長率的停滯或下降？按照式（8），剝削率、可變資本占比、剩餘價值轉化為再投資的比例以及總循環時間等都會影響增長率。那麼，影響利潤率和經濟增長率的各種因素對兩者到底有多大的影響呢？這可以用計量模型來進一步估計。

將式（8）和式（24）兩邊同時取自然對數，則分別變為：

$$\ln g = \ln p + \ln e + \ln k - \ln T \tag{25}$$

$$\ln r = \ln e + \ln k - \ln T \tag{26}$$

加入截距項和各個參數的系數，式（25）和式（26）可以進一步寫為計量方程式：

$$\ln g = \alpha_0 + \alpha_1 \ln p + \alpha_2 \ln e + \alpha_3 \ln k + \alpha_4 \ln T + \varepsilon_0 \tag{27}$$

$$\ln r = \beta_0 + \beta_2 \ln e + \beta_3 \ln k + \beta_4 \ln T + \gamma_0 \tag{28}$$

對式（27）和式（28）進行估計，就可以得到影響經濟增長率 $g$ 和利潤率 $r$ 的各個因素的系數，並進一步驗證前面理論分析的正確性。

### 6.3.2 數據及統計性描述

（一）數據來源

本書所使用的數據包括直接數據和間接數據兩類。直接數據是在美國國民經濟局的國民收入和生產帳戶（GDP and the National Income and Product Account，簡稱 GNIPA）中直接得到，如「經濟增長率」等。間接數據則是通過測度得到的。「剩餘價值率」「可變資本與預付總資本之比」「利潤率」「剩餘價值轉化為再投資的比率」「資本總循環時間」等是通過間接的測度得到的。間接測度時所使用的數據一部分來自美國國民經濟局的國民收入和生產帳戶（GNIPA），另一部分數據，如貨幣供給量等數據則來源於美聯儲網站公布的官方數據。本研究主要採用了年度數據，考慮到數據的完整性，數據區間為1959—2012年。

（二）變量選取

在表6-1中，筆者給出了本研究的主要變量，對於「剩餘價值率」「利潤率」「可變資本占總資本的比例」「剩餘價值轉化為再投資的比例」等均區分了非金融部門和製造業部門。「利潤率」還區分了馬克思提出的一般利潤率和普通意義上的稅前經濟利潤率。資本循環時間區分了 $T_0$、$T_1$ 和 $T_2$，它們分別利用基礎貨幣 $M_0$、狹義貨幣 $M_1$ 和廣義貨幣 $M_2$ 計算得到。這些變量的具體測度已經在6.2小節中給出了。

表 6-1　　　　　　　　　主要變量的選取

| 變量 | 註釋 | 單位 |
| --- | --- | --- |
| $g$ | 實際 GDP 增長率 | % |
| NFCB-k | 非金融部門（NFCB）可變資本占總資本的比例 | % |
| Manufacturing-k | 製造業部門可變資本占總資本的比例 | % |
| NFCB-r | 非金融部門（NFCB）稅前經濟利潤率 | % |

表6-1(續)

| 變量 | 註釋 | 單位 |
|---|---|---|
| Manufacturing-r | 製造業部門稅前經濟利潤率 | % |
| NFCB-e | 非金融部門（NFCB）剩餘價值率 | % |
| Manufacturing-e | 製造業部門剩餘價值率 | % |
| NFCB-p | 非金融部門（NFCB）剩餘價值轉化為再投資的比例（滯后一年） | % |
| Manufacturing-p | 製造業部門剩餘價值轉化為再投資的比例（滯后一年） | % |
| $T_0$ | 資本循環時間 $T_0$ | 天 |
| $T_1$ | 資本循環時間 $T_1$ | 天 |
| $T_2$ | 資本循環時間 $T_2$ | 天 |

（三）統計性描述

如表6-2，1959—2012年的54年間，美國實際GDP年均增長率為3.22%，其中最小值為2009年的-2.80%，最大值為1984年的7.30%。考察可變資本占總資本的比例可以發現，製造業部門的這一比例的均值要大於非金融部門的比例，但是非金融部門的波動性大一些。就稅前經濟利潤率而言，非金融部門的利潤率均值要大於製造業部門。非金融部門的剝削率均值要大於製造業部門，且其波動性比製造業部門小很多。比較而言，製造業部門中，剩餘價值轉化為再投資的比例要高於非金融部門整體的平均水平。考察資本循環時間可以看出，流動性越強的貨幣參與資本循環后，其循環時間縮短。具體而言就是 $T_0$ 的均值小於 $T_1$，而 $T_1$ 的均值小於 $T_2$。

表6-2　　　　　　　　變量的統計性特徵

| 變量 | 樣本量 | 均值 | 標準差 | 最小值 | 最大值 |
|---|---|---|---|---|---|
| g | 54 | 3.22 | 2.19 | -2.80 | 7.30 |
| NFCB-k | 54 | 27.68 | 3.02 | 22.57 | 32.93 |
| Manufacturing-k | 54 | 28.73 | 2.86 | 21.57 | 32.57 |
| NFCB-r | 54 | 9.45 | 1.57 | 6.62 | 13.00 |
| Manufacturing-r | 54 | 7.99 | 1.60 | 4.52 | 11.86 |
| NFCB-e | 54 | 38.44 | 4.66 | 29.35 | 48.72 |
| Manufacturing-e | 54 | 37.62 | 10.54 | 24.89 | 74.62 |

表6-2(續)

| 變量 | 樣本量 | 均值 | 標準差 | 最小值 | 最大值 |
|---|---|---|---|---|---|
| NFCB-p | 54 | 53.77 | 11.37 | 32.62 | 77.07 |
| Manufacturing-p | 54 | 81.55 | 23.95 | 45.72 | 157.83 |
| $T_0$ | 54 | 18.95 | 2.40 | 15.58 | 25.02 |
| $T_1$ | 54 | 57.00 | 16.40 | 34.60 | 98.06 |
| $T_2$ | 54 | 198.43 | 15.81 | 165.78 | 225.02 |

### 6.3.3 模型檢驗及結論

對因變量和自變量的數據取自然對數，所選數據均是二階平穩的時間序列。對式（27）和式（28）進行迴歸分析，自變量前面的系數可直接表示自變量變化1%時因變量的變化率。

首先對式（27）進行迴歸。迴歸的有效樣本數為47個。表6-3中，第（1）、（2）、（3）列是利用非金融部門的「可變資本占總資本的比例（NFCB-k）」「剝削率（NFCB-e）」「剩餘價值轉化為再投資的比例（NFCB-p）」以及「資本循環時間（$T_0$、$T_1$和$T_2$）」對「經濟增長率$g$」進行的迴歸。從迴歸的總體效果來看，這四個解釋變量對被解釋變量的擬合度不高，擬合優度僅在0.2左右的水平。這說明這四個因素並不能完全解釋經濟增長率。從迴歸的顯著性來看，「剝削率（NFCB-e）」的系數顯著性較高，剝削率對資本主義經濟增長具有正的影響，非金融部門剝削率提高可以增加資本主義的經濟增長率。另外從迴歸結果可以看出，以貨幣$M_1$為內容形成的資本循環時間越短，越有利於經濟的增長。

表6-3中，第（4）、（5）、（6）列是製造業部門的「可變資本占總資本的比例（Manufacturing-k）」「剝削率（Manufacturing-e）」「剩餘價值轉化為再投資的比例（Manufacturing-p）」以及「資本循環時間（$T_0$、$T_1$和$T_2$）」對「經濟增長率$g$」進行的迴歸。迴歸的擬合優度也並不高，僅為0.2~0.35。這說明這四個自變量是不能完全解釋經濟增長這一因變量變化的。不過，「可變資本占總資本的比例（Manufacturing-k）」和「剝削率（Manufacturing-e）」的迴歸系數較顯著。在製造業部門，可變資本占總資本的比例和剝削率的增加都有利於資本主義經濟的增長。從迴歸結果可以看出，以貨幣$M_2$為內容形成的資本循環時間延長，是不利於經濟增長的。

表 6-3　　　　　　　　　　對經濟增長率 $g$ 的迴歸

|  | （1） | （2） | （3） | （4） | （5） | （6） |
|---|---|---|---|---|---|---|
| NFCB-k | −0.060,4<br>(1.283,3) | −1.321,8<br>(1.401,9) | −2.141,3<br>(1.470,0) |  |  |  |
| Manufacturing-k |  |  |  | 5.386,4<br>(1.290,3)*** | 3.674,5<br>(1.375,9)*** | 5.606,5<br>(1.442,6)*** |
| NFCB-p | 0.492,4<br>(0.590,4) | 0.506,7<br>(0.831,6) | 0.542,4<br>(0.624,2) |  |  |  |
| Manufacturing-p |  |  |  | −0.019,3<br>(0.262,3) | 0.233,8<br>(0.441,3) | 0.458,3<br>(0.356,2) |
| NFCB-e | 2.917,3<br>(1.062,7)*** | 1.521,5<br>(0.932,5) | 1.715,4<br>(0.943,4)* |  |  |  |
| Manufacturing-e |  |  |  | 2.136,5<br>(0.576,0)*** | 1.507,7<br>(0.559,3)*** | 1.919,8<br>(0.563,6)*** |
| $T_0$ | −1.942,8<br>(0.836,6)** |  |  | −2.198,3<br>(0.704,2)*** |  |  |
| $T_1$ |  | 0.038,5<br>(0.739,6) |  |  | 0.500,1<br>(0.546,4) |  |
| $T_2$ |  |  | −1.366,7<br>(1.443,0) |  |  | 2.800,3<br>(1.204,3)** |
| 常數項 | −5.473,1<br>(5.321,2) | −2.104,5<br>(9.344,8) | 7.143,9<br>(10.756,7) | −18.697,5<br>(5.943,7)*** | −19.605,0<br>(7.176,9)*** | −41.361,2<br>(12.230,2)*** |
| $R^2$ | 0.221,4 | 0.121,5 | 0.139,8 | 0.343,9 | 0.207,5 | 0.283,9 |
| $F$ 值 | 2.99** | 1.45 | 1.71 | 5.5*** | 2.75** | 4.16*** |
| 有效樣本量 | 47 | 47 | 47 | 47 | 47 | 47 |

註：括號內數字為標準誤差；* 表示 10% 水平顯著，** 表示 5% 水平顯著，*** 表示 1% 水平顯著；該表的估計結果是用 Stata11.0 計量軟件完成的。另外，迴歸時的因變量和自變量都是取自然對數后進行的迴歸

其次，對式（28）進行迴歸。迴歸的有效樣本數為 54 個。由於利用馬克思提出的利潤率，即剩餘價值與預付可變資本的比例來對式（28）迴歸的結果中，擬合優度為 1，存在直接的相關關係。所以，為了避免多重共線性，此處的迴歸採用的是經濟利潤率（詳細的測度見 6.2.3 小節）。

表 6-4 中，第（1）、（2）、（3）列是對非金融部門的經濟利潤率進行的迴歸。迴歸的被解釋變量是「非金融部門經濟利潤率（NFCB-r）」，解釋變量是「可變資本占總資本的比例（NFCB-k）」「剝削率（NFCB-e）」和「資

本循環時間（$T_0$、$T_1$ 和 $T_2$）」。從擬合優度來看，擬合優度較好，這說明這三個變量可以有效地解釋資本主義非金融部門經濟利潤率的變化。從迴歸係數和顯著性來說，「可變資本占總資本的比例（NFCB-k）」和「剝削率（NFCB-e）」對經濟利潤率具有正的影響，且係數顯著。以 $M_0$ 和 $M_2$ 為內容的資本循環中，循環時間越短，越有利於經濟利潤率的增加。

表 6-4　　　　　　　　　　　對利潤率 $r$ 的迴歸

| | NFCB-r | | | Manufacturing-r | | |
|---|---|---|---|---|---|---|
| | （1） | （2） | （3） | （4） | （5） | （6） |
| NFCB-k | 1.185,5 (0.086,8)*** | 0.907,0 (0.092,7)*** | 1.315,9 (0.093,0)*** | | | |
| Manufacturing-k | | | | 1.483,0 (0.273,4)*** | 0.796,3 (0.164,0)*** | 1.736,9 (0.185,5)*** |
| NFCB-e | 1.073,3 (0.081,1)*** | 1.210,3 (0.059,7)*** | 1.082,0 (0.066,7)*** | | | |
| Manufacturing-e | | | | 1.064,0 (0.136,6)*** | 1.087,6 (0.067,9)*** | 1.140,0 (0.081,5)*** |
| $T_0$ | 0.060,3 (0.078,3) | | | -0.193,4 (0.178,6) | | |
| $T_1$ | | -0.181,5 (0.039,8)*** | | | 0.485,9 (0.050,4)*** | |
| $T_2$ | | | 0.204,4 (0.127,3) | | | 1.186,2 (0.161,5)*** |
| 常數項 | -5.782,8 (0.406,3)*** | -4.454,6 (0.453,7)*** | -7.150,2 (0.893,1)*** | -6.174,1 (1.185,4)*** | -6.470,1 (0.708,7)*** | -14.137,7 (1.375,6)*** |
| $R^2$ | 0.894,0 | 0.924,2 | 0.898,0 | 0.615,2 | 0.862,2 | 0.810,5 |
| F 值 | 140.54*** | 203.32*** | 146.71*** | 26.64*** | 1.4.24*** | 71.30*** |
| 有效樣本量 | 54 | 54 | 54 | 54 | 54 | 54 |

註：括號內數字為標準誤差；* 表示 10%水平顯著，** 表示 5%水平顯著，*** 表示 1%水平顯著；該表的估計結果是用 Stata11.0 計量軟件完成的。另外，迴歸時的因變量和自變量都是取自然對數後進行的迴歸

表 6-4 中，第（4）、（5）、（6）列是對製造業部門經濟利潤率進行的迴歸。迴歸的被解釋變量是「製造業部門經濟利潤率（Manufacturing-r）」，解釋變量是「可變資本占總資本的比例（Manufacturing-k）」「剝削率（Manufacturing-e）」和「資本循環時間（$T_0$、$T_1$ 和 $T_2$）」。三個迴歸方程的擬合優度

較好，這說明這三個變量可以有效地解釋資本主義製造業部門經濟利潤率的變化。從迴歸系數和顯著性來看，「可變資本占總資本的比例（Manufacturing-k）」和「剝削率（Manufacturing-e）」對經濟利潤率具有正的影響，且系數顯著。這說明增加可變資本在總資本中的比例，同時增加剝削率是有利於資本主義製造業獲得更多經濟利潤率的。以 $M_1$ 和 $M_2$ 為內容的資本循環中，循環時間越長，經濟利潤率會增加得越慢。

總之，從以上的迴歸可以得到以下結論：從非金融部門和製造業部門的迴歸結果來看，「剝削率」和「可變資本占總資本的比例」的增加對資本主義的經濟增長率具有正的影響；「資本循環時間」的增加不利於資本主義經濟的增長率的提高。「可變資本占總資本的比例」「剝削率」「剩餘價值轉化為再投資的比例（NFCB-p）」以及「資本循環時間」並不能完全解釋資本主義的經濟增長。要解釋資本主義的經濟增長，需要加入更多的解釋變量才可以。從非金融部門和製造業部門經濟利潤率的迴歸結果中可以看出，「可變資本占總資本的比例」「剝削率」和「資本循環時間」三個變量可以很好地解釋其經濟利潤率的變化。「可變資本占總資本的比例」和「剝削率」的增加，有利於資本主義企業部門（非金融部門和製造業部門）經濟利潤率的增加；而資本循環時間越短，越有利於資本主義部門提高經濟利潤率。

如 6.1.2 小節中所述，資本主義累積體系的變化一方面會影響剝削率，進而影響到經濟增長率。一定條件下，剝削率越高，資本家可以獲得的剩餘價值越多，其擴大再生產的積極性越高。但是剝削率超過了某一限度，即工人無法維持基本生存和自身的再生產時，就會產生兩種影響：一是「相對貧困化」的工人階級沒有支付能力來購買基本的生存資料，資本家的擴大再生產出現「商品過剩」，剩餘價值和價值不能實現完整的循環，其擴大再生產的積極性會降低。由此，經濟陷入了生產過剩和有效消費不足導致的危機。二是工人階級會參與爭取工資和權利的鬥爭。如果爆發大規模的罷工，勢必會影響經濟的增長，經濟會出現波動。工人階級鬥爭的結果可能是工人工資和福利的相對提高。此時，商品剩餘問題會得到部分解決，資本家又開始了擴大再生產。

資本主義的累積體系也會影響利潤率，進而影響經濟的增長性和穩定性。新自由主義體制下，企業之間過度的競爭性會稀釋企業的利潤率，使得越來越多的企業不得不通過降低工人工資和其他生產成本來面對競爭。低利潤率必然會影響企業的科研投入和生產性投入。長期來看，各項投入的降低必然會影響經濟的增長性。另外，如果實體經濟企業獲得的利潤被金融部門通過利息「掠奪」走，必然導致實體經濟企業利潤率的降低，進而會影響其擴大再生產

的積極性。甚至，有些實體經濟企業會開始組建金融公司，靠買賣金融資產來賺錢。長此以往，必然會形成產業空心化和經濟金融化。這會削弱經濟的增長性，並增加經濟不穩定性的概率。

　　資本主義體系中，信用擴張是與資本循環時間密切相關的。私人信用的適度擴張有利於擴大消費規模，幫助資本家解決「商品剩餘」問題。企業信用的適度擴張有利於幫助資本家解決擴大再生產的生產資本問題。可見，適度的信用擴張有利於縮短全社會的資本循環時間。但是過度的信用擴張又會延長全社會的信用鏈條。如果一個社會的信用鏈條太長和太複雜，並累積了大量的風險，那麼受到內外部衝擊導致的信用鏈條的斷裂、信用風險泡沫的破滅必然會延遲或中斷全社會的資本循環時間。而資本週轉時間縮短有利於經濟的增長，而資本週轉時間的延遲則會減弱經濟的增長性。可見信用擴張可以通過影響資本週轉時間而影響資本主義經濟的增長率。總之，資本主義危機是與資本累積和貨幣信用擴張相聯繫的綜合性經濟危機。

## 6.4　本章小結

　　本章主要利用資本循環模型構建了綜合性經濟危機理論的實證模型並進行了實證檢驗。推導出的模型中，「經濟增長率」是與「剩餘價值率」「可變資本占總資本之比」「利潤率」「剩餘價值轉化為再投資的比例」「資本週轉時間」相關的。這些因素的變化都會影響經濟增長率的變化。經濟增長率的波動就源於這些因素的波動。「利潤率」則與「剩餘價值率」「可變資本占總資本之比」和「資本週轉時間」相關。這些因素的變動會引起利潤率的變動。當經濟增長率和利潤率都出現波動時，整個經濟將會陷入波動中，甚至處於危機中。

　　由於「剩餘價值率」「可變資本占總資本之比」「利潤率」「剩餘價值轉化為再投資的比例」和「資本週轉時間」的數據不能直接得到，本書對這些變量進行了測度。最后利用這些測度得到的數據實證檢驗了影響經濟增長率和利潤率的因素，並進一步驗證了綜合性經濟危機理論。

# 7 資本主義經濟體系的兩次大危機

## 7.1 大蕭條（1929—1933）

近百年來，資本主義世界發生了兩次世界性的大危機——1929—1933年的大蕭條和2008年的世界性金融危機。這兩次危機的深度和廣度是空前的。本小節重點回顧大蕭條發生的過程，並探尋危機發生的綜合性成因。

### 7.1.1 大蕭條的基本事實

第一次世界大戰以後，美國已經成為世界上最強大的國家之一。美國公司的規模不斷擴大，利潤不斷增加，銀行存款規模不斷擴張，就業形勢良好，對外貿易順差持續多年，成為世界上最主要的債權國和資本輸出國。經濟繁榮的背後卻存在著很多潛在風險。[1] 富有階級和貧困階級之間的貧富差距越來越大。1929年，占全國總人口2%的富有者占據了全國3/5的財富，在富豪們享受奢華生活的同時，全國近一半的家庭收入低於1,500美元，過著相當拮据的生活。工業和農業等領域出現了越來越多的「生產過剩」問題。採用機械化、流水線作業和科學管理方法，大大提高了工廠的勞動生產率，產量大幅度提升。一方面是產品產量的提高，另一方面則是「相對貧困化」的工人階級無力購買這些商品，出現了商品的「相對過剩」。農產品出現了過剩，價格不斷下跌。隨著開墾的土地面積增加，以及農業機械化水平的提高，農產品的產量大幅度提高。但是由於國外需求的縮減，以及農產品供給過剩，出現了價格下跌。一方面是農產品價格的下跌，另一方面則是農業生產成本不斷上升。

---

[1] 張和聲. 盛衰彈指間——美國30年代大蕭條起因 [J]. 史林，2009（2）：146-154.

1928—1929 年，木材和小麥等的價格開始下跌，出現了農業領域的衰退。房地產和股票投機盛行，人人都想通過房地產投資和股票投機一夜暴富。此時，美國主要城市的房地產蓬勃發展，新建的商業性房地產和住宅型房地產面積激增。很多機構和富人都參與到了房地產的投機活動中。借助銀行業寬鬆的貸款，「炒房」問題越來越嚴重。但是 20 世紀 20 年代末，房地產泡沫破滅，房地產陷入了蕭條狀態。除了房地產投資外，工業股票的投機盛行。在低利率政策的刺激下，越來越多的人投資於股市，股市泡沫迅速形成。

1929 年 10 月 24 日，美國股市出現了急遽下跌，股票市值在很短的時間內從最高峰跌到了低點。由於恐慌情緒的蔓延，人們只願意拋售股票，而不願意買入股票，股票價格「一瀉千里」。10 月 29 日（星期二）美國紐約股市又持續暴跌，並跌到了極點，這一天被稱為「黑色星期二」。從 10 月 29 日到 11 月 13 日，美國紐約股市大約有 300 億美元的股票市值「蒸發」了。美國陷入了股票市場危機。隨著股票市場危機的加劇，銀行業倒閉危機加劇。按照 Bernanke（1981）的數據，1930—1933 年，美國的商業銀行倒閉的比例分別為 5.6%、10.5%、7.8% 和 12.9%。[1] 銀行的倒閉和擠兌進一步加深了危機。

危機還蔓延到了工業和農業領域。受到股票市場崩潰的影響，很多企業陷入了破產的狀態。除了破產外，很多企業處於半開工或停產狀態。大蕭條期間，美國的工業總產值出現了大幅度的下降。以汽車業為例，1932 年美國的汽車產量僅為 143 萬輛，僅相當於 1922 年左右的水平。[2] 與工業相關的固定資產投資也出現了大幅度的下降，美國進入一個私人企業投資低潮期。大蕭條之前，美國的農業已經陷入了危機。受到大蕭條的影響，美國的農業生產的狀態進一步惡化。在大蕭條期間，農業的總產值進一步下降，農產品的價格進一步下降，農業部門的負債率卻急遽上升。1932 年，美國農業部門的負債率達到了 203% 的歷史最高水平。[3] 農產品的價格下跌，負債高企，絕望的農場主採取了「倒牛奶」等類似的行為破壞農業生產。至此，大蕭條期間，原本就處於「疲軟」狀態的農業，陷入了長期的蕭條。

危機造成了嚴重的失業問題。依據統計數據，1929—1932 年，美國的失

---

[1] BERNANKE BEN. Bankrupty, Liquidity and Receession [J]. American Economic Review, 1981, 71 (2): 155-159.
[2] 郝延偉. 美國大蕭條——史實與爭論 [D]. 上海：復旦大學，2011：64.
[3] 郝延偉. 美國大蕭條——史實與爭論 [D]. 上海：復旦大學，2011：66.

業率增加了607%，英國、法國和德國的失業率則分別增加了129%、214%和232%。[1] 其中，1930—1933年，美國的失業人口分別達到了434萬、802萬、1,206萬和1,300萬。[2] 龐大的失業人口，使得很多人無家可歸，社會治安出現了很多問題。更重要的是，長時間的失業，使得很多貧困人口的生活舉步維艱。

總體來看，大蕭條期間，美國的主要經濟指標都出現了下滑。美國的國民生產總值出現了大幅度的下降，1929年的GDP是1,046億美元，1933年就銳減到572億美元，下降了約83%。大蕭條期間，美國的私人消費支出也出現了下降，1929年的私人消費支出總額為774億美元，1933年則下降到459億美元，下降幅度約為69%。私人國內總投資下降幅度更大，1929年總投資額為172億美元，1933年為23億美元，僅為1929年的1/8。進口和出口都呈現了逐年下降的趨勢。1929年美國的進口總值為56億美元，1933年已經降到了19億美元。1929年美國的出口總值為59億美元，1933年就降到了20億美元，下降幅度較大。大蕭條前期，雖然胡佛政府採用了增加政府支出的辦法來應對危機，政府支出的幅度還是很小，1932年和1933年還出現了下降的趨勢。胡佛之後的羅斯福政府才真正開始了擴張性的財政政策，逐漸通過增加政府支出來增加就業，啓動經濟增長（表7-1）。

表7-1　　　　　1929—1933年美國經濟主要指標狀態　　　　單位：億美元

| 年份<br>項目 | 1929年 | 1930年 | 1931年 | 1932年 | 1933年 |
| --- | --- | --- | --- | --- | --- |
| GDP | 1,046 | 922 | 774 | 595 | 572 |
| 私人消費支出 | 774 | 701 | 607 | 487 | 459 |
| 私人國內總投資 | 172 | 114 | 65 | 18 | 23 |
| 淨出口 | 4 | 3 | 0 | 0 | 1 |
| 出口 | 59 | 44 | 29 | 20 | 20 |
| 進口 | 56 | 41 | 29 | 19 | 19 |
| 政府支付 | 96 | 103 | 102 | 90 | 89 |

數據來源：GDP and the National Income and Product Account—Bureau of Economic Analysis, USA

---

[1] JEROME BLUM, RONDO CAMERON, THOMAS G BARNES. The European World: A History [M]. Boston: Little, Brown and Company, 1970.

[2] 郝延偉. 美國大蕭條——史實與爭論 [D]. 上海：復旦大學, 2011: 65.

危機不只發生在美國。在金本位制下，美國的經濟危機又擴散到了其他國家，演變成為全球性的經濟危機。比如，1931年，歐洲的一些國家出現了銀行業的擠兌風波，歐洲也陷入了金融危機。金融危機還蔓延到了實體經濟，歐洲企業的投資不斷減少，居民的消費支出也開始縮減。伴隨實體經濟危機的發生，歐洲主要資本主義國家的失業率水平開始上升，農業危機進一步加劇，房地產業泡沫破滅並出現了蕭條。受各國貿易保護政策的影響，國際貿易量也開始下降。至此，整個資本主義世界陷入了全面的經濟危機——大蕭條。

　　面對經濟危機，在任的胡佛總統（1929—1933）頒布了一系列的法案來治理危機，如提高物價、擴張商業銀行信貸規模、救助破產企業、補貼失業者等。但是，胡佛的這些政策措施並沒有使得美國走出大蕭條。隨後上任的富蘭克林·羅斯福總統開始了新政，通過《緊急銀行法案》《聯邦保險法案》來穩定金融業，通過《國家工業復興法案》來保障工人的最低工資，並試圖恢復和振興工業，通過《農業救濟法案》來干預和阻止農產品價格的進一步下跌。[1] 另外，還通過國家貿易和經濟合作協調各國之間的貿易和經濟政策來共同應對危機。在羅斯福新政的政策措施下，經過多年的恢復，美國才逐步走出大蕭條。

### 7.1.2　對大蕭條成因的幾種解釋

　　大蕭條是1929年之前資本主義發展史上最嚴重的一次金融危機。危機的原因是什麼？西方的非馬克思主義經濟學家給出了不同的解釋。比如，庇古認為工人為了躲避剝削而自願失業是危機的主要原因之一；歐文·費雪認為貨幣供給過少使得商品價格下降，企業的債務負擔過重而遭受破產是危機發生的原因；米爾頓·弗里德曼等貨幣主義者則把危機歸因於央行錯誤的貨幣政策和人事變動；哈耶克等奧地利學派則把危機的原因歸為信貸擴張導致的結構失衡，以及政府的過度干預；凱恩斯及其追隨者則認為儲蓄過度和有效需求不足是導致危機的原因。[2] 馬克思主義經濟學者也對大蕭條的原因做出瞭解釋，其觀點主要集中為利潤率下降規律、消費不足和投資過度論。為了清晰地梳理最重要學派對大蕭條原因的解釋，筆者主要選取具有重要影響力的凱恩斯學派、貨幣主義學派、奧地利學派和馬克思主義學派的觀點進行綜述和比較分析。

　　（1）凱恩斯學派的解釋。凱恩斯學派對大蕭條的解釋，主要是基於凱恩

---

[1] 郝延偉. 美國大蕭條——史實與爭論 [D]. 上海：復旦大學，2011：73.
[2] 克里斯·哈曼. 1930年代的大蕭條與當前經濟危機 [J]. 經濟社會體制比較，2009（3）：3.

斯的《通貨》做出的。凱恩斯對大蕭條的解釋主要從需求方面來闡述，他認為大蕭條發生的主要原因是「有效需求不足」。有效需求又包括投資需求和消費需求。資本的「邊際效率遞減規律」的作用使得資本家預期獲得的投資回報率逐漸降低，進而開始減少投資；消費的「邊際傾向遞減規律」使得消費者依據其永久性收入來決定消費的檔次，隨著收入的增加，其消費的邊際傾向會遞減，且預期收入越不穩定的人，越具有較低的消費傾向。那麼具體來說，「有效需求不足」是怎麼導致危機的呢？在自由市場經濟中，資本家通過投資向市場提供更多的產品，以期獲得更多的利潤。一旦某種商品或很多商品供給大於有效需求就會出現生產過剩。生產過剩會導致商品的價格下降，資本家就需要調整生產來保持和增加利潤空間。他們調整的方式，一是減少生產以降低供給，二是控制生產成本以更低的價格來參與供給，以獲得競爭優勢。在勞動力市場中存在著工資剛性，即由於最低工資制、工會的力量、效率工資以及調整工資的其他成本使得工資並不會隨著需求的減少而降低。剛性工資的存在使得資本家在面臨競爭壓力而調整成本時會傾向於解雇工人，而不是降低工人的工資，這會造成大量的非自願性失業。失業會使得整個社會的有效需求進一步降低。

　　20世紀20年代后半期，存在嚴重的有效需求不足問題。收入低和失業等問題造成私人的有效需求不足，生產過剩使得企業的投資需求也不足。私人消費需求和企業投資需求不足，形成了巨大的總需求缺口，總的有效需求不足使得國民經濟陷入萎縮的狀態，結果就是大蕭條。① 在總的有效需求不足的情況下，依靠低利率和寬松的貨幣政策並不能增加消費者的消費和企業的投資。在這種情況下，政府對總需求進行必要的管理，通過財政政策來擴大總需求是有效的治理危機的方式。通過政府擴大公共支出來擴大總需求是「羅斯福新政」的主要內容之一，也是美國等國家走出大蕭條的主要政策措施。

　　（2）貨幣學派的解釋。米爾頓·弗里德曼是貨幣主義學派的主要代表人物。他對大蕭條成因的解釋是基於貨幣供給和美聯儲的貨幣政策做出的，認為美聯儲降低貨幣供給的錯誤貨幣政策將一次溫和的經濟波動變成了一場大危機。針對凱恩斯對大蕭條提出的貨幣政策失靈的論斷，弗里德曼給予了批駁，堅持認為貨幣政策是有效的，而錯誤的貨幣政策才是導致大蕭條的關鍵性原因。那麼，按照弗里德曼的論述，與貨幣供給相關的貨幣政策是怎麼導致大蕭條的呢？在1929—1933年之前，美國的貨幣供給量經歷了較長的擴張期。在

---

① 曹家和. 大蕭條：起因何在 [J]. 經濟學家，1998（5）：59-63.

1928年8月，美聯儲供給的貨幣存量達到了供給週期的波峰，而1933年其貨幣的存量跌到了供給週期的低谷，這一期間貨幣存量銳減了三分之一。[1] 大蕭條期間，美國大約五分之一的銀行由於財務危機而停業或破產。隨著危機程度的加深，一些州立商業銀行開始歇業，國家級的美國聯邦儲備銀行也開始歇業。貨幣供給量的下降和銀行業的大面積倒閉是造成危機的主要原因。在弗里德曼看來，銀行業的倒閉使得公眾喪失了對銀行的信任，進而減少銀行存款，更多持有現金；而銀行業也受到市場情緒的影響也降低了存款準備金率。[2] 處於管制貨幣流動性和制定貨幣政策的中央銀行——美聯儲針對銀行業和儲蓄市場上的變化，沒有採取正確的政策措施來增加市場的貨幣流通性供給，而是進一步提高貼現率來降低貨幣供給，導致市場上的供給存量急遽下降。貨幣供給的下降最終導致產出水平的下降。貨幣危機和銀行業危機最終演化成為一場大的經濟危機。

（3）奧地利學派的解釋。奧地利學派的主要代表人物是門格爾、米塞斯、哈耶克和羅斯巴德等。其中，羅斯巴德對大蕭條問題做了系統性的研究。[3] 羅斯巴德將大蕭條的原因歸結為大蕭條之前的政府對經濟的過度干預，以及羅斯福總統等應對危機的國家干預政策對經濟的進一步下滑的加劇。他認為在自由市場經濟中，如果沒有政府錯誤的干預政策，企業家可以自主決策並做出正確的選擇；正是政府對貨幣市場的過度干預打破了自由市場本身的秩序，形成了經濟週期性的繁榮和蕭條，尤其銀行信貸的擴張和收縮對經濟週期的影響非常大。[4] 人們的消費和儲蓄以及投資的比例關係都是由時間偏好決定的，而時間偏好是由他們對現在和未來的滿意程度的比值決定的。時間偏好越弱，投資和消費的比例關係可能會越高，進而生產性投資會增加。如果時間偏好強了，那麼純利率就會走高，進而影響投資與消費的比例關係，並使其降低。

企業的投資變動，最終是由變動的利潤率決定的，而這一利潤率最終會通過信貸市場反應出來，銀行信貸的利率則是由這一利潤率決定的。[5] 當貨幣供給增加時，會降低信貸利率，進而影響企業家的決策，使得他們誤以為儲蓄資金的供給要多於實際水平，並進行持續性的生產性投資，這會拉高生產資料的

---

[1] 米爾頓·弗里德曼，安娜·雅各布森·施瓦茨. 美國貨幣史：1867—1960 [M]. 巴曙松，譯. 北京：北京大學出版社，2009：299.

[2] 張琦. 大蕭條的經濟學爭論 [J]. 經濟學動態，2012（11）：36-44.

[3] 默里·羅斯巴德. 美國大蕭條 [M]. 謝華育，譯. 上海：上海人民出版社，2003.

[4] 默里·羅斯巴德. 美國大蕭條 [M]. 謝華育，譯. 上海：上海人民出版社，2003：51.

[5] 默里·羅斯巴德. 美國大蕭條 [M]. 謝華育，譯. 上海：上海人民出版社，2003：52.

價格。信貸規模的擴張最終會使得多餘的錢進入生產的各個環節，並最終轉化為工資、租金和利息等。隨著時間的推移，企業家發現他們的投資並沒有給他們帶來高回報，開始調整生產，而之前的生產由於缺乏有效的需求，便產生了生產過剩。信貸膨脹信號的擴張使得企業家做出錯誤選擇，對高級資本商品進行過度投資。繁榮時期的過度投資可以歸因於信貸擴張，其擾亂了自由市場的秩序，最終導致了危機的到來。在蕭條時期，由於受到銀行倒閉等的影響，開始出現信貸緊縮，物價下跌，人們對持有現金的需求越來越大。通貨緊縮可以逆向調節自由市場，使得自由市場中的各類要素的比例關係重新得到恢復。

（4）馬克思主義的解釋。以馬克思主義者的觀點來看，大蕭條的主要原因是什麼呢？有學者提出消費不足和過度投資是導致大蕭條的主要原因。[1] 隨著資本主義的發展，消費不足問題越來越突出。消費不足源於資本家和普通大眾之間的收入差距以及收入不平等。資本家通過壟斷獲得了較多的生產性剩餘，同時為了面對競爭和控制成本，他們又不斷地削減工人。這種資本主義的累積模式使得資本家越來越富有，而工人階級和普通大眾卻越來越陷入貧困。

大蕭條前期，不斷擴大的收入差距就是導致消費不足的最重要的原因。在資本主義社會，資本家為了獲得可觀的利潤（或剩餘價值），不顧一切地衝破社會各類限制條件，通過資本的累積和聚集不斷地擴大再生產。資本主義市場中激烈的競爭，使得資本家必須記住生存的法則——保持利潤率和維持在市場之內，為此他們必須不斷調整競爭的策略。投資—再投資，即不斷地擴大規模來擠占其他人的市場空間就成為一種最主要的生存手段。過度的投資必然導致過剩。生產過剩不是生產真的過剩了，僅僅是相對過剩。因為工人階級等的相對貧困狀態使得他們沒有真正的購買力來購買必要的生活資料維持自身的生存。在資本主義的生產過程中，工人是無產者，他們僅僅依靠出賣自己的勞動力來獲取維持生存的工資，而資本家一方面通過各種技術和制度手段來剝削工人階級，一方面又通過採用新的機器設備來排擠工人。最終的結果就是工人階級失業和不斷降低的真實工資使得他們成為相對貧困的人口。總之，大蕭條之前，為了獲得利潤和應對各類競爭，資本家的過度投資導致了生產過剩，而採取的壓低工資的各種控制技術和制度又降低了工人的工資性收入，最終使得全社會的消費需求不足。消費需求不足和過度消費形成的結構性不平衡是導致大蕭條發生的主要原因。

---

[1] 詹姆斯·德溫. 消費不足、投資過度和大蕭條的根源 [J]. 國際經濟評論, 1984 (11): 10-18.

大蕭條是資本主義世界有史以來發生的最為嚴重的危機。各個學派對大蕭條的成因都提出瞭解釋。比如：以凱恩斯為代表的凱恩斯學派認為大蕭條的成因是有效需求不足；以弗里德曼為代表的貨幣學派認為貨幣供給不足和錯誤的貨幣政策是導致大蕭條的原因；以羅斯巴斯為代表的奧地利學派則認為政府的過度干預是導致危機的原因；馬克思主義學派的觀點則是消費不足和生產過剩等導致了危機。各個學派從不同的角度來解釋大蕭條，他們的解釋構成了理解大蕭條的一個全面的鏡像。不過，從走出大蕭條的政策措施來看，凱恩斯主義學派的政策主張最終被採納，並發揮了作用。凱恩斯對大蕭條的解釋是有效需求不足，而馬克思主義學派對大蕭條的解釋是消費不足，兩者之間具有共同的部分。凱恩斯的有效需求不足，包括了消費需求不足和投資需求不足，他認為在私人消費和私人投資無法擴張的情況下，只能通過政府投資來擴張總需求。凱恩斯的論述中包含了消費需求不足的論述，也包含了私人投資停滯（即生產過剩問題），不過凱恩斯找到的解決危機的方式則是擴大政府投資以解決有效需求不足問題。與凱恩斯的解決之道不同，馬克思主義學派的解決之道則是通過提高工人的工資等來解決消費不足問題。可以看出，凱恩斯的解決之道，屬於短期的政策措施，而馬克思主義學派的解決之道則是長期政策措施。就實施難度來說，在資本主義體制下，凱恩斯主義的解決之道更有可行性。因為，擴大政府投資是件相對容易的事情，但是要提高工人的工資，進而降低資本家的利潤，那是一件多麼艱難的事情。

### 7.1.3　大蕭條的綜合性成因之累積問題

　　大蕭條發生后的幾十年裡，凱恩斯學派從有效需求，貨幣主義學派從貨幣供給和貨幣政策，奧地利學派從政府干預導致自由市場經濟失序，以及馬克思主義學派從生產過剩和消費不足等角度對大蕭條的原因進行瞭解釋。不過，這些解釋往往是單因素的，並沒有以一個更具綜合性和系統性的角度對大蕭條做出解釋。筆者認為大蕭條的發生是綜合性因素導致的，既有當時資本主義累積結構和累積率變化的原因，也有投機盛行和信貸規模收縮的原因。

　　累積結構和累積率的變化是導致大蕭條的根本原因。大蕭條之前，美國等資本主義國家累積結構的變化主要表現為以下幾個方面：

　　累積的世界體系中，美國成為當時最發達的資本主義國家，但是繁榮背後卻存在著農業衰落。在第一次世界大戰中，美國雖然是參戰國，但是其損失較小。反而在戰爭中，美國為歐洲主要的戰爭國提供了大量的軍需物質，其與軍工相關的行業得到了非常快的發展，同時美國也成為英國等國家的債權人，這

使得美國累積了大量的黃金財富。在一戰結束後,美國曾一度持有世界一半的黃金儲量,成為世界上最大的債權國,也成為世界上最發達的國家。在此階段,美國的對外貿易順差持續增長,就業規模達到了歷史最好水平,消費品和投資品的價格保持了相對的穩定性,經濟快速發展。一戰以後,以汽車製造、電力網路和電話通信為支柱的三大新興產業快速發展起來,並成為拉動美國經濟增長的主要動力。

雖然美國的工商業在繁榮發展,但是其農業卻逐步陷入衰弱。一戰結束以後,美國的小麥和玉米出口額大幅下降,且出口價格也大幅下降。那麼為什麼在經濟繁榮的背後美國的農業在衰落呢?原因主要是一戰結束後,小麥和玉米等農產品的出口需求降低了,在原來農業生產的技術水平上生產的糧食作物已經出現了過剩。歐洲等國家生產的糧食開始在國際市場上與美國的農產品展開競爭,逐漸壓低了農產品的價格。另外,由於移民政策的限制,美國農業勞動力供給出現短缺導致農業工人的工資上漲,以及其他農業投資品價格的上漲,使得農場主的利潤非常低,甚至是虧本。美國聯邦政府出抬了相關的關稅法案來保護農產品的國際市場價格,通過農業信貸法案來幫助農場主以土地抵押等方式獲得融資,通過農業價格法案來收購農產品或補貼農業生產以保護農產品價格。但這些政策措施並沒有阻止農產品價格的下跌和生產過剩,反而擴大了農業領域的信貸規模,為以後危機的發生埋下了「禍根」。

金幣本位制向金匯兌制度轉變的世界貨幣制度。第一次世界大戰中,金幣供給不足,各國開始大量使用紙幣,大額的交易則用銀行券來取代金幣,並逐步開始擺脫金幣的自由兌換制度。戰爭期間,為了保護本國財富,美國開始禁止本國的金幣外流,各國也逐步開始實行「自由浮動」的國際匯率制度。在這種情況下,金幣本位制的地位逐漸動搖,各國主要以紙幣為主,且不再實行金幣的自由兌換。不過,在一戰期間,美國通過向歐洲等戰爭國出口軍需物資和借債,囤積了約世界流通中一半以上的黃金貨幣。這使得美國成為當時最大的金幣兌換國。金本位制的動搖,使得金匯兌制成為世界性的貨幣制度,在這一制度下,黃金一般不在本國流通,但是在國際市場上各國在國際貿易中向他國兌換黃金,主要是向美國兌換黃金。金匯兌制下,英鎊和美元等強勢貨幣逐漸成為各國國際匯兌和使用的主要對象。戰後,德國等戰敗國的賠款主要來源於向美國等借款,這又形成了歐洲貨幣市場對美國的依賴性。這就可以解釋為什麼美國發生了股票危機和銀行業危機後能夠迅速傳遞到歐洲,受其影響歐洲也陷入金融危機。正是金本位制向金匯兌制的逐漸轉變,使得美國發生的危機可以迅速傳遞到歐洲,同時在危機的救助中,貨幣政策的無效性表現出來了。

工廠雇傭制度與工人的「絕對貧困」。19 世紀末和 20 世紀初，隨著電力的廣泛應用，以及福特公司實施的流水線生產在製造業中的廣泛使用，美國的製造業能力出現了大幅度的擴張。經過激烈的鬥爭，工人的工作時間由 12 小時縮短到 10 小時。后來的福特汽車廠開始實現 8 小時和 5 天工作制。工人的工作環境也逐漸得到了改善，廠房更加乾淨了，光線更加充足了，生產安全控制更加嚴格了，業余生活更加豐富了，工人的福利待遇也逐步提高了。雖然工人的境遇有所改善和提高，但是工人的生活情況仍然很糟糕。較低的工資只能勉強維持生活，如 1929 年，美國近半數的家庭年收入遠遠低於 1,500 美元的維持體面生活的標準，個人人均一年添置一套新衣服，一半左右的城市家庭用不起電燈等。[①] 與工人階級的貧困相比而言，資本家的生活卻是富有而精彩的。依據統計資料，1929 年，大約 2% 的美國人佔有全國 3/5 的財富，2.75 萬戶富豪家庭佔有的財富相當於 1,200 萬戶家庭的總財富。[②] 日益懸殊的貧富差距使得全社會的有效需求在不斷減弱。面對大規模生產和流水線生產帶來的產品生產能力的擴張，資本主義社會出現了產品過剩。大蕭條前期，生產的「相對過剩」和工人階級的「絕對貧困」使得全社會的有效需求嚴重不足，這為危機的發生準備了條件。

自由放任與政府干預並行的經濟意識形態。大蕭條之前，自由放任的市場經濟信條一直占據著美國等資本主義國家經濟意識形態的主導地位。自由放任主義者認為自由競爭的市場經濟才是最好的，自由和競爭是提高效率的主要方式。自由主義者反對政府對經濟的干預，主張限制和削弱政府的權力，支持企業的自由競爭，支持自由貿易等。在自由放任主義經濟意識形態的指引下，資本主義企業規模和產品生產等都達到了一個空間的繁榮，但是自由、放任和繁榮的背後則是越來越大的貧富差距，以及產品的相對過剩。當自由放任的經濟政策帶來越來越嚴重的後果時，一種叫作國家進步主義的思潮開始出現，即初級的國家干預主義開始出現。國家干預主義首先在農民利益集團的擁護下，國家對農產品的價格進行干預，並制定相關的法案保護農產品貿易。不過，自由放任主義的經濟思想還是占據了當時社會思潮的主流。比如，第一次世界大戰后，面對嚴重的通貨膨脹和生產過剩，哈定總統還是要求利用「自由主義」的政策，發揮「看不見的手」的作用。自由放任主義的政策使得產品過剩更加嚴重。等到 1929 年經濟危機發生初期，胡佛總統仍然採取了自由放任的政

---

① 張和聲. 盛衰彈指間——美國 30 年代大蕭條起因 [J]. 史林，2009（2）：147.
② 張和聲. 盛衰彈指間——美國 30 年代大蕭條起因 [J]. 史林，2009（2）：147.

策。當危機不斷加深時才開始實施國家干預主義政策，通過一些法案來救助農業、工商業，穩定金融業等。之后的羅斯福總統則完全採用了凱恩斯的國家干預主義政策，通過擴大政府支出擴張有效需求。可見，自由放任的經濟意識形態是導致生產過剩進而導致危機的意識形態方面的原因，而國家干預主義則是救助危機的主要指導思想。

　　自由放任的經濟意識形態使得美國等資本主義企業盲目擴大再生產，出現了產品的相對過剩。資本家和工人階級越來越大的貧富差距使得社會的有效需求不足，金匯兌制度取代金幣本位制形成了世界貨幣體系，使得英鎊和美元逐漸成為國際匯兌的主要對象，美國也逐漸成為全世界的債權國和全世界最強大的國家。這些累積結構變化使得危機在美國孕育、發酵並通過國際貿易、金融和投資傳遞給歐洲國家，這就是為什麼大蕭條在美國發生且又蔓延到歐洲甚至是全世界的累積的結構性的原因。

　　在累積體制下，資本家的累積情況是怎樣的呢？既然大蕭條是從農業領域開始的，我們先看看農業的累積狀況。

　　從圖7-1中可以看出，1921—1929年，美國農業部門的農產品收入價格指數一直處於波動中，從1929年起開始下降，並跌破了100指數，1930年、1931年和1933年農業部門的農產品收入價格指數分別為80、57和63。與此同時，除1930—1933年的4年外，農業部門的生產費用指數和農業工人工資指數都不斷上漲，且遠遠高於收入價格指數，生產成本上漲的幅度超過收入增加的幅度，很可能使得農業部門的淨收入為負數。由此可見，在大蕭條前期，農業部門的累積狀況在不斷惡化，而大蕭條的四年中，農業部門的累積狀態更加惡化了。

　　那麼工商業的累積狀況是怎樣的呢？以公司的稅前經濟利潤來看，如表7-2，1929—1933年，美國公司的稅前經濟利潤都出現了大幅度下降，其中1932年，稅前經濟利潤已經成為負數，虧損1.436億美元。主要行業的稅前經濟利潤都出現了大幅度下降，尤其是農林漁業1930—1934年都處於虧損狀態，採礦業也在1931—1933年連續虧損。雖然金融保險和房地產業是唯一沒有出現虧損的行業，但是其稅前經濟利潤從1929年的1.755億美元下降到了1934年的0.233億美元。

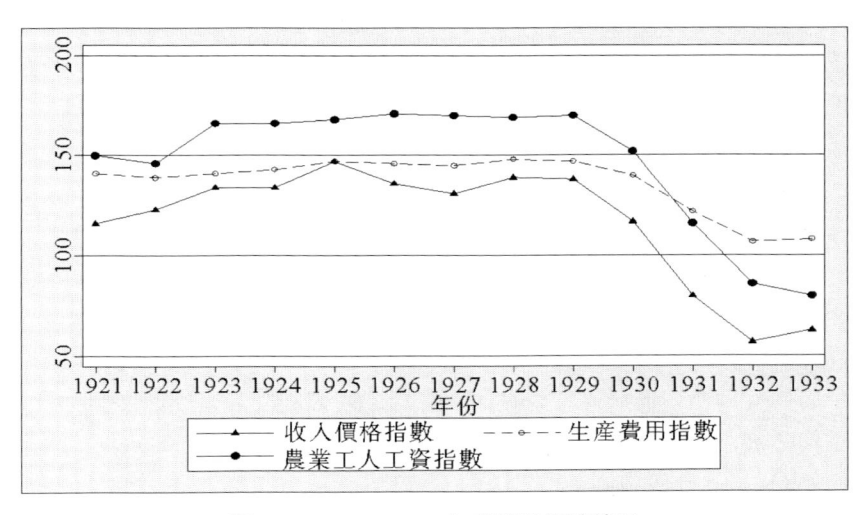

图 7-1　1921—1933 年農業的累積情況

數據來源：Agricultural Statistics 歷年數據，以 1914 年為基期（100）

表 7-2　　　1929—1936 年美國主要行業企業的稅前經濟利潤 單位：百萬美元

| 年份<br>項目 | 1929 | 1930 | 1931 | 1932 | 1933 | 1934 | 1935 | 1936 |
|---|---|---|---|---|---|---|---|---|
| 公司稅前經濟利潤 | 10,911 | 4,559 | 562 | -1,346 | 1,832 | 3,215 | 4,371 | 7,107 |
| 國內行業 | 10,677 | 4,419 | 567 | -1,313 | 1,832 | 3,155 | 4,210 | 7,003 |
| 其中農林漁業 | 11 | -37 | -67 | -65 | -26 | -26 | 11 | 21 |
| 採礦業 | 472 | 126 | -129 | -74 | -23 | 168 | 177 | 322 |
| 建築業 | 148 | 118 | 18 | -68 | -31 | 9 | 31 | 71 |
| 製造業 | 5,060 | 1,815 | -163 | -1,150 | 935 | 1,495 | 2,245 | 3,692 |
| 交通和公共服務業 | 1,841 | 1,108 | 490 | 177 | 200 | 421 | 465 | 728 |
| 批發貿易 | 406 | 53 | -86 | -147 | 164 | 322 | 345 | 527 |
| 零售和汽車服務 | 647 | 207 | -41 | -273 | 155 | 425 | 488 | 678 |
| 金融保險和房地產 | 1,755 | 767 | 470 | 359 | 461 | 233 | 315 | 776 |
| 服務業 | 337 | 262 | 74 | -71 | -2 | 109 | 133 | 187 |
| 其他 | 232 | 137 | -4 | -34 | -2 | 60 | 159 | 104 |

數據來源：GDP and the National Income and Product Account—Bureau of Economic Analysis，USA

工商業企業經營狀況不好，面臨著破產和停工等困境。在這種情況下，私人企業的再投資會降低，因為之前的生產過剩、利潤低甚至虧損以及對未來經濟增長的悲觀預期都使得資本家不斷減少再投資。再投資的減少，進一步惡化了經濟狀況。

### 7.1.4 大蕭條的綜合性成因之貨幣和信用問題

除了累積問題外，貨幣和銀行信用的擴張和收縮也是導致危機的直接原因。20世紀20年代，美國經歷了大繁榮，后又在1929年突然陷入了大危機。在這段經濟繁榮的期間，貨幣供給導致的通貨膨脹是非常值得關注的。按照羅斯巴德（2003）的研究，美國貨幣供給量從1921年6月30日的453.0億美元增加到了1929年6月30日的732.6億美元，8年間貨幣供給的淨增加額為279.6億美元，年均增幅為7.7%，累計增幅為61.8%。[1]

那麼貨幣擴張的原因是什麼？商業銀行信貸基礎擴張了貨幣供給。因為貸款協會、儲蓄銀行和保險公司等金融機構都需要將準備金存入商業銀行，商業銀行又將這些保證金作為放貸的基金，進行信貸擴張。商業銀行的準備金要求降低，或準備金數量增加等都會引起商業信貸規模的擴張。按照羅斯巴德的解釋，各種原因導致的準備金總額的大幅度增加是引起商業銀行信貸擴張的原因。[2] 那麼信貸的需求者是誰呢？此階段，政府只購買了小部分的證券，故政府並不是信貸的主要需求者，而私人部門才是商業銀行信貸的主要需求者。私人部門的信貸需求的小部分來自於個人的消費信貸，而大部分則來自於企業的投資信貸。1929年危機爆發，但是1930—1931年，聯邦政府希望實施寬松的貨幣政策來解決流動性問題，但是由於缺乏對客戶的信心、規避風險、破產風波以及低利率的影響，商業銀行並不願意向個人和企業發放貸款。1932年初，胡佛政府通過美聯儲購買了10億美元的政府債券來增加流動性，但是這次政策失敗了。向社會注入流動性本應該會引起通貨膨脹，但是實際的貨幣供給量反而下降了35億美元，出現了通貨緊縮。[3] 因為投資者對美元喪失了信心，開始兌換黃金並撤資；人們受到銀行破產風波的影響，紛紛將儲蓄存款兌現為現金；商業銀行不僅惜貸，而且利用獲得的流動性來還債和去槓桿化。1931—1932年上半年，通貨緊縮繼續發生。1932年下半年，形勢發生了逆轉，通貨

---

[1] 默里·羅斯巴德. 美國大蕭條 [M]. 謝華育，譯. 上海：上海人民出版社，2003：147-149.
[2] 默里·羅斯巴德. 美國大蕭條 [M]. 謝華育，譯. 上海：上海人民出版社，2003：158.
[3] 默里·羅斯巴德. 美國大蕭條 [M]. 謝華育，譯. 上海：上海人民出版社，2003：411.

緊縮結束，通貨膨脹又開始出現。不過，自利的商業銀行仍然惜貸和囤積貨幣，不斷增加超額準備金。1921—1929年信貸擴張和通貨膨脹刺激了企業的投資，出現了生產過剩的情況，但是1929—1933年，各種原因導致的信貸緊縮使得企業的投資低迷，生產停滯，實體經濟陷入了大蕭條。

大蕭條發生的標志性事件之一是股市的崩潰。在1929年之前，投機信用的擴張也是非常盛行的，主要表現為股票投機和房地產投機。在20世紀初期，隨著城市化進程的不斷推進，美國的房地產市場開始熱起來。由於信奉自由放任市場經濟的意識形態，政府對房地產沒有給予應有的干預。由於寬松的信貸政策，炒房變得容易，這使得房地產市場的投機和炒作盛行。在投機需求的推動下，房地產市場的價格不斷上漲。但是，在20世紀20年代末期，房地產市場的泡沫開始破滅，房地產投資下降，需求市場疲軟。隨著大蕭條的出現，房地產市場的投資進一步減少，房價也進一步下降。

除了房地產的投機以外，股票市場的投機更加盛行。由於20世紀20年代初期經濟的繁榮，公司不斷發行新股。有數據表明，1923年新發行的資本股票總數達32億美元，1927年達100億美元，其中很大部分純屬投機性質。紐約證券交易所售出的股票從1923年的2.36億股劇增為1927年的5.77億股，一年之后更猛升到11.25億股。① 在人們投機心理的作用下，股價不斷上漲。股價的上漲速度超過了實體經濟的增長速度，同期GNP（國內生產總值）增加50%的情況下，DJI（道瓊斯工業平均指數）上漲了3倍。1921年8月—1929年10月的98個月內，美國股價平均上升了3.34倍，交易量增加了14.78倍，其中紐約證券交易所的交易量從1922年的2.6億股增加到了1929年的11.3億股。② 直到1929年10月24日股票的大崩潰時，股價一直處於「暴漲」的狀態。股票市場的大崩潰，使得股價「一瀉千里」，跌落到了低點。股市的崩潰，使得很多人的股票投資受損。這嚴重影響了人們對經濟的信心和預期，也重創了企業的投資，降低了人們的消費傾向。可見，資產市場尤其是股票市場投資信心崩潰是大蕭條出現的導火索。

### 7.1.5 大蕭條的治理及啟示

20世紀30年代的大蕭條是資本主義自誕生以來發生的最嚴重的危機，它的規模之大、影響範圍之廣、持續時間之長都是前所未有的。大蕭條中，資本

---

① 布盧姆，等. 美國的歷程：下冊 [M]. 北京：商務印書館，1988：342.
② 郝延偉. 美國大蕭條——史實與爭論 [D]. 上海：復旦大學，2011：30.

主義世界的經濟增長停滯，甚至是衰退了。以美國為例，1929—1933 年初，美國經濟持續衰退，同時產出下降的規模也是空前的。統計數據顯示，4 年間美國的工業總產出、價格水平和實際 GNP 分別下降了 37%、33% 和 30%；同時失業率上升到了 25%，且在 30 年代一直保持在 15% 以上的水平；生產設備閒置持續了 10 多年時間。[①]

大蕭條期間，美國出現了銀行破產潮和流動性緊縮問題，胡佛總統通過金融復興公司來救助面臨破產倒閉的銀行和其他金融公司，美聯儲通過公開市場操作向銀行信用系統注入貨幣流動性。但是，這些措施的效果甚微，反而出現了通貨緊縮。對大蕭條的有效治理，主要是在羅斯福總統在任期間，通過兩次新政而逐步實現的。第一次新政期間，羅斯福總統促使國會通過了關於農業、銀行和工商業的大量法案來重啓經濟復甦，其新政的主要內容就是改革不穩定的銀行體系，加強政府對經濟的干預和調控，建立廣泛覆蓋的社會福利制度和就業保障制度。[②] 比如，1933 年 6 月份由國會通過的《1933 銀行法案》將商業銀行和投資銀行業務進行區別，旨在降低銀行系統的不穩定性；《工業復興法案》調整了國家在市場經濟中的作用，並幫助工人獲得可靠的雇傭協議和享受到相應的權利；《農業調整法案》則進一步確立了國家對農業的補貼政策。1933—1937 年，美國的經濟開始逐漸復甦。不過，雖然 GNP 增加了 1/3，但是失業率仍然高於 10%。1935 年，羅斯福總統實施了第二次新政。第二次新政是在第一次新政基礎上的進一步深化改革——進一步加強了國家對經濟的調控力，並致力於把經濟恢復後生產的福利和好處合理地分配給社會各個群體。

新政的實施，使得美國的經濟開始恢復，到 1939 年時，美國的產出量開始恢復並穩定下來，失業率也逐漸降低。由以上的分析可見，在大蕭條的治理過程中，政府發揮了非常大的作用，如羅斯福總統兩次新政的實施對美國經濟的恢復起到了至關重要的作用。自大蕭條以後，國家干預主義的經濟意識在發達資本主義國家的市場經濟中產生了越來越重要的影響。20 世紀 70 年代的滯脹發生後，國家干預主義逐漸被「新自由主義」這一新的經濟意識形態所替代。

---

① 斯坦利·L. 恩格爾曼，羅伯特·E. 高爾曼. 劍橋美國史：第三卷 [M]. 蔡挺，等，譯. 北京：中國人民大學出版社，2008：301.
② 斯坦利·L. 恩格爾曼，羅伯特·E. 高爾曼. 劍橋美國史：第三卷 [M]. 蔡挺，等，譯. 北京：中國人民大學出版社，2008：317.

## 7.2　全球性的金融危機（2008—）

### 7.2.1　金融危機的基本事實

這次的全球金融危機是由美國的住房抵押貸款次級債券危機誘發的。次貸危機的爆發標志著美國房地產市場泡沫的破滅。那麼美國的房地產泡沫是怎麼形成的？次級債務風險又是怎麼累計的？2000年左右，美國等國家的互聯網泡沫破滅后，房地產成為新的追捧對象。美國政府開始號召全民買房，並制定了較為寬松的貨幣政策，同時降低貸款利息來鼓勵人們的住房消費。在寬松的信貸政策和低利率政策的刺激下，美國的房地產市場開始繁榮起來。其中，從2000年1月到2006年5月這6年半的時間內，美國房地產市場的價格指數上漲了1.24倍。[①]

由於對住房有有效購買能力的人的數量只占美國人的一部分，很多人由於收入低等不能實現購房的願望。為了進一步擴張盈利空間，將這些低收入者也納入住房購買者的序列，美國政府利用政府資助的房地產企業——房地美（Federal Home Loan Mortgage Corp）和房利美（Federal National Mortgage Association）來幫助解決中低收入者的住房問題，同時政府鼓勵商業銀行為這些低收入者提供貸款。因為為低收入者提供商業貸款可以獲得較高的利息率。在房價上漲預期的影響下，商業銀行甚至容許購房者低首付購房，或者是以房地產的未來資產價值為抵押進行貸款。以這些形式，商業銀行可以提高貸款的規模和數量。但是，貸款風險則需要商業銀行來承擔。為了降低風險，商業銀行與投資銀行合作，將這些次級債務做成金融產品賣給投資銀行，並承諾一部分住房抵押貸款的借貸利息差給投資銀行。為了利益，投資銀行又利用金融衍生工具將這些次級債券包裝成金融衍生品，賣給了全世界的投資者。為什麼投資者會投資這些次級債券呢？因為經過多次包裝后，這些高收益率的金融產品的風險已經被「包裝」掉了；投行等聘請評級機構將這些次貸產品評為優質，然后可以獲得金融市場的普遍認同；投行與金融保險公司合作，為次級債務金融產品設計了新的金融保險產品——信用違約掉期（Credit Default Swap）來對次級債券金融產品建立風險保護。就這樣，低質量的次級債券在一系列的金融創新包裝后成為高質量的和高收益的「餑餑」。這些次級債券金融產品和保險

---

[①] 張明. 全球金融危機的發展歷程與未來走向 [J]. 國際經濟評論，2009（5/6）：5.

產品被賣到了世界各地。一些主要的國際金融公司都購買了這些金融產品。

當美國經濟面臨通貨膨脹壓力時，美聯儲自 2004 年 6 月開始實施加息政策。聯邦利息率提高後，商業銀行的貸款利息率也隨之提高了。貸款利息率提高後，低收入購房者的償還成本增加。由於無力償還這些貸款，出現了大面積的信用違約現象。伴隨信用違約的是房地產價格的下跌。從 2007 年 2 月至 2008 年 2 月，舊金山、洛杉磯、菲尼克斯、邁阿密和拉斯維加斯的房價分別下跌了 17%、19%、21%、22% 和 23%。[1] 房價下跌，導致購房者手中的資產價格縮水，有些出現了資不抵債的情況。同時，次級債券的投資者也發現這些金融產品的高風險性，開始降低對這些金融證券的估價，信用評級機構也開始調低這些次級債券的評級。這樣做的結果就是越來越多的次級債券的市場價值縮水，很多公司的市值開始變小，有些投資公司進入了破產的邊緣。從 2007 年 4 月 4 日美國新世紀金融公司（New Century Financial Corporation）開始申請破產後，先後有房地美、房利美、貝爾斯登、雷曼兄弟、美林銀行、美國國際集團（AIG）等大型投資銀行和債券公司申請破產，有些甚至直接倒閉。

次貸危機使得美國金融領域受到衝擊的同時，實體經濟也受到了衝擊。以汽車業為例，通用汽車、克萊斯勒企業和福特汽車等工業巨頭也先後宣布進入破產邊緣。實體經濟的固定資本投資出現了下降，而其中又以居住類固定資本投資的下降最明顯。2005 年居住類固定資本投資為 8,561 億美元，2008 年下降到 5,159 億美元，2010 年更下降到 3,811 億美元。如果從總體經濟指標來看，如圖 7-2 所示，2008 年金融危機對各個領域的影響是非常大的。2008 和 2009 年，美國 GDP 出現了負增長，分別為 -0.3% 和 -2.8%。個人消費支出在 2008 年和 2009 年也出現了負增長，分別為 -0.3% 和 -1.6%。國內私人總投資的增長率下降的速度更快，2007—2009 年，其增長率連續為負數，其中 2009 年出現了 -21.6% 的下降幅度。美國的出口在 2009 年出現了負增長，為 -8.8%，進口則在 2008 和 2009 年連續兩年都下降。政府支出在 2008 和 2009 年在增加，而其後出現的財政懸崖問題等使得美國聯邦政府支出開始下降，2011 年就出現了連續三年的負增長。

---

[1] 大衛·科茨. 美國此次金融危機的根本原因是新自由主義的資本主義 [J]. 紅旗文稿, 2008（13）: 32.

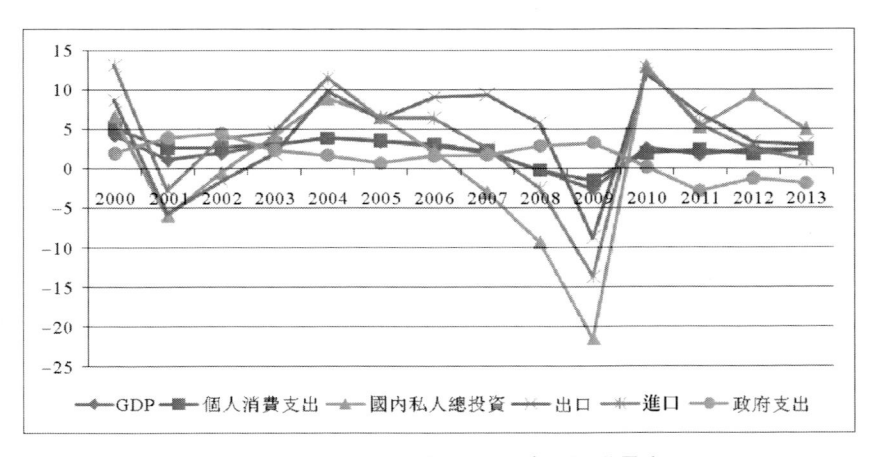

图 7-2　2000—2013 年美國主要經濟指標增長率（%）

數據來源：GDP and the National Income and Product Account—Bureau of Economic Analysis, USA

金融危機中，失業率還不斷上升。如圖 7-3，從 2008 年 1 月起，美國的失業率就開始逐步上升，2009 年 4 月突破了 9%，2009 年 10 月達到了最高點 10%。2009 年 2 月至 2012 年 8 月，美國的失業率一直處在 8% 以上的水平。2013 年 9 月起開始從高位下降，但是仍維持在 7% 以上的水平。2014 年上半年的失業率也徘徊在 6% 的水平。高失業率形成了龐大的失業人口，尤其是那些相對貧困人口的生活更加艱難。

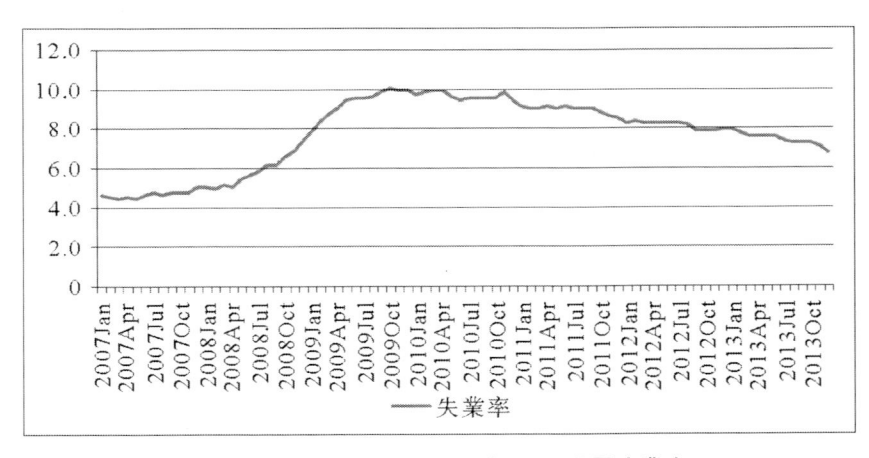

圖 7-3　2007 年 1 月—2013 年 12 月美國失業率

數據來源：美國勞工部（U. S. Department of Labor）

為什麼這些實體經濟會這麼快地陷入危機？主要原因之一是美國經濟的金融化使得非金融企業內部無論對於資產規模還是利潤來源，金融資本都逐漸取代產業資本成為主要力量。這些原來的實體經濟巨頭已經變為實體經濟和虛擬經濟的混合型巨頭，所以會很快受到金融危機的影響。儘管美國財政部通過向相關企業註資和向金融市場注入大量的流動性，但是危機還是在進一步深化和蔓延。由美國次貸危機導致的金融危機，又通過貨幣流通、金融市場和國際貿易等途徑向全世界擴散。美國是最強大的經濟體，是全球貨幣的供給中心，還是全球的最重要的金融危機中心。所以，由美國金融危機引發的全球性的金融危機是非常深遠的。美國、日本、英國等主要資本主義國家的金融市場都出現了不同程度的金融危機，同時受金融危機的影響，實體經濟也陷入了衰退。資本主義世界主要的經濟體大多都陷入了低增長甚至是零增長的困境。

　　全球性的金融危機，不僅帶來了資本主義世界的經濟衰退，還引發了希臘、葡萄牙、西班牙等歐洲國家的主權債務危機。希臘為了加入歐盟，進行了財務數據造假。在加入歐盟后又延續了由政府買單的高社會福利政策。社會福利和其他支付使希臘形成了巨大的國家債務。2009 年 12 月份，希臘政府的債務已經高達 3,000 億歐元。標準普爾、惠譽等評級公司對希臘長期主權債務信用級別的下調更使得希臘債務問題雪上加霜。與此同時，希臘國內也爆發了各類示威遊行，抗議削減福利的財政政策。希臘與歐盟等展開了一系列的債務借貸和償還談判。雖然最終達成了債務問題的解決方案，但是希臘陷入了債務危機。此后，西班牙、葡萄牙等國家也出現了類似的情況，陷入了債務危機。債務危機的主要原因，除了本國產業空心化、產業結構不合理、人口老齡化、剛性福利制度外，企業和政府的財務高槓桿率受外部金融危機的衝擊後出現問題也是重要原因。金融危機和債務危機與社會性危機結合在一起演變成了更加深層次的危機。當然，主權債務危機是經濟危機、債務危機和社會性危機黏合在一起集中爆發的結果，是經濟危機進一步深化的結果。

### 7.2.2　對金融危機成因的幾種解釋

　　西方主流經濟學家對這次危機的分析仍然沿用了他們一貫的分析方法，認為此次金融危機的主要原因是市場流動性不足，金融市場過度創新、錯誤的貨幣政策、實體經濟和虛擬經濟失衡、金融監管不到位等原因引發的。[①] 這些論述具有一定的道理，但是大多停留在問題的表面而沒有深入問題的本質。相比

---

① 李志輝，王飛飛. 美國金融危機研究綜述 [J]. 經濟學動態，2010（2）：135-139.

主流經濟學者的分析而言，馬克思主義學者對這次金融危機的分析則更加透澈。綜合來看，馬克思主義學者對此次金融危機的分析歸結為以下的觀點：

（1）新自由主義的意識形態引致說。大衛·科茨認為此次金融危機是「新自由主義」式的累積體制導致的危機。① 20 世紀 70 年代，為了解決資本主義經濟的滯脹問題，英國和美國等國家開始實施新自由主義政策。新自由主義意識形態逐漸成為歐美等資本主義國家的主流意識形態。新自由主義思想的特徵可以歸結為：放鬆對金融市場的監管，主張資本的自由流動；私有化國有公司和部分國家提供的服務；反對政府干預經濟，宏觀調控以低通貨膨脹率取代之前的低失業率目標；縮減社會福利性支出；對企業和富人減稅；削弱工會的力量，控制勞動力市場；雇傭制度由長期制向短期制和臨時制轉變；取消企業間競爭的限制，主張激烈的競爭；從外部經理人市場聘請高級管理者。新自由主義經濟制度的實施，惡化了勞資關係，使得整個社會的收入和權利不平等越來越突出；實體經濟衰落，整個國民經濟的金融化趨勢越來越嚴重；信用過度擴張和金融投機盛行，以房地產為主的資產泡沫越來越大。新自由主義的累積體制通過壓低工人的工資，保證了資本家可以獲得可觀的利潤，激勵了其進行長期投資；同時為了解決由工人階級和社會大眾收入降低導致的消費水平不足問題，不斷地擴張私人信貸。以房地產為主要資產成為這些信貸抵押的對象，而這些資產的價格也在炒作中被推高了。同時，金融機構為了通過抵押債券獲利，不斷進行金融產品的創新，最終累積了越來越多的系統性風險。當房地產資產泡沫破滅後，不僅普通人的財富和消費水平受到影響，而且脆弱的金融部門也受到了資產次級證券價格下跌的衝擊。最終，由次貸危機引發的金融危機全面爆發了。

（2）生產能力過剩說。羅伯特·布倫納認為主要資本主義國家的產能過剩或世界性的產能過剩是導致此次危機的根本原因。② 自 20 世紀 70 年代以來，從 GDP 占比、投資額和真實工資等指標來看，主要資本主義國家的實體經濟活力就開始逐步下降。先後受到德國、日本、東亞四小龍等競爭者的衝擊，世界資本主義的生產逐漸出現了產能過剩，而產能過剩又導致製造業利潤的進一步下降。資本家為了維持利潤，開始削減投資，同時壓低勞動者的工資。由於財政收入和赤字問題，政府也逐步削減了社會性公共支出。這樣的結果則是投

---

① 大衛·科茨. 目前金融和經濟危機：新自由主義的資本主義的體制危機 [J]. 當代經濟研究，2009（8）：13-20.
② 蔣宏達，張露丹. 布倫納認為生產能力過剩才是世界金融危機的根本原因 [J]. 國外理論動態，2009（5）：5-12.

資需求和消費需求進一步被弱化，生產過剩的問題越發突出。總需求的持續低迷，使得資本主義實體經濟處於長期低迷的狀態。為了維持整體經濟的增長性，企業和個人不斷向銀行等金融部門借債。長期借債的結果就是債務規模和債務風險的累積。另外，美國政府為了維持經濟增長，又通過低利率政策和寬鬆的信貸政策來刺激房地產。房地產市場在寬鬆的信貸政策和各類金融資本以及金融工具的支持下，逐漸繁榮起來，最終形成了泡沫。當信用市場和房地產市場泡沫被刺破後，金融危機也就產生了。

（3）累積過度說。大衛·哈維認為資本的「過度累積」是導致此次金融危機的主要原因。當受到勞動力成本上升、市場規模減小、資本成本上升或資源可獲得性降低，以及生產技術等的限制時，資本家累積的資本可能會無法實現投資。為尋找新的獲利途徑，此時，資本就會進行「空間修復」，通過空間轉移而投資於國外。要進行資本的「空間修復」，需要建立一個完整的世界性金融體系。隨著全球化和自由化的推進，世界性的新金融體系在20世紀70年代後逐步建立起來。通過這一金融體系，資本可以自由地流入新興經濟體，如印度、中國、墨西哥等。但是，在金融體制下，不斷進行的金融創新，如金融衍生工具等不斷創造了巨額的財富，同時也聚集了大量的金融風險。另外，這些金融創新工具在房地產領域大量使用，通過包裝和售賣信用等級低的住房抵押債券來獲得利潤成為金融機構獲利的主要途徑之一。這樣，又在房地產領域聚集了大量的風險。當住房抵押貸款者出現信用違約，信用市場和房地產市場的危機就爆發了。[①]

（4）資本主義基本矛盾說。有學者提出資本主義危機的最根本原因還在於資本主義的基本矛盾。[②] 雖然馬克思提出在商品經濟時代，在貨幣履行支付手段的過程中就潛藏了危機發生的可能性。但是，只有在資本主義私有制下這種可能性才會變成現實性。在當代資本主義發展過程中，實體經濟的比例在逐漸下降，而虛擬經濟的比例在不斷上升。在國內金融市場和國際金融市場上，銀行、基金、投行、證券等金融機構不斷創新金融產品和金融工具來擴張信用空間，拉長信用鏈條，尋求高利潤空間。當金融監管逐漸放鬆後，投機活動開始盛行。信用過度擴張和投機盛行導致實體經濟弱化，虛擬經濟膨脹，最終形成了虛擬經濟危機。而虛擬經濟危機一般是由工商業危機延續的結果。如美國

---

① 祥明亮. 大衛·哈維談資本的邏輯與全球金融危機 [J]. 國外理論動態，2010（1）：10-12，39.

② 衛興華，孫詠梅. 當前金融危機的特點與根源及應對思考 [J]. 經濟學動態，2009（5）：15-19，24.

的住房抵押貸款危機就是由於人們的收入銳減，房地產市場蕭條后，以次級抵押債券為主的虛擬經濟泡沫也跟著破滅的結果。正如馬克思所言，金融危機的根源在於工商業界出現的「生產相對過剩」，而「生產相對過剩」則是由資本主義社會的基本矛盾決定的。因此，生產的社會性（或社會化大生產）與生產資料的資產階級佔有制這一基本矛盾是此次危機產生的根本原因。[1]

（5）資本主義寡頭的體系性危機說。薩米爾·阿明認為此次危機的實質是寡頭資本主義的體系性危機。[2] 20世紀后半期，資本主義已經由國內的或局部的寡頭統治進入了世界性的或全面的寡頭統治，金融壟斷資本主義已經通過金融市場和金融資本控制了勞動和商品市場來獲取利潤。在世界性的寡頭資本主義體系中，歐洲、美國和日本是組成「集體帝國主義」體系的核心成員，他們既合作又互相競爭。他們憑藉各種手段控制資本和貨幣、控制技術、控制金融市場，搶奪世界範圍內的自然資源，甚至是發動戰爭。世界性的寡頭資本主義在全球商品市場和金融市場上收取租金，而受到剝削的則是那些工人和邊緣國家。隨著「新興市場國家」的崛起，寡頭的權力和利益受到了挑戰，他們正逐漸失去對世界的控制權。又由於自身體系內的各種問題，世界性的寡頭體系正陷入結構性的危機。2008年的金融危機，僅僅是其體系危機的一個表現。

對於此次世界性的大危機，西方主流的經濟學家仍然以華爾街金融家的投機、金融過度創新、監管不到位等表層的角度來分析危機的成因。與此相反，馬克思主義經濟學者對危機的剖析卻是入木三分。大衛·科茨等認為這次危機是新自由主義的經濟意識形態在經濟、政治和社會等領域擴張導致的危機；布倫納認為是生產過剩導致的危機；大衛·哈維認為是資本主義累積過度導致的危機；薩米爾·阿明認為是資本主義的寡頭體制帶來的危機；還有學者提出是資本主義基本矛盾激化導致的危機。儘管以上學者給出了危機的不同解釋，但是他們都堅持了馬克思主義經濟學的基本觀點，是對馬克思危機理論的進一步發展。不過，筆者卻認為，現代資本主義社會的危機，已經不僅僅是單因素危機了，而是綜合性經濟危機。

---

[1] 張作雲. 金融危機的根源、生成機制及其在中國發生的可能性 [J]. 馬克思主義研究，2008（11）：21-27.

[2] 薩米爾·阿明. 理解世界金融危機的本質 [J]. 希桐，等，譯. 國外理論動態，2010（2）：5-12.

### 7.2.3　危機的綜合性原因之累積問題

　　由美國次貸危機引發的全球性經濟危機是當代世界資本主義發展中除了「大蕭條」以外最嚴重的一次危機。如在前文相關文獻述評中所歸納的那樣，馬克思主義經濟學者從不同的角度給出了經濟危機的原因。但是，筆者認為導致這次經濟危機的原因是綜合性的，既有資本主義累積的制度體系和累積率（主要是利潤率）長期變化的原因，也有虛擬經濟和信用過度擴張的中短期原因。

　　從長期來看，資本主義累積的制度體系的變化主要集中在以下幾方面：

　　新自由主義思想占據了經濟意識形態領域的主導地位。自20世紀70年代，新自由主義思想占據了美國等主要資本主義國家的經濟意識形態領域，私有化、自由化、鼓勵過度競爭和放鬆管制是新自由主義在經濟意識形態領域推銷的最主要的價值理念。從美國里根政府和英國撒切爾政府推行私有化和自由化政策後，私有化和自由化的浪潮開始席捲整個資本主義世界，包括歐美發達國家，也包括拉美等民族獨立國家。鐵路、教育、醫療等公共產品和服務的供給開始不斷私有化。私有化的過程，一方面使得獲得公共資產的資本家獲得了巨額的財富，另一方面則是普通大眾的公共支出越來越高，甚至嚴重擠壓了他們的正常生活消費支出。新自由主義經濟思想，不僅主張私有化和自由化，還鼓勵競爭。尤其是新古典經濟學認為競爭才可以實現均衡，均衡才是最有效率的，因此他們鼓勵和支持企業之間的過度競爭。但是，過度的競爭使得普通資本主義企業可以留存的累積基金越來越少，不利於再生產投資；使得普通的資本主義企業沒有足夠的資金來投入新產品的研發，嚴重制約了企業層面的技術進步。新自由主義思想主張「小政府，大市場」，要求政府放鬆對企業尤其是金融市場的監管。對於金融市場而言，其風險是非常大的，如果沒有嚴格地監管，過度的創新和冒險性的獲利行為必然會累積系統性的風險。圍繞住房抵押貸款次級債券設計的一系列金融產品在監管缺失和冒險性的投機行為中聚集了大量風險，最後由於信用主體違約而產生了危機。

　　生產和消費模式發生了顯著變化。20世紀中葉，以大規模生產和大規模消費為主要內容的資本主義生產和消費方式成為當時的主要累積模式，這個模式被調節學派稱為「福特制」。福特制強調資本主義生產和消費的契合關係，通過基於專業化和分工的大規模生產來提高勞動生產率，給予工人合適的工資（一般是保持工資率與勞動生產率增長率相一致）。這樣做的目的就是通過大規模生產提供商品的供給，通過增加工人的工資來擴大大眾消費進而解決商品

的消費問題，以此來形成生產—消費的良性循環。除此之外，福特制的累積模式還注重政府對市場的干預，通過對總需求和總供給的管理來保障經濟的穩定增長。福特制是第二次世界大戰后到20世紀70年代美國等資本主義國家最主要的累積模式，也是促使其繁榮的制度體系基礎。

不過，70年代的滯脹發生以後，隨著經濟意識形態，國家與企業之間的關係、企業與企業之間的關係、勞資關係的變化，新技術革命的影響，以大規模生產和大眾消費為主要內容的福特式累積體制逐漸式微了，資本主義的累積進入了后福特制時代。后福特制時代，小規模的和靈活的及時生產模式越來越受到歡迎。后福特制時代，中小型的信息技術和高科技公司成為促進經濟增長和創新的主要動力；受到國際和國內同行業競爭的影響，為了生存和發展，越來越多的公司採用機器來取代人力，同時壓低工人的工資水平來降低生產成本；政府採納了新自由主義「自由放任」的經濟政策，放鬆了對公司之間競爭和對金融監管的限制，使得越來越多的企業在競爭中面臨著財務危機，也使得金融體系累積了越來越多的系統性風險；政府還降低了教育、醫療等方面的公共支出，這又增加了個人的經濟負擔。后福特制的累積體制，總體來說更加有利於大壟斷資本家尤其是金融和產業寡頭或混合型寡頭，這個累積體制可以保障他們獲得超額壟斷利潤。正是這一體制使得工人階級和普通大眾的收入水平降低。不過，為了解決全社會的消費問題，通過發展消費者信貸成為擴張全社會消費規模的主要手段。后福特制累積模式，使得資本主義世界尤其是美國等國家國內的貧富差距越來越大，全社會的實際消費能力被削弱了。雖然通過個人消費信貸可以擴張全社會的消費水平，但是也累積了越來越多的債務風險。

以雇傭制度為核心的勞資力量對比發生了變化。資本主義生產主要以「雇傭勞動」為特徵。佔有生產資料的資本家以工資來購買工人的勞動力，在資本主義的生產過程中無償佔有工人創造的剩餘價值。在資本主義發展的過程中，這種榨取剩餘價值的剝削是非常殘忍的——超長的工作時間、不安全的工作環境以及少得可憐的工資等。有剝削，就有反抗。經過長期而漫長的勞工運動，工人爭取到了八小時工作制在內的基本權利，也逐步地組織起來，通過工會與資本家進行工資談判。在當代資本主義社會中，工會是保證工人權利、與資本家談判工資的最主要的制度設計。20世紀70年代以後，為了對付強大的工會力量，削減越來越高的工資成本，在新自由主義經濟意識形態的號召下，政府以及大企業開始逐步削弱工會的力量，使得工會在工資談判過程中的作用減小。工會力量的削減，使得工人的工資被逐漸壓低，工人的各項福利保障也

逐漸減低。最終的結果就是資本家越來越富有，整個工人階級和其他普通大眾的工資水平增長停滯，甚至是降低。低工資水平必然導致全社會的有效需求不足，這也是導致資本主義經濟增長停滯的原因之一。

利潤累積的模式發生了變化。資本主義傳統的利潤累積模式依靠實體經濟，通過生產剩餘價值來獲得累積。不過，隨著借貸資本的出現和發展，借貸資本家通過參與剩餘價值分配就可以獲得可觀的利潤。當代資本主義的發展，以借貸資本為原型的金融資本的作用越來越大，甚至出現了大的金融壟斷資本，開始控制實體經濟，或通過國內和國際的金融市場直接「掠奪」國內或國外的實體經濟生產的剩餘價值。與實體經濟不同，圍繞金融市場形成的經濟是虛擬經濟，金融壟斷資本家可以不直接參與生產過程，而僅僅通過資本的所有權和對實體經濟的控制權就可以從實體企業手中獲得可觀的利潤。

在當代資本主義的發展過程中，經濟虛擬化和金融化的現象越來越嚴重。金融已經深入到人們生活的各個方面，金融業部門分類越來越多，業務範圍越來越廣，從業者規模也越來越大，最重要的是金融部門獲得的利潤越來越多，其占全社會利潤總額的比重在不斷提升。拿美國來說，2004 年，美國金融部門和非金融部門創造的利潤分別為 3,000 億美元和 5,240 億美元，兩者占全社會利潤總額的比重分別為 41% 和 59%，其中金融部門的這一比例在 40 年前僅為 2%。① 金融業中，證券化的趨勢也越來越明顯。正如菲利浦斯所言：「1970—2000 年的 30 年中，證券業取代銀行業成為美國最重要的金融部門，極大地提升了金融業在美國經濟中的地位，這種地位與 19 世紀末製造業在美國經濟中的地位極為相似。」② 另外，實體經濟通過經營金融公司而獲得利潤已經成為總利潤的重要來源。2002 年通用金融公司對通用集團淨利潤的貢獻率高達 40%，達到了 36 億美元。③ 金融行業以及實體經濟巨頭通過金融業務來獲得利潤已經是金融壟斷資本主義時代累積的最主要的方式之一。

正是在以上四種累積體系的作用下，新自由主義思想泛濫，工會力量被削弱，工人的真實工資被壓低，私人信用過度擴張，經濟的金融化和產業空心化越來越嚴重，這些都是導致和孕育危機的決定性力量。在資本主義新的累積體制下，累積的結果是怎樣的呢？大體可以概括為產業資本家與金融資本家之間的利潤鴻溝越來越大，資本家與工人階級之間的財富鴻溝也越來越大。這具體

---

① 威廉·K. 塔布. 當代世界資本主義體系面臨四大危機 [J]. 國外理論動態，2009 (6).
② 轉引自：徐丹丹，王芮. 產業資本金融化理論的國外研究述評 [J]. 國外理論動態，2011 (4).
③ 張宇，蔡萬煥. 金融壟斷資本及其在新階段的特點 [J]. 中國人民大學學報，2009 (4).

表現為：實體經濟的利潤率下降，而金融部門的利潤率不斷上升；工人的真實工資率不斷下降，而資本家的財富佔有率卻不斷上升。

### 7.2.4 危機的綜合性原因之貨幣和信用問題

導致這次金融危機的綜合性原因，除了累積體制的變化以及利潤率、真實工資率等的變化外，信用的擴張和緊縮是導致危機發生的直接原因。信用的擴張和緊縮，首先表現為貨幣信用的擴張和緊縮，尤其是貨幣投放量增加和利率的頻繁變動。美聯儲為了刺激經濟增長，先實施了低利率政策。這個政策使得消費者的消費信貸和住房抵押貸款出現了大規模的膨脹。低利率政策與美國聯邦政府的住房優惠計劃共同催生了房地產市場的短暫繁榮。而從 2006 年開始，美聯儲又突然調高了實際利率。實際利率的調高使得債務人償還借貸的成本大幅度上升。尤其是那些住房抵押貸款者，其需要支付的按揭貸款突然上升了。由於無力償還高額的按揭貸款，便出現了貸款違約。大規模的貸款違約必然形成系統性風險。

家庭債務規模的不斷攀升。以普通消費信貸和房地產抵押貸款為主的信貸消費模式使得中低收入家庭的負債規模不斷攀升。2000 年，美國家庭的債務總額達到了 73,489 億美元，2007 年已經達到了 143,940 億美元，幾年間就翻了一番。家庭負債中，又以貸款最多，2000 年家庭貸款為 70,572 億美元，2007 年就達到了 139,054 億美元。2000—2007 年，美國家庭的收入負債比分別為 91.42%、95.98%、104.12%、112.78%、119.02%、124.95%、128.96% 和 131.60%，可見其呈現了快速增加的趨勢。[①]

實體經濟的不景氣使得一些企業的負債規模也在不斷上升。在美國，非金融企業的負債規模在不斷增加，2000 年，非金融企業的負債總額為 220,769 億美元，2007 年已經增加到了 286,468 億美元。2000—2007 年，非金融企業的資產負債率均值為 95.42%，已經是非常高的水平了。除了實體經濟的負債水平高以外，金融企業的負債規模更大，資產負債率水平更高。2000 年，金融企業的負債總額為 405,270 億美元，2007 年達到了 693,260 億美元。2000—2007 年，金融企業的資產負債率全部超過了 100%，均值達到了 101.99%。

由於軍費、醫療和社會保障等支出的增加，以及減稅法案的作用，小布什執政的 2001—2008 年，政府赤字多次大規模膨脹，政府債務規模一直居高不

---

① 數據來源：美聯儲（Board of Governors of the Federal Reserve System）。

下。① 2001—2008 年，美國政府的淨儲蓄為負，即赤字分別為 513 億美元、3,919 億美元、5,249 億美元、5,081 億美元、3,720 億美元、2,675 億美元、3,394 億美元和 8,002 億美元。② 其中，2002、2003、2004 和 2008 年的財政赤字率已經超過了 3% 的國際安全線。如果以政府的資產負債率來看，2001—2008 年，美國聯邦政府資產負債率的均值達到了 229.34%，已經是負資產國家了。不過好在州和地方政府的資產負債率較低。2001—2008 年，聯邦政府和州政府總的資產負債率均值為 88.51%。不過，從 2009 年起，美國總資產負債率已經超過了 100%。③ 可見，美國政府信用過度擴張的規模是多麼驚人。

貨幣和信用規模的大規模擴張，使得美國成為一個脆弱的國家，一旦累積的系統性風險爆發，整個國家就會陷入危機。2008 年的金融危機，就源於家庭信貸規模擴張以及金融企業信用擴張累積了巨大的風險。由於受到貨幣政策、市場衝擊等的影響，一些偶然因素觸發了整個金融系統的風險，並演變成金融危機。金融危機又迅速蔓延到了實體經濟領域，美國的經濟陷入停滯。另外，國家信用的過度擴張使得美國出現了「政府停擺」的局面。目前，美國政府正面臨著政府赤字加劇、經濟增長乏力和失業率居高不下等困境。

### 7.2.5 危機的影響及啟示

美國的次貸危機最終演變成為全球性的金融危機，一些歐洲國家還出現了債務危機。此次經濟危機對經濟增長、就業、企業的投資水平和居民的消費水平等都產生了巨大的影響。以美國為例，其經濟增長低迷。2008—2013 年，美國的 GDP 增長率分別為 -0.3%、-2.8%、2.5%、1.8%、2.8% 和 1.9%。失業率居高不下。2008 年 1 月開始，美國的失業率開始不斷上升，其失業率最高時為 2009 年 10 月份的 10.0%。雖然從 2012 年開始，美國的失業率開始逐步下降，但是 2014 年 1~5 月份的失業率仍然在 6% 以上。私人投資水平降低。2008—2013 年，美國國內的私人投資總額增長率分別為 -9.4%、21.6%、12.9%、4.9%、9.5% 和 5.5%。居民的消費水平降低。2008—2013 年，美國國內個人消費支出的增長率分別為 -0.4%、-1.6%、2.0%、2.5%、2.2% 和 2.0%。國家赤字和債務水平增大。2008 年第一季度的政府財政赤字為 5,268

---

① 楊奇才，韓文龍. 財政赤字、利率波動與金融危機——美國金融危機再審視 [J]. 財經科學，2013（1）.
② 數據來源：美聯儲（Board of Governors of the Federal Reserve System）。
③ 以上數據通過美聯儲數據計算得到。

億美元，2009年第三季度已經達到了高峰值，為16,273億美元。① 與此同時，受到經濟危機的影響，法國、英國、日本等發達資本主義國家的經濟增長率開始降低，失業率增加，私人投資和消費降低。全球經濟增長的前景開始暗淡，世界銀行等國際經濟組織多次下調了世界經濟的增長預期。

除此之外，由經濟危機引發的社會性危機也值得關注。受到經濟危機的影響，失業率加劇，一些發達資本主義國家出現了騷亂和動亂。如葡萄牙、西班牙等國家出現了多次大規模的示威遊行。經濟危機不僅給一些人造成了失業，而且迫使政府降低了社會福利和公共服務支出，人們的日常生活受到了很大的影響。由經濟危機引發的社會危機，加劇了社會富有階層和貧困階層之間的不平等，也加劇了各個社會階層之間的隔閡。

從2008年的金融危機中我們可以得到一些啟示。過度的金融創新和放鬆金融監管不利於經濟的穩定和增長。過度的金融創新會給整個金融系統累積巨大的系統性風險。一旦金融資產的價格暴跌，就會引起金融市場動盪，甚至是引發金融危機。因此，需要反對過度的金融自由化，加強對金融產品和市場的監管，防止系統性風險的出現。新自由主義的經濟意識形態是導致此次危機發生的重要原因。主張「自由化」「私有化」和「市場化」的新自由主義思想一度主宰了美國等國家的主流經濟意識，其長期作用於資本主義體制的結果就是越來越大的貧富差距、越來越嚴重的經濟金融化、越來越明顯的經濟波動。這最終導致資本主義體制陷入危機。因此，必須堅決反對新自由主義，建立有規制的市場經濟。解決好消費與生產的比例關係。此次金融危機，是由房地產抵押貸款債券的貶值等引起的。那麼為什麼會出現住房抵押貸款證券？因為這些證券是為解決低收入者住房問題而開發的金融產品。在資本主義社會，低收入者消費不足和生產過剩是並存的兩大矛盾。這就使得資本主義社會存在著消費和生產的比例不協調問題。從長遠來看，要解決好消費和生產比例關係，就需要增加工人的工資收入，尤其是要增加就業機會，並增加低收入者的收入。做好危機的預警和防範。市場經濟中發生危機是非常普遍的。因為存在市場經濟的無計劃性等缺陷，在資本主義基本矛盾的作用下，這一市場經濟的缺陷會不斷放大。在利用市場機制來發展經濟時，就需要加強政府對經濟的宏觀調控，同時需要建立危機預警和防範機制。

---

① 以上數據通過美國經濟分析局（Bureau of Economic Analysis）的國民收入和生產帳戶直接或經計算得到。

## 7.3  兩次危機的比較分析

1929—1933年大蕭條和2008年金融危機是資本主義發展史上兩次大的危機。對比分析兩次危機的相同與不同之處可以更加深入地理解資本主義危機的本質。

### 7.3.1  相似性

兩次危機具有一些相同點。兩次危機時，美國等主要資本主義國家都面臨著累積體系改變導致的嚴重的收入分配問題。股票和債券投機的盛行，使得金融部門盈利增加、實體部門利潤減少，與二三十年前相比，實體部門的利潤率面臨著下降的趨勢[①]；在「強資本」和「弱勞動」的情形下，資本收益在增加，勞動收益在下降，最高收入者和最低收入者之間的收入差距越來越大；在國際經濟體系中，發達資本主義國家獲得了越來越多的資本性收益，而大部分發展中國家處於不利的國際經濟交換地位。

兩次危機都是自由主義經濟思想盛行時期產生的。大蕭條發生之前很長一段時間裡，「自由放任」一直占據著西方經濟學意識形態的主流地位。「自由放任」的市場經濟思想主張自由競爭、支持自由貿易，反對政府干預。在自由資本主義階段，資本主義經濟空前繁榮起來，但是貧富差距和生產過剩等問題隨之而來。工人階級陷入了「相對貧困化」狀態，加劇了生產的「相對過剩」。生產的「相對過剩」又導致了農產品和工業產品價格的下降，進一步影響了投資和消費。在股市泡沫破滅后，美國等陷入了大蕭條。

2008年的金融危機發生前的三十多年時間裡，新自由主義思潮取代第二次世界大戰后的國家干預思想成為資本主義的主流經濟意識形態。削弱工會和降低工人福利待遇使得資本與勞動之間的收入差距越來越大；過度競爭破壞了資本家投資和研發的積極性，逐漸提高了公司的借債比例；放松金融監管激勵了過度的金融創新，累積了大量的金融風險；政府降低公共福利性支出增加了個人的支付負擔。隨著次貸危機的爆發，美國等資本主義國家陷入了百年不遇的金融危機。兩次危機都是在自由主義思潮盛行時發生的，這說明過度的自由

---

[①] 克里斯·哈曼. 20世紀30年代的大蕭條與當前金融危機（下）[J]. 國外理論動態，2009（6）：17-22.

必然會導致失序和失衡，甚至引發危機。

兩次危機的直接原因都與房地產投機和金融投機行為有關。大蕭條前期，房地產價格高漲，商業地產和住宅房屋面積激增。很多富有的人投機房地產。而20世紀初，隨著房地產泡沫的破滅，房地產陷入了蕭條。2008年的金融危機更是與房地產泡沫的破滅以及房屋次貸危機直接相關的。大蕭條前期，工業股票投資盛行，股價背離了其基本價值，隨著股市的崩盤，經濟陷入了大衰退。2008年金融危機前，與房屋相關的股票和債券也出現了價格虛高，當次貸危機發生后，整個美國經濟出現了負增長，陷入了停滯狀態。

兩次危機的破壞性都很大。1929—1933年大蕭條期間，美國的經濟規模銳減，從1929年的1,046億美元減到了1933年的572億美元。失業人口從1930年的434萬人增加到了1933年的1,300萬人。2008年金融危機時，美國的經濟增長率在2008年和2009年都出現了負增長，增長率分別為-0.3%和-2.8%。失業率一直居高不下，2009年2月—2012年8月的42個月裡，失業率均保持在8%以上的水平。可見，兩次危機對美國等資本主義國家的經濟增長和居民生活都造成了嚴重的破壞性影響。

兩次危機的治理過程中政府干預發揮了重要作用。大蕭條期間，胡佛政府延續了其「自由放任」的思想來治理危機，經濟形勢沒有好轉，反而惡化了。羅斯福執政時期則加強了政府對危機的干預，通過擴大財政政策擴大總需求。經過幾年的努力，經濟終於復甦了。2008年金融危機發生後，美國財政部等緊急救助和援助房地美、房利美、通用汽車等巨型企業，以此來穩定市場，加強對金融機構的監管。這些措施阻止了企業大範圍地破產和倒閉，阻止了金融危機向實體經濟的進一步蔓延。

### 7.3.2 差異性

1929—1933年的大蕭條和2008年的金融危機在危機發生的背景、性質、具體原因、傳導機制和治理等方面有所不同。

兩次危機發生的背景不一樣。大蕭條是在資本主義快速發展階段發生的，隨著技術進步和組織變革，農業和工業領域的勞動生產率大幅度提高，出現了生產過剩。20世紀初期，美國掌握了金本位制的主導權，成為當時最大的貿易順差國、債權國和資本輸出國。一向欣欣向榮的美國經濟，卻由於農業危機、工業生產過剩危機和股票危機陷入了大蕭條。2008年的金融危機則是在資本主義經濟金融化過程中發生的。美國的金融過度創新，家庭、企業和國家信用債務不斷擴張，收入差距不斷擴大，持續多年貿易逆差，且成為世界上最

大的債務國。在自由化、金融化和全球化的背景下,一場次貸危機演化為國際性的金融危機。

　　兩次危機的性質不一樣。大蕭條是一場持續了十幾年的經濟危機。儘管股票崩潰等是引發大蕭條的直接原因,但是農業危機、工業品生產過剩、房地產泡沫和通貨緊縮等都是導致大蕭條發生的主要原因。2008年的金融危機是「一場百年不遇」的金融危機,但是學界仍然把它定義為金融危機。它的起源是次貸危機,對金融系統造成了巨大的破壞性,影響了實體經濟,影響範圍幾乎覆蓋了全世界。但是,2008年金融危機的影響深度遠不及大蕭條。

　　大蕭條發生之前,農產品過剩、生產成本上升、價格下跌、農業危機已經持續了多年。房地產先是異常繁榮,形成泡沫,泡沫破滅后陷入蕭條。隨著勞動生產率的提高,工業產品產量提高。由於工人階級的相對貧困化和其他有效需求不足,出現了生產過剩。股票崩盤后,銀行業出現危機,隨后整個社會陷入了大蕭條。大蕭條是實體經濟的過剩危機導致的,股票等虛擬經濟泡沫僅僅是誘發其發生的直接原因。與大蕭條不同,2008年的金融危機主要是經濟的過度金融化導致的。產業空心化、實體經濟金融化,金融自由化和資產泡沫化的結果就是國民經濟結構失衡,收入分配懸殊和金融風險積聚。房地產次貸危機爆發后,這些結構性矛盾暴露了出來,危機的深度加深了。通過國際貿易、國際金融和國際投資等渠道,美國的次貸危機又演變成為全球性的金融危機。一些經濟增長緩慢或停滯、債務較多的國家又陷入了主權債務危機。

　　兩次危機的傳導機制不同。大蕭條的發生機制是「農業和工業的過剩危機—股票危機—全面危機」。農產品和工業品的過剩危機已經削弱了資本主義經濟擴張的實力,股票危機爆發正式揭開了遮擋「過剩危機」的面紗,使得資本主義經濟陷入了全面危機。大蕭條的發生過程中貨幣渠道也是重要的傳導機制。1929年10月29日紐約股票暴跌后,美國陷入了股票危機。受到流動性緊縮的影響,銀行業出現了倒閉和破產危機。銀行擠兌開始后,全社會出現了流動性緊縮。人們寧願持有貨幣,也不願意投資和消費。全社會的有效需求不斷降低,全社會由此陷入大蕭條。由於美國是當時最大的貿易順差國、債權國和資本輸出國,危機又通過國際貿易和國際投資等渠道傳遞到了歐洲等發達國家。

　　2008年的房地產次貸危機演化為金融危機,金融市場渠道是主要的傳導機制。國家信用、企業信用和家庭信用,尤其是房地產信貸擴張增加了全社會的有效需求和流動性。房地產次貸危機刺破了以信用擴張為主的虛擬經濟泡沫,全社會出現了流動性緊縮。房地美和房利美等具有金融性質的企業,以及

通用等實體企業紛紛宣布破產或申請保護。美國是全世界主要的債務國和貿易逆差國，危機又通過國際金融和貿易渠道傳遞到了其他國家，形成了國際性的金融危機。

兩次危機的治理方式是不同的。大蕭條發生以後，信奉自由市場經濟的胡佛總統儘管採取了一些措施來應對危機，但是他認為市場可以自我矯正。但是，市場並沒有發揮救治危機的作用。相反，危機越來越嚴重。羅斯福總統執政後，採用了強有力的政府干預來治理危機，通過頒布一系列的改革法案保障工人工資，穩定金融和經濟秩序，通過擴大政府支出的財政政策擴張總需求，通過加強國家間的貿易協調和經濟政策合作共同應對危機。2008年金融危機發生後，美國聯邦政府對不同性質的企業區別對待：一方面允許房地美和房利美等金融性質的企業破產；另一方面則對通用汽車等實體經濟企業進行財政救助。為了救助危機，恢復經濟增長，美聯儲啟動了四次量化寬鬆貨幣政策增加流動性。同時，與國際組織和其他國家合作，加強了金融監管和國際經濟合作，共同應對危機。可見，美國政府對大蕭條的治理主要通過政府干預的財政政策完成，干預和救治的力度是空前的；2008年的金融危機，美國政府對不同性質的企業區別對待，重視利用貨幣擴張來恢復經濟增長。

## 7.4 當代資本主義經濟危機的新特徵

當代資本主義經濟危機在發生的頻率、影響範圍和危機形式等方面都發生了新的變化。

首先，危機發生的頻率增加，危機週期縮短。第二次世界大戰以後，各種類型的經濟危機發生頻率不斷增加。比如，第二次世界大戰後至20世紀70年代初，美國在1948年、1953年、1957年、1960年、1969年先後爆發了五次危機。其中1957—1958年的危機波及美歐等主要資本主義國家。20世紀70年代以後，新自由主義經濟的意識形態在主要資本主義國家佔據了主流地位。通過削弱工會力量，降低工人的工資和福利，鼓勵過度競爭和放鬆對金融機構的監管等政策措施，使得資本主義的矛盾進一步激化，勞資之間、金融和非金融部門之間收入的不平等程度越來越大，生產的相對過剩問題和工人階級的相對貧困化問題凸顯，以及金融部門過度創新導致的金融不穩定性增加。在新自由主義階段，資本主義經濟危機發生的頻率更加頻繁了。其中，美國在1969—1970年、1974—1975年、1980—1982年、1990—1991年和2007年等發生了多

次危機；日本、法國、德國和英國等發達資本主義國家也發生了多次危機。期間，很多不發達國家也發生了多次危機，如20世紀七八十年代巴西的地方債務危機，以及1997年的亞洲金融危機波及泰國、新加坡、馬來西亞、菲律賓和韓國等國家。雖然當代資本主義世界發生危機的頻率增加了，但是，除個別大危機外，危機的週期都較短，持續時間一般為幾個月或一兩年。

其次，危機發生的廣度和影響範圍更加深遠了。隨著區域一體化和全球化進程的加快，一個國家或一個地區發生危機，必然會引起周邊國家甚至是主要資本主義國家的股票市場、債券市場、勞動力市場和大宗商品市場價格的波動。如1997年的亞洲金融危機，先從泰國發生，最後蔓延到了整個東南亞國家；2008年的美國次貸危機最後演變成了全球性的金融危機。通過國際貿易、國際投資和國際金融市場，一個國家的經濟危機可能會演變成為區域性的經濟危機或全球性的危機。國家與國家之間、地區與地區之間經濟聯繫的加強是危機影響範圍變廣的主要原因之一。

再次，危機的形式越來越多樣化，其中信用危機扮演了越來越重要的角色。當代資本主義世界發生的經濟危機形式更加多樣化。既有傳統的銀行業危機和生產過剩危機，也有新形式的金融危機，以及主權國家的債務危機和地方政府的債務危機引發的經濟危機。其中，貨幣信用危機、金融信用危機和政府信用債務危機扮演了越來越重要的角色。隨著貨幣形式的多樣化和貨幣信用體系的快速發展，一個國家會由於本國貨幣匯率的大幅度變化而產生危機，如1997年的亞洲金融危機其導火索之一就是泰國等國家匯率體制調整。隨著自由化、全球化和金融化的發展，金融部門在一國的地位越來越重要，甚至在一些國家還佔據了主導地位。過度的金融化和金融創新容易產生金融不穩定，誘發金融危機。最近幾十年，發達資本主義國家的危機主要表現為以股票市場、債券市場和大宗原材料期貨市場的價格劇烈波動為特徵的金融危機。由於一些國家在軍費和公共福利支出等方面費用的過度膨脹，由此產生的巨額財政赤字和政府債務已經成為一些國家的重要財政負擔。一旦經濟形勢惡化，過度借債的國家就會陷入主權國家債務危機或地方政府債務危機。

最後，資本主義國家的經濟危機往往和社會危機相伴相生，這種軌跡越來越明顯。新自由主義累積體制導致的貧富差距過大、企業間競爭過度、信用過度膨脹和金融市場過度創新都會形成很多社會問題。一旦經濟陷入衰退，這些社會問題就會凸顯出來，社會矛盾會進一步激化。比如，西歐等國家的高福利制度導致企業和政府的支出負擔增加，經濟衰退後民眾又不願意削減已經得到的福利，往往會爆發遊行示威等抗議活動。社會矛盾的激化又會進一步拖累經

濟增長。可見，越是經濟衰退的時候，越是社會危機可能爆發的時候；越是社會矛盾不可調和的時候，越是經濟危機可能爆發的時候。從某種程度上說，資本主義國家的經濟危機和社會危機已經出現了同週期的趨勢。

## 7.5 本章小結

　　1929—1933 年的大蕭條和 2008 年的金融經濟危機是資本主義世界發生的最為嚴重的兩次大危機。儘管兩次危機發生的原因、過程和結果不一樣，但是兩次危機都是資本主義的基本矛盾、累積體制變化等導致的危機。資本主義世界中，危機具有普遍性。危機是資本主義制度和市場經濟相互結合必然會出現的一種週期性「自我毀滅」和「自我調整」。從兩次大危機的分析中發現，危機不是單因素導致的，而是綜合性因素導致的。兩次危機具有相似性，同時也具有差異性。從危機中總結經驗和教訓，對於發展中國特色的市場經濟體系、保持經濟的增長性和穩定性具有重要的借鑑意義。

# 8 資本主義危機的實質及對中國的啟示

## 8.1 資本主義危機的實質

資本主義自誕生至今,已經經歷了無數次大大小小的危機。小規模的危機包括一些銀行業的擠兌和破產,中度規模危機則包括一些地區性的金融危機或債務危機等,而大規模的危機則主要是指波及資本主義世界類似於大蕭條和 2008 年金融危機的經濟停滯和衰退的情況。每一次大危機,資本主義社會的局部或整體都會陷入「恐慌」,出現經濟增長的波動,甚至是停滯和衰退。但是,在每一次危機中,資本主義體系都能夠經過數月或數年的調整而逐漸恢復過來。危機,總是伴隨著資本主義的發展,同時危機也不斷改變著資本主義體系。

隨著資本主義社會的不斷發展,危機爆發的頻率越來越高。1825 年,英國爆發了生產過剩危機,1847 年以英國為首的歐洲爆發了「工商業危機」,1929—1933 年以美國為首的資本主義國家爆發了有史以來最大的危機——大蕭條,20 世紀 70 年代資本主義社會出現的經濟滯脹、20 世紀末亞洲金融危機、2008 年的世界性金融危機都是資本主義世界發展過程中最為重要的一些大危機。除了這些大危機以外,各種各樣的中小危機爆發的頻率是非常高的,如銀行業危機、股票市場危機、債券市場危機、匯率危機、主權國家債務危機等。而且,隨著全球生產網路、全球金融市場、全球性投資和國際貿易的發展,一個地區或國家的危機可以迅速擴張到其他地區或國家。「城門失火殃及池魚」的現象越來越明顯。

資本主義社會是利用市場經濟來實現資源配置和發展經濟的。市場體系在

配置資源的過程中可以將一些資源配置到最有效的用途上，但是這種配置也會出現資源「扎堆」的情況。一個利潤率高的行業，可以吸引很多的生產要素，但是它吸收的生產要素達到一定程度時就會出現局部或全面飽和，這種情況下就會出現行業性的生產過剩。這種過剩是與市場的無計劃性有關的。儘管，隨著資本主義制度自身調節能力的提升，生產性過剩的比例在逐步減少，但是市場經濟中優勝劣汰的機制使得那些被競爭擠出的「個人」的數量越來越多。這些人成為失業者，規模龐大的失業者就成為資本主義生產的「產業後備軍」，同時他們也成為低收入和低購買力的人群。他們的低收入限制了他們的消費，也限制了全社會消費規模的擴大和消費水平的提高。

　　市場經濟中，資本是逐利的。開始，資本家投資於實業來生產產品，這樣他們可以通過剝削工人的剩餘價值而獲得財富。當然，他們也需要擴大再生產。他們或是通過剩餘價值的累積，或者是通過信用借貸，如銀行借貸和發行股票等迅速擴張生產規模。大規模生產階段，通過規模生產可以獲得成本和競爭優勢，通過給予工人高工資可以解決商品的購買問題。福特制就是這樣的累積體制。但是，類似於福特制的累積體制最終讓位於小規模定制和及時生產，以及實際工資增長停滯等為代表的后福特制累積模式。在后福特制模式下，工人的貧困問題變得越來越嚴重，全社會的有效消費需求不足問題越來越突出。那麼解決生產過剩和有效消費需求不足問題，就需要新的辦法。信用擴張解決了這個問題。家庭消費信貸的擴張，使得人們可以花未來的錢來滿足現在的生活，同時使得低收入的家庭可以買車和買房；企業可以通過借貸來融資，進行擴大再生產；國家可以通過借債，用未來幾代人的納稅收入來滿足現代人對公共產品和公共服務的需要。因此，當代資本主義繁榮發展的背後是家庭、企業和國家債務規模的擴張。當債務規模超過未來的償付能力後就會出現債務危機，甚至會由於債務危機而引發經濟危機，如巴西20世紀70~90年代債務危機引發的經濟危機就是例證。

　　家庭、企業和國家債務規模不斷擴張的過程，也是現代金融不斷創新和發展的過程。現代金融可以通過新金融工具幫助個人、企業和政府融資。逐漸地，金融資本在整個資本主義國家中發揮了越來越重要的作用。金融資本控制了生產資本和商業資本，通過金融工具和產品，金融資本家就可以輕鬆地獲得高額的回報。當代資本主義社會，金融部門逐漸成為最賺錢的部門，金融部門獲得的利潤額正在大幅度攀升，其利潤率也是非常高的。相比之下，實體部門的利潤規模在萎縮，利潤率在下降。經濟的金融化趨勢成為當代資本主義發展的新特徵。壟斷金融資本主義時代，壟斷金融企業可以通過金融市場、資本市

場來控制實體經濟的企業所有權進而分享實體經濟的利潤，或通過國際金融市場和資本市場來分享新興市場經濟國家增長帶來的紅利，或通過在國家金融市場上買賣金融產品就能實現投機性獲利。市場經濟越發達，信用經濟就越發達。而信用經濟越發展，經濟體系的脆弱性就越大。信用的過度擴張和金融的過度創新，會累積越來越大的系統性風險。當系統性風險集中爆發後，金融危機或經濟危機就會出現。最近幾十年，信用危機和金融危機成為資本主義危機的主要形式。

　　危機總會成為資本主義發展的「孿生兄弟」。馬克思給出了較為精闢的解釋。貨幣的出現將商品的價值和使用價值之間的矛盾轉化為貨幣與商品之間的矛盾。在利用貨幣交換的體系中，貨幣執行流通手段職能，使得商品的買和賣相互分離，出現支付困難，進而產生了危機的可能性。如果一個社會中大量的商品買賣出現了支付困難，或貨幣流通中斷，那麼危機就可能在全社會出現。資本主義的生產方式為危機的實現提供了制度性支持。在私有制占主導地位的資本主義社會，社會化大生產的要求與資本主義生產資料的私人佔有制以及生產的無序性是矛盾的。如果資本家盲目地擴大再生產，生產的量超過了全社會的有效需求量，那麼就會出現生產過剩。生產過剩會阻斷資本家的再投資，也會阻斷全社會的擴大再生產。如果一個國家出現大面積的生產過剩，那麼生產過剩性危機也就會爆發。資本主義的累積體制會進一步地累積危機產生和爆發的因素。在資本主義社會，僱傭工人通過出賣勞動力來獲得有限的工資收入，而資本家則通過生產資料的私人佔有制獲得了工人創造的剩餘價值。這種剝削體制使得資本家成為最富有的人，而工人階級成為最貧困的人。如果一種累積體制使得資本家對工人階級等的剝削程度很高，工人的基本生活得不到保障，失去了商品購買力，最終會導致全社會的有效需求不足，尤其是消費需求不足，最終會出現大規模的剩餘商品的堆積。這種商品堆積或過剩，不是由真正的過剩導致的，而是相對過剩，即工人階級有限的工資收入無力購買和消費這些商品，是全社會的有效消費需求不足導致的商品相對過剩。資本主義體制下過度的信用或無序擴張也會導致危機。自由資本主義時代，銀行業的擠兌和破產導致的危機就是信用危機。當代資本主義社會中，家庭債務、企業債務和國家債務過度膨脹導致的危機，也是信用危機。

　　早期經典的馬克思主義作家對資本主義的危機問題進行了研究。如考茨基將資本主義的危機歸因為「生產過剩」，他認為資本主義私有制下，資本主義的生產方式不僅生產了剩餘價值，而且造就了龐大的相對過剩人口。資本主義生產規模的擴張會受到消費規模的限制，無產階級的貧困化造成了資本主義生

产的相对过剩，而生产的相对过剩则是导致资本主义危机的主要原因。① 希法亭则认为危机是资本主义社会中工人阶级及普通大众的消费与资本家进行再生产投资累积的比例失调导致的，即要形成大规模的消费或提高全社会的消费规模，就需要降低资本家的利润率。同样，资本家要提高利润率就需要降低工人的工资，进而会降低全社会的消费规模。② 总之，消费与累积的比例失调是导致危机的关键原因。卢森堡则把资本主义危机归因于消费不足，即资本主义的生产方式形成了庞大的产业后备大军，同时有限的工资也只够工人维持基本生存，这使得全社会的有效消费需求不足，进而导致生产和消费的脱节，甚至是生产的停滞。③ 停滞就是危机。杜冈等人则坚持了马克思的利润率下降趋势理论，并认为剩余价值和资本有机构成的变化导致利润率的变化是导致经济危机的原因。④ 利润率的持续下降是与经济的停滞或经济周期的波谷一致的。当代的马克思主义者的危机理论，主要以 Gordon 等的累积的社会结构理论和法国调节学派提出的累积结构导致的危机理论最具有代表性。这两种理论都将危机的成因归为累积结构变化导致的结果，只是两种理论所构建的具体的累积结构具有差异性。

资本主义社会自诞生之日起，就与危机结为了孪生兄弟。每隔一段时间，规模不等的危机就会爆发。危机的原因也是各种多样的。那么资本主义社会经济危机的本质内涵是什么？笔者认为可以归结为以下几个方面：

资本主义社会的基本矛盾是导致危机的根本原因。资本主义社会的基本矛盾是「生产资料的私人占有制与社会化大生产之间的矛盾」。这一基本矛盾决定了处于统治地位的资产阶级可以通过雇佣工人无偿获得工人创造的剩余价值，工人阶级总是处于被剥削的地位。资本家的富有是以剥削工人和工人阶级的贫困化为代价的。虽然，现代资本主义制度逐步调整了对工人的剥削方式，甚至有时候剥削程度有所缓和，有时候剥削则更加隐蔽化。但是，基本矛盾决定了资本家会不断地扩大再生产，工人阶级获得的极低的实际工资使得他们的有效消费不足，最终会出现商品的相对过剩。如果全社会都出现了商品的相对过剩，那么危机就爆发了。危机爆发后，资本主义社会通过提高工人的实际工

---

① 卡尔·考茨基. 爱尔福特纲领解说 [M]. 陈冬野，译. 北京：三联书店，1963.
② 鲁道夫·希法亭. 金融资本——资本主义最新发展的研究 [M]. 福民，等，译. 北京：商务印书馆，1994.
③ 爱莎·卢森堡. 资本累积论 [M]. 彭先舜，吴纪先，译. 北京：三联书店，1957.
④ HOWARD M C, KING J D. A History of Marxian Economics: Vol. I: 1883—1929 [M]. Princeton: Princeton University Press, 1989: 188.

資等不斷調節和緩和危機。等危機過后，資本家一方面加大再生產投資，另一方面則不斷壓低工人的工資。這種情況持續一段時間后，新的消費不足和生產過剩又出現了，資本主義的危機又爆發了。就這樣，危機總是周而復始地出現，又周而復始地退去。資本主義的危機，最終是由其基本矛盾決定的。

資本主義的危機也是累積體制的危機。在不同的時段，資本主義社會的累積體制是不同的。以法國調節學派的觀點看，第二次世界大戰以后至20世紀70年代，美國等資本主義國家經歷了福特主義的累積模式，這種體制實行大規模生產和大眾消費相互結合的方式，給予工人高工資，及時解決了消費和生產的矛盾問題。但是20世紀70年代至今的后福特主義累積體制則要求不斷降低工人的實際工資，最終的結果是工人的貧困化。為了解決消費和生產的矛盾問題，依靠信貸擴張來刺激家庭提前消費，結果是個人債務不斷攀升。同時，這種累積體制下，企業債務和國家債務也跟著攀升，扭曲了經濟結構，出現了經濟信用化、金融化和產業空心化等問題。這一累積體制使得美國、日本等資本主義國家陷入了長期的經濟停滯。可見，資本主義的危機也是累積體制的危機。

市場經濟的缺陷及其矛盾的週期性爆發也是產生危機的重要原因。市場經濟是交換經濟，價格體系在經濟運行中發揮著關鍵的作用。利用市場機制，可以更有效地配置資源，最大限度地發揮資源的價值。資本主義社會利用市場機制，在幾百年時間裡創造了人類前所未有的物質財富。但是，市場體制也具有弱點，如市場的自發性、無計劃性、盲目性和外部性等，使得經濟在運行的過程中會累積很多的矛盾，尤其是供給與需求之間的矛盾。當這些矛盾通過市場機制的自發調節不能解決的時候，就會產生危機。這種危機可能是局部的，也可能是全面的；它可能發生在要素市場，也可能發生在商品市場。

信用擴張和金融過程創新已經越來越成為導致現代資本主義發生危機的直接原因。家庭信用適度擴張有利於解決消費和生產的矛盾，但是私人信用的過度擴張則會增加整個社會面臨的風險。企業債務的過度擴張也是導致經濟不穩定的重要原因。如果全社會的大部分企業的負債率過高，一旦經濟受到局部的衝擊，那麼負債率高的企業就可能會面臨破產和倒閉的風險。這對全社會來說就是一場信用危機。主權國家的債務過度擴張也會引發債務危機，20世紀70~90年代巴西地方政府的債務危機引發的經濟波動，以及2008年金融危機爆發后希臘、義大利和葡萄牙等出現的主權債務危機就是很好的例證。

不僅家庭、企業和國家信用的過度擴張會導致危機，而且金融的過度創新也會導致危機。現代金融市場的發展為個人、企業和國家等融資提供了便利，

但是金融市場上的投機行為使得一些金融投機家為了利益故意衝擊一個國家或地區的金融和匯率市場來獲取暴利，如 1997 年的亞洲金融危機就是一例。另外，為了逐利，金融市場上的過度創新也會累積大量的系統性風險，一旦金融資產的價格暴跌，整個金融市場就會陷入蕭條，甚至會影響到實體經濟。2008 年的金融危機的直接原因就是次貸危機誘發的全球性金融危機，進而演變為世界性的經濟危機和一些國家的主權債務危機。可見，信用過度擴張和金融過度創新累積的系統性風險越來越成為當代資本主義國家發生危機的直接原因。

綜合以上幾點分析，可見資本主義危機的實質是綜合性經濟危機，是基本制度和基本矛盾、累積體制、市場體制因素以及信用擴張和金融創新等綜合作用的結果。只不過，在危機產生過程中，有些因素是根本性的，有些因素是直接性或間接性的。

## 8.2 危機后的理論反思與迴歸

### 8.2.1 理論反思

2008 年金融危機既是資本主義累積模式和貨幣信用過度擴張導致的危機，也是一場以新自由主義為核心的理論危機。新自由主義是 20 世紀 70 年代最先在英國掀起的一股以主張「發揮市場力量」「反對國家干預」「鼓勵自由放任的市場競爭」「私有化」等為價值理念的經濟意識形態。撒切爾夫人主政時期實行的國企和公共企業的私有化就是在實踐中的典型。隨後，新自由主義這一意識形態嵌入新古典經濟學中，在歐美國家的大學裡傳播。以芝加哥大學為大本營，芝加哥學派對其更是推崇備至，並為拉丁美洲等培養了很多頭腦中充滿新自由主義思想的「芝加哥男孩」，然后這些新自由主義者開始在本國政治、經濟和社會領域推行「新自由主義政策」。以智利、墨西哥等為代表的拉美國家實行了大規模的私有化政策。新自由主義思想在整個資本主義社會意識形態中占據了主導地位。比如，「放鬆監管」「金融過度創新」就是新自由主義思想在美國金融領域最典型的表現；「削弱工會」「削減工資和福利」「鼓勵勞動力自由競爭」就是新自由主義思想在勞動力市場中的具體體現。

新自由主義思想並沒有給人們帶來很大的福利，反而給人類帶來了災難。2008 年的金融危機使得推崇新自由主義的古典經濟學受到了人們的質疑。2008 年金融危機后，英國女王曾詢問倫敦政治經濟學院的經濟學家們：為什麼沒有人預測到此次危機。確實，爆發如此大規模的金融和經濟危機，鼓吹市

場穩定和自由競爭的新古典經濟學家尤其是宏觀經濟學家為什麼不能預測出危機？這說明以新自由主義為核心的經濟學意識形態和新古典經濟學已經脫離了現實。正如保羅·克魯格曼寫文章反思經濟學：主流模型中認為經濟不會奔潰，但是去年卻發生了大危機。他還提出了經濟學該何去何從。① 保羅·克魯格曼認為新古典經濟學忽視了人類理性的有限性，忽視了制度問題，對有效市場（主要是金融市場）的過度樂觀、反對國家干預、崇尚「個體理性，市場完美」等理論已經偏離了現實世界。② 斯蒂格利茨更是批評新古典經濟學具有「意識形態」和「烏托邦」的性質。③

西方馬克思主義經濟學家對新古典經濟學和新自由主義思想更是進行了猛烈的抨擊。如大衛·科茨認為2008年的危機就是一次新自由資本主義的體制性危機。④ 新自由主義還導致了嚴重的收入分配問題，通過壟斷、金融工具和制度設計等方式，整個社會財富越來越集中在少數人的手中。收入的不平等對人類發展的公平性和可持續性帶來了嚴峻挑戰。最近，法國經濟學家皮凱蒂在《二十一世紀的資本》一書中對現代經濟學的反思，尤其是收入分配問題引起了全世界的關注。⑤ 因為收入分配問題一直是新古典經濟學避而不談的問題。只關注經濟效率而不關注經濟發展的公平性和可持續性的新古典經濟學已越來越成為富人的經濟學。除學者對新古典經濟學和新自由主義進行了批評和反思外，美國哈佛大學的70多名本科生公開反對使用向新古典經濟學妥協的新凱恩斯學派代表人物曼昆的《經濟學原理》。

那麼以新古典經濟學為載體的新自由主義思想到底有什麼缺陷？陸文強（2014）對此做了非常精準的回答：崇尚自由競爭，由此可以導致市場均衡，以及只重視經濟現象而忽略對經濟關係的討論是其本身具有方法論錯誤；反對國家參與和干預經濟的超越國家利益的理論僅僅是為發達國家剝奪發展中國家而創造的理論幌子；主張私有化實際上是企圖實現對本國或他國財富再分配，以方便大型跨國公司等利益集團謀取利益。⑥ 因為奉行了自由競爭的市場經濟

---

① 保羅·克魯格曼. 為什麼經濟學家錯得如此離譜？[J]. 紐約時報，2009-09-02.
② 保羅·克魯格曼. 為什麼經濟學家錯得如此離譜？[J]. 紐約時報，2009-09-02.
③ 斯蒂格利茨. 社會主義向何處去：經濟體制轉型的理論與證據[M]. 周立群，韓亮，余文波，譯. 長春：吉林人民出版社，1998.
④ 大衛·科茨. 目前金融和經濟危機：新自由主義的資本主義的體制危機[J]. 當代經濟研究，2009（8）：13-20.
⑤ THOMAS, PIKETTY. Capital in the Twenty-first Century [M]. Cambridge: The Belknap Press of Harvard University Press, 2014.
⑥ 陸文強. 剝開「新自由主義經濟學」的面紗[J]. 求是，2014（6）.

中，企業之間的過度競爭嚴重損害了企業的利潤，破壞了企業再投資和進行科研投入的積極性；削弱工會和削減工人工資福利使得工人階級陷入了相對貧困化，工人的貧困化又導致了有效需求不足，為了刺激消費，家庭債務的過度擴張又累積了巨額的債務風險；「放鬆監管」政策使得金融業為了追逐暴利而過度創新，經濟過度金融化。正是新自由主義思想的泛濫使得資本主義的發展陷入了不穩定狀態。

### 8.2.2　理論迴歸何處？

經過此次危機，新古典經濟學的「黑板經濟學」特質和新自由主義的工具化意識形態本質被人們逐漸認識清楚了。它們在歐美等發達國家經濟學領域的主導地位將會逐漸削弱。那麼，會不會有另外一個學派的經濟學替代新古典經濟學的地位？儘管很多經濟學家在批判新古典經濟學，但是新古典經濟學作為主流經濟學在歐美等知名大學的教育中仍然占據主導地位。經過幾十年培養出來的認同新古典經濟學原理的學生遍布政治、經濟和金融等各個領域。他們控制著很多關鍵崗位，控制著主流意識形態。況且，新古典經濟學和新自由主義是最有利於資本家，尤其是有利於大的產業、商業和金融資本家的。他們更願意支持這一意識形態。

但是，新古典經濟學「獨大」的局面將不再存在。現實的殘酷性和挑戰性，使得覺醒的普通人不再相信它。人們要求加強對金融機構的監管、實行和提高最低工資、加強工會的力量、限制企業間的過度競爭、呼籲政府適度干預經濟等。比如，新監管法案要求對投資銀行等金融機構加強監管，奧巴馬政府宣布重修道路，以增加就業。

在經濟學理論研究領域，新凱恩斯主義經濟學、演化經濟學、行為經濟學、實驗經濟學和馬克思主義經濟學等都向新古典經濟學的理論假設和內核提出了批評和挑戰。經濟學家們呼籲經濟學領域應該開展更加多元化的研究，以此來替代新古典經濟學的主流地位。凱恩斯主義經濟學一度是救治「大蕭條」的經濟學。在大蕭條後至20世紀60年代，凱恩斯經濟學都居於主流地位。20世紀70年代，面對經濟滯漲，凱恩斯經濟學無法解決這一問題。同時，凱恩斯學派內部也發生了分裂，致使凱恩斯主義經濟學的地位在歐美國家逐漸被新古典經濟學所取代。在2008年金融危機中，凱恩斯主義的宏觀經濟政策，尤其是財政政策又被主要國家用來救治危機。新凱恩斯主義經濟學又開始復興起來。不過，在歐美等發達國家，已經成熟的市場經濟體制以及信奉「自由市場經濟」的傳統價值觀，使得凱恩斯主義經濟學很難像凱恩斯時代那樣流行。

不過，在發展中國家，政府參與和干預經濟卻得到了普遍的認同。在認清了新自由主義的危害後，一些發展中國家的政府正積極參與和干預本國的經濟建設。演化經濟學用動態的生物學的演化方法來挑戰新古典經濟學靜態的物理學的均衡方法；行為經濟學則從非理性的人的行為角度來挑戰新古典經濟學的理性人假設；實驗經濟學更是用實驗的方法來測度人性和人的行為，對新古典經濟學提出的「自私人」假設和完全理性等提出了挑戰。非常值得一提的是，馬克思主義經濟學主張權利平等，以及經濟增長的公平性和正義性；反對剝削、倡導勞動創造價值；主張生產關係與生產力的適應性等重新得到了人們的重視。如2008年金融危機後，《資本論》在歐美暢銷，這說明了人們在危機以後又重溫馬克思對資本主義社會的批判，重溫馬克思對金融和經濟危機的深刻見解。但是，馬克思主義經濟學在歐美，尤其在美國受到了新古典經濟學家和資產階級的打壓，被他們視為異端邪說。因為新古典主義經濟學家害怕馬克思主義經濟學挑戰他們的正統地位，而資本家則害怕「無產階級的經濟學說」會威脅他們的統治。馬克思主義經濟學在歐美等資本主義國家會作為一支重要的經濟學力量延續下去，等待美好時刻的到來。以中國為主的社會主義發展中國家則仍然堅守著馬克思主義經濟學。未來，馬克思主義經濟學的發展空間應該在社會主義發展中國家。

經過以上的分析，未來經濟學的理論該迴歸何處？新古典經濟學獨領風騷的局面會逐漸削弱，新凱恩斯主義經濟學、演化經濟學、行為經濟學、實驗經濟學和馬克思主義經濟學等會競爭性發展，並在未來出現一個多元化的發展格局。經濟學作為一門經驗科學，是用來解決實際問題的。因此，從這個角度來講，具有邏輯嚴密性和理論完整性，並能解決現實問題的經濟學理論才是具有發展潛力的。一國或一個地區，只有堅持從實際出發，發展和運用與本國國情適合的經濟學理論，才是正確的道路選擇。

## 8.3 資本主義危機對中國的啟示

資本主義的危機，是資本主義基本矛盾導致的必然結果，是資本主義的累積模式調整後長期累積產生的結構性矛盾的爆發，是市場經濟的缺陷週期性作用的結果，更是信用過度擴張和金融過度創新導致的直接結果。總之，資本主義危機是綜合性的危機。危機，給資本主義帶來了破壞性的影響，不僅導致經濟增長的停滯或蕭條，攀升的失業率、削減的社會公共支出和福利支出嚴重影

響到了人們的普通生活，而且危機使得中低收入者的生活更加艱難。一些經濟情況不好且政治不穩定的國家，在危機爆發之后還引發了社會危機，甚至是大規模的騷亂和衝突。可見，危機對一個國家、社會和普通大眾生活的影響是深遠的。

中國，作為中國特色社會主義國家，經濟經歷了 30 多年的高速增長，正在實現「國富民強」的復興之夢。但是，中國經濟和社會發展過程中累積了很多矛盾，如經濟結構不合理、地方政府債務問題，影子銀行等累積的金融系統性風險越來越大，以及貧富差距不斷拉大，社會矛盾突出等。如果這些問題不能得到有效的解決，中國的經濟和社會發展會累積越來越大的不穩定因素，超過一定界限就可能會爆發經濟危機和社會危機。因此，從資本主義危機中吸取經驗教訓，防患於未然是明智的。那麼，資本主義的資本累積、貨幣和信用擴張以及危機教訓可以帶給我們哪些啟示呢？

1. 堅持累積模式的多樣性、可持續性和公平性

20 世紀 70 年代以后，美國等資本主義國家的累積模式從大規模生產和大眾消費的「福特主義模式」轉向了小規模及時生產和依靠消費信用解決「生產剩余」的「后福特主義模式」。在「后福特主義」時代，新自由主義思想泛濫，經濟金融化趨勢加強，去監管化提速，金融企業的財務槓桿率大幅度提高。在這樣的累積模式下，累積了過多的矛盾和風險，最終使得 2008 年美國等資本主義國家爆發了金融危機。

與美國的累積模式不一樣，中國選擇了適合自己的累積模式——混合所有制經濟：國有經濟控制了整個國民經濟的關鍵行業，控制了國家的經濟命脈，保障了經濟安全；私營與外資經濟激活了市場競爭的活力；國家參與並干預經濟發展，保障了經濟的增長性與穩定性；適度發展虛擬經濟，堅持了金融等虛擬經濟為實體經濟服務的原則等。正是中國這種適合本國國情的累積模式保持了經濟健康快速發展。正是如此，2008 年金融危機中，中國經濟「一枝獨秀」，仍然保持了 9.0% 的增長率。

2008 年金融危機以后，歐美發達國家和中國等新興市場經濟國家迥然不同的經濟增長表現，又引起了人們對「華盛頓共識」與「北京共識」的爭論。① 有人認為 2008 年金融危機證明了「北京共識」贏得了勝利。我們姑且

---

① 簡單地說，華盛頓共識是指以美國國民經濟研究所牽頭，世界銀行、國際貨幣基金組織等參與，最后由約翰·威廉姆森等提出的拉美和東歐轉型國家以「自由化」為主的政治經濟改革理論模式。北京共識則是由美國高盛投資銀行的喬舒亞·庫珀總結以「漸進式改革」為主要內容，符合中國國情的發展模式。

不論誰是勝利者。僅從兩個共識本身來看，它們代表了兩種不同的累積模式。「華盛頓共識」代表了以「自由化」「私有化」和「金融化」為代表的新自由主義累積模式，而「北京共識」代表了以「漸進改革」「混合所有制」和「國家調控」等為代表的國家主導型累積模式。兩種累積模式導致了不同的結果。這是有目共睹的。除此之外，即使在新自由主義累積模式中也有不同的細分模式。這就是制度的多樣性，如自由主義的美國模式、法人壟斷的日本模式、社會市場經濟的德國模式以及福利資本主義的瑞典模式。① 不一樣的發展模式會形成不一樣的發展結果。2008 的金融危機中，美國等自由資本主義國家的經濟出現衰退，而德國經濟卻一枝獨秀。資本主義制度具有多樣性，累積模式也是多樣的。因此，在現實中不應該照抄照搬美國的新自由主義累積模式，而應該在借鑑和批判的基礎上，結合本國實際，形成適合本國國情的累積模式。

中國要堅持和發展自己的累積模式：要堅持公有經濟的主體地位，加強國有經濟的控制力，大力發展混合所有制經濟。資本主義的私人佔有制與社會化大生產之間的基本矛盾必然會引發危機，那麼解決危機的根本途徑就是建立與社會化大生產相互適應的生產體系，即公有制的生產體系。中國是社會主義國家，已經建立了公有制。現階段，堅持公有經濟的主體地位，加強國有經濟的控制力是個關鍵性問題。另外，在社會主義初級階段仍然需要大力發生生產力，因此發展混合所有制、鼓勵和支持民營經濟的發展、支持外資經濟的發展是必然的。通過大力發展多種形式的所有制經濟，將中國的經濟水平提上去，同時也要牢牢地把握國有經濟的控制力。

新自由主義的資本主義累積體制使得資本主義社會的貧富差距越來越大，實體經濟部門和虛擬經濟部門之間的收入差距也越來越大，經濟的虛擬化問題越來越嚴重。這種累積體制最終加劇了生產和消費的矛盾以及實體經濟和虛擬經濟之間的矛盾，並累積了很多的風險，最終釀成了危機。中國，作為一個發展中的大國，在經濟學意識形態領域要警惕新自由主義思想的侵入，保持實事求是的態度來制定政策；要通過工資增長機制來增加勞動者的收入，通過收入調節機制來降低日益嚴重的收入差距，通過各種機制真正實現共同富裕的目標。

市場機制的缺陷是危機累積的重要因素。中國在利用市場機制發展經濟的

---

① 劉鳳義, 沈文瑋. 當代資本主義多樣性的政治經濟學分析 [J]. 教學與研究, 2009（2）: 19-27.

同時，一定要認識到市場機制的缺陷以及市場競爭的「優勝劣汰」導致的負效應。在利用市場經濟發展經濟的同時，一定要加強國家對經濟的宏觀調控力度，將市場的自發性和政府調控的計劃性有機結合起來，保證經濟的健康穩定發展。另外，市場機制僅僅是配置資源和發展經濟的一種有效的機制，但是不應該濫用市場機制，不應該把教育、醫療、社會保障等公共服務全部市場化。公共領域的過度市場化，是導致美國中低收入者的醫療和健康問題，大學生負債率居高不下，以及低收入者的社會保障問題重重的重要原因。這些教訓，應該引起中國的警醒。

堅持累積模式的公平性是非常重要的。新自由主義累積模式或者說是壟斷金融模式是一種不公平的累積模式。新自由主義累積體制下，工會被削弱，工人的工資和福利待遇逐漸降低，而資本家獲得的剝削性收入卻在增加。這種累積體制下，一方面是資本家的富有，另一方面則是工人階級以及普通大眾的相對貧困化。以美國為例，美國已經是經濟合作與發展組織中貧富差距最大的國家。為什麼這種累積體制會出現巨額的貧富分化？因為提倡自由競爭和適者生存的自由市場經濟中，競爭的結果就是富者更富，窮者更窮。從美國越來越高的收入分配差距和越來越低的社會流動性就可以看出新自由主義累積體制是有利於「強者」和富人的。

在新自由主義累積體制下，壟斷金融控制了實體經濟，從實體經濟中抽走了越來越多的利潤。這導致了實體經濟投資不足，而金融性虛擬經濟不斷膨脹。最終的結果就是經濟的金融化。經濟的過度金融化又會累積很多風險，容易誘發金融危機。從經濟公平角度講，壟斷金融資本控制實體經濟，並擠壓實體經濟的利潤，是一種不公平的累積模式。

在「自由化」「金融化」和「全球化」的背景下，歐美等資本主義國家的大型跨國企業的產業資本在發展中國家投資設廠，利用其廉價的勞動力，加強對其工人的剝削，同時也形成了對不發達國家原材料、資源和環境的「掠奪」。這種不平等的合作模式，並沒有使一些發展中國家富裕起來。相反，這些發展中國家淪為了發達國家的「經濟殖民地」。另外，歐美等發達國家還通過股權投資工具控制發展中國家的高盈利性企業，以此來獲得高額的收益。一些國際金融大資本家還通過在發展中國家不成熟的金融市場上的投機性操作來套利，甚至為了套利而攻擊一國的貨幣金融市場，嚴重破壞一國的金融穩定。這是一種赤裸裸的掠奪財富的方式，更是一種不公平的累積。

中國如何應對由發達國家主導的不公平的世界性累積體系以及如何堅持累

積模式的公平性呢？中國作為一個發展中國家，必須面對由歐美等發達資本主義國家主導的世界累積體系。在這一體系中，美國通過美元這個具有壟斷地位的國際貨幣，通過發行國債以及其他方式在世界範圍內獲得利益；美國和歐洲通過控制世界銀行、世界貨幣基金組織等國際性組織掌握了世界經濟市場的規則制定權，並獲得相關利益；歐美等大型的跨國公司通過國際貿易和國際金融，以及直接對外投資於發展中國家，尤其是新興市場經濟國家獲得巨額收益。中國面對由美歐主導的世界累積體系，一方面要積極適應這個體系，爭取從中獲得更多的空間和話語權，另一方面應該積極建立由中國主導和參與的新的區域性和世界性的經濟組織，成為新規則和新累積體系的參與者和制定者。同時，應該主張「世界多極化」「累積模式多元化」，形成新的更加公平的世界性累積體系。

在國內，資本累積模式要體現公平性，需要把累積的成果，即國民收入在國家、企業和家庭之間進行合理的分配，逐漸扭轉國民收入分配中國家和企業占比較大的問題，將家庭的占比進一步提高。解決好勞資矛盾，扭轉現實中「強資本，弱勞動」的局面，進一步限制資本的剝削性，強化勞動者的保護，建立隨著企業效率提高而提高的工資正常增長機制，增加勞動者的收入和福利。解決好收入差距過大問題。地區性的收入差距、行業收入差距、體制內外的收入差距、城鄉之間的收入差距等都是中國經濟高速發展了30多年後累積的矛盾。要體現累積模式的公平性，必須解決收入差距過大問題。

2. 堅持貨幣政策的穩定性和債務規模的適度性

大蕭條和2008年的金融危機爆發的原因之一就是貨幣政策的不穩定性。以弗里德曼為代表的貨幣學派更是將大蕭條的原因歸結為「不當的貨幣政策」。他認為貨幣超發和利率波動是大蕭條期間貨幣政策存在的主要問題，也是導致大蕭條的主要原因。2008年的金融危機，從某種意義上來說也是由「不當的貨幣政策」導致的，美聯儲先利用低的實際利率鼓勵中低收入者買房，以此來刺激房地產的繁榮發展，后隨著宏觀經濟形勢的變化，又提高了實際利率，導致住房的按揭利率提高，中低收入者的房貸償還壓力增加，最終導致普遍性的違約。大面積的貸款違約又形成了次貸危機。當金融危機爆發後，很多經濟學家指責執掌美聯儲19年的格林斯潘長期錯誤的貨幣政策導致了2008年的金融危機。將危機全部歸罪於格林斯潘的貨幣政策，有點誇大貨幣政策的作用。但是，不穩定的利率政策確實導致了房地產泡沫的形成和破滅，而次貸危機就是以房地產債券違約為主要內容的危機。可見，從貨幣政策角度

來看，以貨幣發行量和利率為主要內容的貨幣政策不穩定性是導致危機的主要原因之一，或者是在某種程度上加深了危機。

以兩次危機的經驗教訓為借鑑，中國在發展經濟的過程中要堅持貨幣政策的獨立性和穩定性。貨幣政策應該根據宏觀經濟形勢的變化進行微調，但是調整的幅度不應該過大。尤其是貨幣發行量要根據流通中實際需要的數量供給。貨幣的超額供給不僅會帶來惡性通貨膨脹，而且會破壞宏觀經濟的穩定性。利率政策也應該堅持「相對穩定性」和「延續性」。2008年金融危機發生後，中國政府為了應對金融危機，進行了四萬億元人民幣的投資，同時也逐漸增加了貨幣的供應量。2009年和2010年的$M_2$（貨幣和準貨幣）的同比增長率分別為27.69%和19.73%，遠高於最近十年的平均水平。四萬億元人民幣的政府性投資和大規模的貨幣供給引起了通貨膨脹。考慮到財政政策和貨幣政策的滯后效應，與上年相比，2011年，CPI（居民消費價格指數）上漲了5.39%，原料、燃料和動力購進指數上漲了9.1%，固定資產投資價格指數上漲了6.55%，均高於近期的平均水平。通貨膨脹提高了居民的生活成本，也增加了工業生產的成本。好在，此次的通貨膨脹是溫和的通貨膨脹，對經濟的穩定性衝擊不大。如果是由貨幣因素導致的惡性通貨膨脹就會嚴重破壞經濟的增長性和穩定性，甚至會引發社會騷亂。因此，堅持貨幣政策的穩定性是保持中國經濟增長性和穩定性的必要條件。

除了堅持貨幣政策的穩定性以外，堅持債務規模的適度性也是非常重要的。2008年的金融危機，其初始原因可以歸結為債務原因。只是這些房屋按揭債務是由中低收入者承擔的，金融公司又利用金融產品包裝了信用等級低的債券，然后在金融市場上銷售。當債務規模巨大，受到經濟形勢和政策影響，住房抵押貸款者無力償還按揭貸款，並出現大面積違約時便出現了次貸危機。次貸危機爆發後，一些參與次級債券交易的金融公司和實體公司，由於過高的資產負債率，一些直接破產，如「房地美」和「房利美」，另一些則向政府申請了緊急援助等，如通用汽車集團等。金融危機在歐洲一些國家又演變成為主權債務危機，如希臘、葡萄牙等國的負債較高，經濟增長率下滑和停滯的國家陷入了主權債務危機。總結金融危機的原因，可以發現私人、企業和國家債務規模過大也是導致危機爆發的主要原因。

對於中國來說，如何保持債務規模的適度性？這需要從居民、企業和政府三個主體來考慮。首先，中國居民儲蓄率較高，大規模的家庭私人債務危機不會發生。但是，以經商和投資等為目的的民間借貸規模越來越大，「跑路者」

越來越多，民間借貸的債務違約風險應該引起高度重視。另外，消費信貸是擴張私人債務的主要途徑，因此適度地發展消費信貸有利於解決「產品剩餘」問題，也有利於提高經濟的效率，但是過度地發展私人消費信貸會累積很多債務風險。其次，關注企業債務問題，尤其是重點企業的資產負債率。當前，中國房地產市場處於調整期，一些中小型房地產企業的負債率較高，因此應該給予重點關注。另外，隨著中小型金融企業規模的發展壯大，應該加快建立和完善對中小型金融企業的監管機制，防範系統性風險。最後，高度重視政府債務，尤其是地方政府債務。就債務安全性來看，中央政府債務仍然處在較為安全的區域，債務與 GDP 的比重還是較低的。但是，地方政府的債務問題就非常嚴重了。截至 2013 年 6 月，地方政府負有償還義務的債務規模達到了 10.89 萬億元，或有債務規模達到了 7 萬億元，兩項合計達到了 17.89 萬億元，其規模已經非常龐大。一些地方政府已經出現了負資產問題。如果通過稅費收入和土地財政收入不能及時償還其債務，就會出現債務違約。大規模的地方政府債務違約就會爆發債務危機，會嚴重影響經濟的穩定性和增長性。借鑑 20 世紀七八十年代巴西地方政府債務危機的慘痛教訓，中國應該逐漸停止地方政府的「負債式增長模式」，規制地方政府過高的負債率，調整和優化中央與地方的稅收收入比例，通過發行市政債券等擴張新的籌融資渠道，建立地方政府風險防範和預警機制。

3. 堅持金融創新與金融風險的平衡性

「大蕭條」前期，股票已經作為人們逐利的新興工具。當時的股票投機非常盛行，一些公司的股價已經遠遠超過了其基本價值。在投機盛行時，上市公司的股票暴漲。當股價遠遠超過公司價值，便形成巨大的股票泡沫。當遭遇股價崩盤後，股價一瀉千里，跌入低谷。股票作為新的金融工具，人們一味地追逐利潤，而忘記了風險防範。最終，股價暴跌，經濟陷入了大蕭條。次貸危機是導致 2008 年金融危機的直接原因。從某些方面來說，次貸危機也是信用過度擴張和金融過度創新導致的危機。投資銀行為了獲得超額的利潤，將信用等級低的住房抵押債券包裝成一系列金融產品，並請信用評級機構給予高的信用等級，然后在金融市場上買賣。由於監管的放鬆，這些金融產品的風險未被有效監管，逐漸形成了系統性的金融風險。中低收入者抵押貸款違約風險不斷增加後，次級債務累積的風險也爆發了，最終形成了金融危機。可見，過度的金融創新會形成系統性風險，並最終形成危機。

適度的信用擴張和金融創新是有利於經濟發展的，但是過度的信用擴張和

金融創新就會累積很多風險，威脅經濟的健康穩定發展。中國作為發展中國家，在發展現代金融的過程中，應該堅持金融服務於實體經濟的理念，進行金融的適度創新，平衡好金融創新與金融風險的關係，防止出現經濟金融化問題。另外，作為發展中國家，金融制度和技術還不成熟，在面對強大的國際金融巨頭的競爭過程中，要做到逐步開放，不斷學習。尤其是資本帳戶的開放，應該採取漸進的路線，防止因為資本帳戶過度開發而出現金融不穩定，進而威脅金融和經濟安全。

# 9 結論與研究展望

## 9.1 本書的主要結論

　　本書研究了資本主義的累積、信用擴張和經濟危機，利用資本循環模型構建了綜合性經濟危機理論，並利用綜合性經濟危機理論分析了 1929—1933 年大蕭條和 2008 年金融危機。本書的研究將規範的理論分析和實證分析結合起來，達到了現代經濟學方法論的要求。在對當代資本主義的分析中重點關注了累積、信用和危機三個層次，對各個層次進行了深入淺出的分析，也總結和分析了當代資本主義經濟發展的新特徵和趨勢。總體來說，本書的研究結論如下：

　　當代資本主義的累積，不但是傳統的簡單再生產和擴大再生產，而且有了一些新的特徵。這些特徵主要表現在累積的模式和形式以及累積的結構等發生了變化。當代資本家仍然通過雇傭勞動和剝削剩餘價值來獲得累積的資本，同時更大規模資本是通過向銀行借貸以及發行股票等方式籌集的。尤其是現代資本市場的形成和發展，為資本主義企業的籌融資打開了一扇大門，使得一些企業能夠在短期內通過股票和債券市場籌集到數以億計單位的資本。通過借貸和資本市場，資本主義企業可以迅速獲得大規模的投資資金。當然，這也有利於大企業的壟斷。企業的資產規模越大，它獲得資本的能力越強，它的規模可以越來越大。所以，資本主義國家出現了一些富可敵國的大型國際性企業。這些大型跨國企業在全球的資本市場上融資，同時在全球範圍內獲得利潤。通過國際貿易、國際金融和國際政治軍事等手段，資本主義國家和企業已經形成世界性的累積體系，核心的國家可以獲得全球貿易和金融市場的絕大部分利潤，而處於邊緣地位的國家則只能獲得很少的利益。這種不平等的世界累積體系，使得發達國家和不發達國家的貧富差距越來越大。

　　在當代資本主義國家的累積過程中，另外兩大趨勢是值得關注的：①資本

主義國家的經濟金融化問題。隨著現代金融市場的發展，越來越多的實體經濟利潤被金融企業「攫取」了，實體經濟的利潤總額和利潤率在下降，而金融部門的利潤總額和利潤率卻在不斷上升。實體經濟利潤率的下降導致美國等資本主義國家的產業空心化越來越嚴重，最終導致了經濟結構失衡，失業率居高不下。②當代資本主義國家中，除了資本家和工人階級以外，中間階層規模正在不斷擴張。這些中間階層包括公務員、軍人、教師、非政府組織的從業者、自由職業者等，他們構成了資本主義社會的中產階級。他們逐漸成為資本主義社會的中堅力量——不僅是消費的主要群體，而且是積極參與政治和民主化進程的主要推動力量。

當代資本主義貨幣和信用的擴張也發生了新的變化。在當代資本主義，貨幣繼續執行「價值尺度」「流通手段」「支付手段」「貯藏手段」和「國際貨幣」的職能，但是貨幣形式已經發生了很大的變化。當代資本主義的貨幣已經發展到了混合貨幣形式，紙幣、電子貨幣和各類信用貨幣都在發揮著流通手段等職能。但是在國際社會，美元仍然是最重要的世界貨幣。在現實世界中，流通中的貨幣量是怎麼決定的？馬克思主義的貨幣理論認為流通中的貨幣量 $M$ 是由商品的平均價格 $p$ 和總產量 $Y$ 以及商品交易量 $q$ 三個關鍵性要素決定的，即 $M=pY/q$。如果貨幣，主要是紙幣的發行量如果超過了流通中貨幣的實際需求量，就會出現通貨膨脹，少於流通中的貨幣量就會出現通貨緊縮。為了規範貨幣的發行，調控貨幣政策，資本主義國家已經建立了完善的中央銀行體系。

在當代資本主義社會，信用擴張是一個很明顯的趨勢。為了解決生產和消費的矛盾，通過消費信貸來鼓勵人們用未來的錢消費。貸款上大學、買房子和買車等已經成為美國等資本主義國家普通大眾最流行的生活方式。這種消費方式，雖然短期內解決了資本主義生產和消費的關係，但是也給個人和家庭累積了越來越龐大的債務。資本主義的企業不斷地擴張生產和銷售規模等，其負債越來越嚴重。另外，美國等資本主義國家，通過發行國債，在國內和國際金融市場上獲得融資，依靠借債來維持國家機器的日常運轉。家庭、企業和國家債務規模的不斷累積和擴張，已經形成很大的債務風險。2008年的金融危機，就是家庭債務風險、企業債務風險集中爆發的體現。隨后，西班牙、葡萄牙和希臘等國家出現主權債務危機，以及美國政府的「停擺」都是國家債務風險爆發的結果。

各種形式的資本主義危機，已經是與當代資本主義社會相伴隨的一種經濟和社會形態。資本主義自誕生之日起至今，已經發生了無數次大大小小的危機，每次危機都是資本主義生產關係一次小的或大的調整。當代資本主義的發

展，取得了很大的成就，但是危機的規模也越來越大，從1929—1933年大蕭條、20世紀70年代的經濟滯脹、互聯網泡沫的破滅到2008年的世界性金融危機，大危機的影響深度和廣度越來越大。資本主義危機是綜合性的危機，是資本主義基本矛盾發展的必然結果，是各種形式的資本主義累積體制累積的矛盾集中爆發的結果，是與資本主義制度下市場經濟體制的缺陷集中累積和爆發的結果，也是信用過度擴張和金融過度創新直接導致的危機。

另外，本書利用資本循環理論構建的綜合性經濟危機理論，可以從累積、信用等多個角度解釋危機。無論是從理論的規範分析，還是從實證研究的角度來說，綜合性經濟危機理論都具有一定的解釋力。利用綜合性經濟危機理論對1929—1933年的大蕭條和2008年的世界性金融危機的案例分析，進一步證實了資本主義的危機是綜合性經濟危機。

## 9.2  本研究的不足和未來研究展望

儘管本書分析了當代資本主義在資本累積、信用擴張方面的新特徵和趨勢，並利用資本循環模型構建了一個新的綜合理論，進行了理論分析和實證檢驗，並對1929—1933年的大蕭條和2008年金融危機進行了詳細的案例剖析，做到了研究主題、研究思路等的一致性，但是本研究仍然存在一些問題：第一，理論模型沒有進一步擴展，沒有包括更多的影響危機的因素。第二，由於數據源的限制，數據的處理上沒有達到一個更加理想的效果。第三，對當代資本主義經濟發展特徵和趨勢的分析上，重點介紹了資本累積、信用擴張和危機方面，其他的一些特徵和趨勢有所忽視。

從理論和實證方面來說，本研究還可以在以下方面進行擴展：

在理論方面，在利用資本循環模型的基礎上，可以加入更多的影響危機的變量，進行理論分析。這樣可以進一步拓展綜合性經濟危機理論的解釋力。另外，可以從累積、信用和危機以外的其他角度研究當代資本主義經濟發展的特徵和趨勢。

在實證方面，可以尋找更好的數據源來為實證研究提供支持，另外，可以進一步拓展綜合性經濟危機理論的模型假設，對危機的多因素進行實證分析。就危機案例剖析來說，20世紀70年代的經濟滯脹是一次與眾不同的大危機，可以對此進行更進一步的剖析。

# 參考文獻

**中文部分**

[1] 愛爾多干·巴基爾，爾爾·坎貝爾. 新自由主義、利潤率和累積率[M]. 陳人江，等，譯. 國外理論動態，2011（2）.

[2] 愛莎·盧森堡. 資本累積論[M]. 彭先舜，吳紀先，譯. 北京：三聯書店，1957.

[3] 愛莎·盧森堡. 資本累積——一個反批判[M]//中國社會科學院哲學研究所和馬克思主義哲學史研究室. 帝國主義與資本累積. 柴金如，等，譯. 哈爾濱：黑龍江人民出版社，1982.

[4] 安德烈·岡德·弗蘭克. 依附性累積與不發達[M]. 高銛，高戈，譯. 南京：譯林出版社，1999.

[5] 保羅·巴蘭，保羅·斯威齊. 壟斷資本[M]. 北京：商務印書館，1977.

[6] 保羅·克魯格曼. 為什麼經濟學家錯得如此離譜？[N]. 紐約時報，2009-09-02.

[7] 保羅·斯威齊. 資本主義發展論[M]. 北京：商務印書館，1997.

[8] 布盧姆，等. 美國的歷程：下冊[M]. 北京：商務印書館，1988.

[9] 曹家和. 大蕭條：起因何在[J]. 經濟學家，1998（5）.

[10] 陳葉盛，胡若南. 法國調節學派的危機理論[J]. 經濟經緯，2008（2）.

[11] 厄爾奈斯特·曼德爾. 晚期資本主義[M]. 哈爾濱：黑龍江人民出版社，1983.

[12] 丁曉欽，尹興. 累積的社會結構理論述評[J]. 經濟學動態，2011（11）.

[13] 大衛·科茨. 美國此次金融危機的根本原因是新自由主義的資本主義 [J]. 紅旗文稿, 2008 (3).

[14] 大衛·科茨. 目前金融和經濟危機：新自由主義的資本主義體制危機 [J]. 當代經濟研究, 2009 (8).

[15] 大衛·科茨. 利潤率、資本循環與經濟危機 [J]. 海派經濟學, 2012 (4).

[16] 弗雷德里克·博卡拉. 對當前資本主義危機的馬克思主義分析 [J]. 趙超, 譯. 國外理論動態, 2014 (3).

[17] 禚明亮. 大衛·哈維談資本的邏輯與全球金融危機 [J]. 國外理論動態, 2010 (1).

[18] 郭新華, 伍再華. 美國家庭債務變動——一些發現及其解釋 [J]. 經濟·科學·社會, 2007 (4).

[19] 韓文龍, 崔祥龍. 美國第四輪量化寬鬆政策的實施背景、影響及中國的對策 [J]. 經濟與管理, 2013 (4).

[20] 郝延偉. 美國大蕭條——史實與爭論 [D]. 上海：復旦大學, 2011.

[21] 胡海峰. 福特主義、后福特主義與資本主義累積方式——對法國調節學派關於資本主義生產方式研究的解讀 [J]. 馬克思主義研究, 2005 (2).

[22] 胡海峰. 對法國調節學派及其理論的分析 [J]. 教學與研究, 2005 (3).

[23] 蔣宏達, 張露丹. 布倫納認為生產能力過剩才是世界金融危機的根本原因 [J]. 國外理論動態, 2009 (5).

[24] 卡爾·考茨基. 愛爾福特綱領解說 [M]. 陳冬野, 譯. 北京：三聯書店, 1963.

[25] 克拉克. 經濟危機理論：馬克思的視角 [M]. 楊健生, 譯. 北京：北京師範大學出版社, 2011.

[26] 克里斯·哈曼. 1930年代的大蕭條與當前經濟危機 [J]. 經濟社會體制比較, 2009 (3).

[27] 蘭峻. 馬克思恩格斯中間階層思想及其現實意義 [J]. 中國南昌市委黨校學報, 2007 (1).

[28] 李其慶. 法國調節學派評析 [J]. 經濟社會體制比較, 2004 (2).

[29] 李志輝, 王飛飛. 美國金融危機研究綜述 [J]. 經濟學動態, 2010 (2).

[30] 劉燦, 韓文龍. 利潤率下降規律研究述評——當代西方馬克思主義

經濟學研究的新進展［J］. 政治經濟學評論, 2013（4）.

［31］劉鳳義, 沈文瑋. 當代資本主義多樣性的政治經濟學分析［J］. 教學與研究, 2009（2）.

［32］魯道夫·希法亭. 金融資本——資本主義最新發展的研究［M］. 福民, 等, 譯. 北京: 商務印書館, 1994.

［33］陸文強. 剝開「新自由主義經濟學」的面紗［J］. 求是, 2014（6）.

［34］呂守軍, 嚴成男. 法國調節學派的學派定位及其理論創新研究［J］. 上海交通大學學報（哲學社會科學版）, 2013（3）.

［35］馬克思, 恩格斯. 馬克思恩格斯全集: 第17卷［M］. 北京: 人民出版社, 1963.

［36］馬克思, 恩格斯. 馬克思恩格斯全集: 第20卷［M］. 北京: 人民出版社, 1972.

［37］馬克思, 恩格斯. 馬克思恩格斯全集: 第23卷［M］. 北京: 人民出版社, 1972.

［38］馬克思, 恩格斯. 馬克思恩格斯全集: 第24卷［M］. 北京: 人民出版社, 1972.

［39］馬克思, 恩格斯. 馬克思恩格斯全集: 第25卷［M］. 北京: 人民出版社, 1972.

［40］馬克思, 恩格斯. 馬克思恩格斯全集: 第26卷, 第2冊［M］. 北京: 人民出版社, 1973.

［41］馬克思, 恩格斯. 共產黨宣言［M］. 北京: 人民出版社, 1963.

［42］米爾頓·弗里德曼, 安娜·雅各布森·施瓦茨. 美國貨幣史: 1867—1960［M］. 巴曙松, 譯. 北京: 北京大學出版社, 2009.

［43］默里·羅斯巴德. 美國大蕭條［M］. 謝華育, 譯. 上海: 上海人民出版社, 2003.

［44］尼古拉·布哈林. 帝國主義與資本累積［M］//中國社會科學院哲學研究所和馬克思主義哲學史研究室. 帝國主義與資本累積. 柴金如, 等, 譯. 哈爾濱: 黑龍江人民出版社, 1982.

［45］歐內斯特·曼德爾. 資本主義發展的長波——馬克思主義的解釋［M］. 北京: 商務印書館, 1998.

［46］任力. 西方馬克思主義貨幣理論分析［J］. 國外社會科學, 2011（3）.

［47］R. 沃爾夫. 馬克思的危機理論: 結構與涵義［J］. 國外理論動態,

1979（4）．

[48] 薩米爾·阿明.理解世界金融危機的本質［J］.希桐,等,譯.國外理論動態,2010（2）．

[49] 塞繆爾·羅森博格.當代累積的社會結構中的勞工問題［J］.馬克思主義研究,2012（12）．

[50] 斯蒂格利茨.社會主義向何處去:經濟體制轉型的理論與證據［M］.周立群,韓亮,余文波,譯.長春:吉林人民出版社,1998．

[51] 斯坦利·L. 恩格爾曼,羅伯特·E. 高爾曼.劍橋美國史:第三卷［M］.蔡挺,等,譯.北京:中國人民大學出版社,2008．

[52] 威廉·K. 塔布.當代世界資本主義體系面臨四大危機［J］.國外理論動態,2009（6）．

[53] 衛興華,孫咏梅.當前金融危機的特點與根源及應對思考［J］.經濟學動態,2009（5）．

[54] 謝富勝,李安,朱安東.馬克思主義危機理論和1975—2008年美國經濟的利潤率［J］.中國社會科學,2010（5）．

[55] 徐丹丹,王芮.產業資本金融化理論的國外研究述評［J］.國外理論動態,2011（4）．

[56] 徐秋慧.馬克思通貨膨脹思想解讀［J］.河北經貿大學學報（綜合版）,2011（1）．

[57] 楊奇才,韓文龍.財政赤字、利率波動與金融危機——美國金融危機再審視［J］.財經科學,2013（1）．

[58] 姚國慶.金融危機的傳導機制:一個綜合解釋［J］.南開經濟研究,2003（4）．

[59] 伊曼努爾·華勒斯坦.歷史資本主義［M］.路愛國,丁浩金,譯.北京:社會科學文獻出版社,1999．

[60] 伊曼紐爾·沃勒斯坦.現代世界體系:第一卷［M］.尤來寅,路愛國,等,譯.北京:高等教育出版社,1997．

[61] 元晉秋.馬克思的貨幣思想演進探析［J］.上海財經大學學報,2013（2）．

[62] 約翰·B. 福斯特,羅伯特·麥克切斯尼.壟斷金融資本、累積悖論與新自由主義本質［J］.國外理論動態,2010（1）．

[63] 約翰·伊特韋爾,等.新帕爾格雷夫經濟學大辭典:第一卷［M］.北京:經濟科學出版社,1996．

［64］詹姆斯·德溫. 消費不足、投資過度和大蕭條的根源［J］. 國際經濟評論, 1984（11）.

［65］張和聲. 盛衰彈指間——美國30年代大蕭條起因［J］. 史林, 2009（2）.

［66］張明. 全球金融危機的發展歷程與未來走向［J］. 國際經濟評論, 2009（5/6）.

［67］張琦. 大蕭條的經濟學爭論［J］. 經濟學動態, 2012（11）.

［68］張宇, 蔡萬煥. 金融壟斷資本及其在新階段的特點［J］. 中國人民大學學報, 2009（4）.

［69］張作雲. 金融危機的根源、生成機制及其在中國發生的可能性［J］. 馬克思主義研究, 2008（11）.

［70］趙超. 法國調節學派論全球金融危機［J］. 國外理論動態, 2011（11）.

［71］趙旭. 馬克思關於銀行信用理論與中國現代銀行制度的建立［J］. 當代經濟研究, 2001（1）.

［72］中國社會科學院哲學研究所和馬克思主義哲學史研究室. 帝國主義與資本累積［M］. 柴金如, 等, 譯. 哈爾濱：黑龍江人民出版社, 1982.

［73］周立. 金融發展促進經濟增長的理論綜述［J］. 經濟學動態, 2003（9）.

**英文部分**

［1］A COTTRELL, P COCKSHOTT. Demography and the falling rate of profit [J]. Indian Development Review, 2006, 4: 39-59.

［2］AGLIETTA MICHEL. A theory of capitalist regulation: the U. S. experience [M]. London: Verso, 1979.

［3］B DEEPANKAR, T PANAYIOTIS. Is there a tendency for the rate of profit to fall? Econometric evidence for the US economy, 1948—2007 [R]. Working Paper, 2010.

［4］BERNANKE, BEN. Bankrupty, liquidity and receession [J]. American Economic Review, 1981, 71 (2): 155-159.

［5］BIVENS, J, WELLER C. Institutional shareholder concentration, corporate governance changes and diverging fortunes of capital and labor [Z]. mimeo, 2004.

［6］BOWLES SAMUEL, GORDON DAVID M, WEISSKOFP, THOMASE.

Power and profits: the social structure of accumulation and the profitability of the postwar U. S. economy [J]. Review of Radical Political Economics, 1986, 18 (1/2): 132-167.

[7] BOYER, ROBERT. The regulation school: a critical introduction [M]. New York: Columbia University Press, 1990.

[8] DAVID GORDON. Up and down the long roller coaster in U. S. capitalism in crisis [R]. New York: Union for Radical Political Economics, Working Paper, 1978.

[9] DAVID GORDON. Stage of accumulation and long economic cycles [M] // Terence K, Hopkins, et al. Processes of the world system. Calif: Sage Publications, 1980.

[10] D BASU. Comparative growth dynamics in a discrete-time Marxian circuit of capital model [J]. Review of Radical Political Economics. First published online September 4, 2013.

[11] D DILLARD. Keynes and Marx: a centennial appraisal [J]. Journal of Post Keynesian Economics, 1984, 6 (3): 421-424.

[12] D K FOLEY. Understanding capital: Marx's economic theory [M]. New York: Harvard University Press, 1986.

[13] D K FOLEY. Realization and accumulation in a Marxian model of the circuit of capital [J]. Journal of Economic Theory, 1982, 28 (2): 300-319.

[14] D K FOLEY. Money, accumulation and crisis [M]. Abingdon: Taylor & Francis Group, 2013.

[15] D KOTZ. A circuit of capital approach to Marxian crisis theory [R]. Department of Economics of University of Massachusetts, Amherst, Working Paper, 1988.

[16] D KOTZ. Accumulation, money and credit in the circuit of capital [J]. Rethinking Marxism, 1991, 4 (2): 119-133.

[17] E BARAN, E SWEEZY. Monopoly capital [M]. London: Penguin, 1966.

[18] EDWARD N WOLFF. The rate of surplus value in Puerto Rico [J]. Journal of Political Economy, 1975, 83 (5): 935-950.

[19] EDWARD N WOLFF. The rate of surplus value, the organic composition, and the general rate of profit in the U. S. economy 1947—1967 [J]. The American

Economic Review, 1979, 69 (3): 329-341.

[20] E WOLFF. The rate of surplus value, the organic composition, and the general rate of profit in the U. S. economy, 1947—1967: Reply [J]. American Economic Review, 1988, 78 (1): 304-306.

[21] FIRAT DEMIR. Financialization and manufacturing firm profit ability under uncertainty and macroeconomic volatility: evidence from an emerging market [J]. Review of Development Economics, 2009, 13 (4): 592-609.

[22] F MOSELEY. The rate of profit and the future of capitalism [J]. Review of Radical Political Economics, 1997, 29 (4).

[23] FRED MOSELEY. The profit share and the rate of surplus value in the US economy, 1975—1985 [J]. Cambridge Journal of Economics, 1987, 11 (4): 393-399.

[24] FRED MOSELEY. The rate of surplus value in the postwar US economy: a critique of Weisskopf's estimates [J]. Cambridge Journal of Economics, 1987, 9 (1): 57-79.

[25] FRED MOSELEY. The rate of surplus value, the organic composition, and the general rate of profit in the U. S. economy, 1947—1967: a critique and update of Wolff's estimates [J]. American Economic Review, 1988, 78 (1): 298-303.

[26] FROUD, J, HASLAM, C, JOHAL, S, WILLIAM, K. Shareholder value and financialization: consultancy promises, management moves [J]. Economy and Society, 2000, 29 (1): 80-110.

[27] F THOMPSON. Technical change, accumulation and the rate of profit [J]. Review of Radical Political Economics, 1995, 27 (1).

[28] GERALD A EPSTEIN. Financialization and the world economy [M]. Cheltenham, UK: Edward Elgar Publishing, 2006.

[29] GERARD DUMENIL, DOMINIQUE LEVY. Capital resurgent [M]. Cambridge : Harvard University Press, 2004.

[30] G GYUN. The dynamics of manufacturing profit rates in seven industrialized countries [R]. Working Paper, 2009.

[31] GREGORIO JOSE, E Guidotti. Financial development and economic growth [J]. World Development, 1995, 23 (3): 433-448.

[32] GRETA R KRIPPNER. The financialization of the American economy [J]. Socio-Economic Review, 2005, 3 (2): 173-208.

[33] HOWARD M C, KING J D. A history of Marxian economics: Vol. I: 1883—1929 [M]. Princeton: Princeton University Press, 1989.

[34] JEREMY GREENWOOD, BOYAN JOVANOVIC. Financial development, growth, and the distribution of income [J]. The Journal of Political Economy, 1990, 98 (5): 1076-1107.

[35] JEROME BLUM, RONDO CAMERON, THOMAS G BARNES. The European world: a history [M]. New York: Little, Brown and Company, 1970.

[36] J G LORANGER. A re-examination of the Marxian circuit of capital: a new look at inflation [J]. Review of Radical Political Economics, 1989, 21: 97-112.

[37] KOTZ DAVID M, MCDONOUGH TERRENCE. Global neoliberalism and the contemporary social structure of accumulation [M] //Terrence McDonough, Michael Reich, David M. Kotz. Contemporary capitalism and its crises: social structure of accumulation theory for the twenty-first century. Cambridge: Cambridge University Press, 2010.

[38] LAZONICK, W, O'SULLIVAN, M. Maximizing shareholder value: a new ideology for corporate governance [J]. Economy and Society, 2000, 29 (1): 13-35.

[39] LIPIETZ ALAIN, MIRAGES, MIRACLES. The crises of global Fordism [M]. London: Verso, 1987.

[40] LIPPIT, V D. Social structure of accumulation theory [M] //McDonough, Reich, Kotz. Contemporary capitalism and its crises: social structure of accumulation theory for the 21st century. Cambridge: Cambridge University Press, 2010.

[41] MOLLO L R. The endogeneity of money: post-Keynesian and Marxian concepts compared [J]. Research in Political Economy, 1999, 17: 3-26.

[42] MOSELEY FRED. Marxian crisis theory and the postwar U.S. economy [R]. Working Paper, 2003.

[43] P COCKSHOTT, A COTTRELL, G MICHAELSON. Testing Marx: some new result from UK data [J]. Capital & Class, 1995, 55.

[44] P H MATTHEWS. An econometric model of the circuit of capital [J]. Metroeconomica, 1995, 51 (1): 1-39.

[45] P L DOS SANTOS. Production and consumption credit in a continuous-

time model of the circuit of capital [J]. Metroeconomica, 2011, 62 (4): 729-758.

[46] POLLIN ROBERT. Marxian and post-Keynesian developments in the sphere of money, credit and finance: building alternative perspectives in monetary macroeconomics [M] //Mark Glick. Competition, technology, and money: classical and post-Keynesian perspectives. Cheltenham, UK: Edward Elgar Publisher, 1994.

[47] R BODDY, J CROTTY. Class conflict and macro-policy: the political business cycle [J]. Review of Radical Political Economics, 1975, 7: 1-19.

[48] R G RAJAN, L ZINGALES. Financial dependence and growth [J]. American Economic Review, 1998, 88 (3): 559-586.

[49] SAAD FILHO A. Concrete and abstract labour in Marx's theory of value [J]. Review of Political Economy, 1997, 4: 457-477.

[50] S BOWLES, D GORDON, E WEISSKOPF. Power and profits: the structure of accumulation and the profitability of the postwar U.S. economy [J]. Review of Radical Political Economics, 1986, 18 (1/2): 132-167.

[51] STRACHEY, J. The nature of capitalist crises [M]. London: Gollancz, 1935.

[52] THOMAS PIKETTY. Capital in the twenty-first century [M]. Arthur Goldhammer, trans. Cambridge, MA: The Belknap Press of Harvard University Press, 2014.

[53] WEISSKOPF T. Marxian crisis theory and the rate of profit in the postwar U.S. Economy [J]. Cambridge Journal of Economics, 1979, 3 (4): 341-378.

[54] WILSON, J D. A note on Marx and the trade cycle [J]. Review of Economic Studies, 1938, 5 (2): 107-113.

[55] WOLFSON MARTIN H. Neoliberalism and the social structure of accumulation [J]. Review of Radical Political Economics, 2003, 35 (3): 255-262.

# 附　錄

**附錄 1：關於 $g = \dfrac{pq}{T^F + T^R + T^P}$ 的證明**

證明：

$$C_t = S'_{t-T'_t} + p_t S''_{t-T'_t}$$

$$= \frac{S_{t-T'}}{1+q} + \frac{qpS_{t-T'}}{1+q}$$

$$= \frac{(1+qp)S_{t-T'}}{1+q}$$

∵ $S_t = (1 + q_t) P_{t-T^R_t}$

∴ $C_t = \dfrac{(1+qp)}{1+q}(1+q) P_{t-T^F-T^R}$

又 ∵ $P_t = C_{t-T^P_t}$

∴ $C_t = (1+qp) C_{t-T^F-T^R-T^P}$ （a）

令：存在一個系統的增長率 $g$，則有

$$C_t = C_0 (1+g)^t$$

那麼式（a）可以變換為：

$$C_0 (1+g)^t = (1+qp) C_0 (1+g)^{t-T^F-T^R-T^P}$$

整理后可得：

$$1 = \frac{(1+qp)}{(1+g)^{T^F+T^R+T^P}}$$ （b）

對式（b）兩邊同時取自然對數可得：

$$\ln(1+g) \approx g = \frac{\ln(1+qp)}{T^F+T^R+T^P} \approx \frac{pq}{T^F+T^R+T^P}$$

證畢。

附錄 2：關於 $1 = \dfrac{(1+pq)S_0}{(1+q)(1+g)^{T'}} + B_0$ 的證明

證明：

$$S'_{t-T'_i} + p_t S''_{t-T'_i} = \dfrac{(1+pq)S_{t-T'}}{1+q}$$

又 $\because C_t = S'_{t-T'_i} + p_t S''_{t-T'_i} + B_t$

$\therefore C_t = \dfrac{(1+pq)S_{t-T'}}{1+q} + B_t$ （c）

又 $\because C_t = C_0(1+g)^t$

$B_t = B_0(1+g)^t$

$S_{t-T'} = S_0(1+g)^{t-T'}$

$\therefore$ 所以式（c）可以化簡為：$C_0 = \dfrac{(1+pq)S_0}{(1+q)(1+g)^{T'}} + B_0$

令初始的 $C_0 = 1$，則有：

$$1 = \dfrac{(1+pq)S_0}{(1+q)(1+g)^{T'}} + B_0$$

證畢。

附錄 3：關於 $D_0 = (1-k) + \dfrac{k}{(1+g)^{T}} + (1-p)\dfrac{q}{1+q}\dfrac{S_0}{(1+g)^{T'}} + B'_0 + B''_0$

的證明

證明：

$S_{t-T_i} = (1+q_t)P_{t-T_i}$

$\therefore P_{t-T_i} = \dfrac{S_{t-T_i}}{(1+q_t)}$

又 $\because S''_{t-T_i} = q_{t-T_i} P_{t-T_i}$

$\therefore S''_{t-T_i} = q_{t-T_i} \dfrac{S_{t-T_i}}{(1+q_t)}$

穩態時 $S_{t-T_i} = S_0(1+g)^{t-T_i}$

$\therefore S''_{t-T_i} = q_{t-T_i} \dfrac{S_0(1+g)^{t-T_i}}{(1+q_t)}$ （d）

穩態時 $D_t = (1+g)^t D_0$，$C_t = (1+g)^t C_0$，$C_{t-T_i} = (1+g)^{t-T_i} C_0$，$B'_t = (1+g)^t B'_0$ 和 $B''_t = (1+g)^t B''_0$，再結合式（d）

表達式：$D_t = (1-k_t)C_t + k_{t-T_t^*}C_{t-T_t^*} + (1-p_{t-T_t})S''_{t-T_t^*} + B'_t + B''_t$ 可以化簡為：

$$D_0 = (1-k) + \frac{k}{(1+g)^T} + (1-p)\frac{q}{1+q}\frac{S_0}{(1+g)^T} + B'_0 + B''_0$$

證畢。

國家圖書館出版品預行編目(CIP)資料

資本積累、信用擴張與資本主義經濟危機 / 韓文龍 著. -- 第一版. -- 臺北市：崧博出版：崧燁文化發行，2018.09

面 ； 公分

ISBN 978-957-735-499-0(平裝)

1.市場經濟

550.187　　　107015380

書　名：資本積累、信用擴張與資本主義經濟危機
作　者：韓文龍 著
發行人：黃振庭
出版者：崧博出版事業有限公司
發行者：崧燁文化事業有限公司
E-mail：sonbookservice@gmail.com
粉絲頁　　　　　　　網　址：
地　址：台北市中正區重慶南路一段六十一號八樓815室
8F.-815, No.61, Sec. 1, Chongqing S. Rd., Zhongzheng Dist., Taipei City 100, Taiwan (R.O.C.)
電　話：(02)2370-3310　傳　真：(02) 2370-3210
總經銷：紅螞蟻圖書有限公司
地　址：台北市內湖區舊宗路二段121巷19號
電　話：02-2795-3656　傳真:02-2795-4100　網址：
印　刷：京峯彩色印刷有限公司（京峰數位）

本書版權為西南財經大學出版社所有授權崧博出版事業有限公司獨家發行電子書繁體字版。若有其他相關權利及授權需求請與本公司聯繫。

定價：400 元

發行日期：2018 年 9 月第一版

◎ 本書以POD印製發行